Querdenken

Wolfgang Benz (Hrsg.)

QUERDENKEN

Protestbewegung zwischen Demokratieverachtung, Hass und Aufruhr

Ⓜ | METROPOL

Eine Veröffentlichung des
Instituts für Vorurteils- und Konfliktforschung Berlin e. V.

Umschlagabbildung:
Kundgebung gegen die Auflagen zur Bekämpfung der Corona-
Pandemie auf dem Cannstatter Wasen in Stuttgart, 3. April 2021.
IMAGO / Leonhard Simon

ISBN: 978-3-86331-621-1
ISBN: 978-3-86331-622-8 (E-Book)

© 2021 Metropol Verlag
Ansbacher Str. 70 · D–10777 Berlin
www.metropol-verlag.de
Alle Rechte vorbehalten
Druck: AALEXX Druck Produktion, Großburgwedel

Inhalt

WOLFGANG BENZ

Querdenken: Usurpation und Radikalisierung – Verweigerer und Aufsässige

Einleitende Überlegungen

Der Mord in Idar-Oberstein ist das Sinnbild gewaltsamer Verweigerung von politischem und sozialem Konsens. Am 18. September 2021 reagierte ein 49-jähriger Mann beim Bierkauf in einer Tankstelle mit Unmut auf die Aufforderung, die wegen der Pandemie vorgeschriebene Maske zu tragen. Anderthalb Stunden später erschien er, dieses Mal mit Maske, wieder in der Tankstelle, zog die Bedeckung von Mund und Nase demonstrativ ab und tötete mit einem Revolverschuss den Kassierer, einen zwanzigjährigen Studenten. Er habe keinen anderen Ausweg gesehen, erklärte der Täter nach der Festnahme der Polizei. Er habe ein Zeichen setzen müssen.

Der Mord in Idar-Oberstein ist Symptom einer vor Gewalt nicht zurückschreckenden Verwahrlosung der Szene, die sich unter dem Plakat „Querdenken" radikalisiert hat und sich weiter radikalisiert. Während sich rechte Vordenker – wie die bekannten Politiker und Politikerinnen in den Reihen der AfD – von den Folgen ihrer Hetze entrüstet distanzieren, jubeln Verschwörungs-Affine, Corona-Leugner und weitere Verweigerer im Dickicht der sozialen Medien über die Tat, zeigen Verständnis für die mörderische angebliche Notwehr, den vermeintlichen Befreiungsschlag, äußern Befriedigung und Schadenfreude über den Streich gegen die eingebildete Tyrannei einer verachteten Obrigkeit, gegen die man sich auflehnen müsse. Das skandierten mit „Merkel-muss-weg" bereits die Pegida-Demonstranten seit Jahr und Tag, ehe sie ihren Frust über die Schutzvorkehrungen der Corona-Pandemie auf die Straßen trugen.

„Querdenken" ist zum Markenzeichen einer Auflehnung geworden, die als „Bewegung" nach den Regeln des Marketing von Werbestrategen organisiert ist, die ihre Impulse von Populisten und Verschwörungsideologen, von Identitären und „Reichsbürgern", von Rechtsextremen, von kreidefressenden AfD-Politikern im Schafspelz, von Sektierern und Narren erhält. Provokation und Usurpation sind die Methoden, Ziel ist die Destruktion von Normen und Regeln, die friedlichem Miteinander und vernünftigem Interessenausgleich in Staat und Gesellschaft dienen. Ursachen sind die Verweigerung von Solidarität und Toleranz und die kollektive Entfaltung unbeschränkter Egozentrik.

Möglicherweise ist die destruktive Mechanik des Vorgangs vielen Beteiligten unbewusst, weil sie vor allem persönliche Emotionen in gleichgesinnter Gemeinschaft abreagieren wie Ärger, Enttäuschung, Zukurzgekommensein, Inferioritätskomplexe, Sozialneid, beruflichen oder existenziellen Misserfolg. Vielleicht suchen sie Trost in gemeinschaftlicher Auflehnung gegen gesellschaftliche und staatliche Ordnung. Manchen ist wohl auch nur langweilig. Demonstrationen haben Unterhaltungswert, wenn gemeinsam gegen gesetzliche Bestimmungen verstoßen wird wie beim Sturm auf den Reichstag, im Bewusstsein, dass die Verteidiger – Polizei und sonstige Ordnungskräfte – an die Regeln gebunden bleiben, während sie der Mob durch Selbstermächtigung außer Kraft setzt.

Der revolutionäre Impetus der Unzufriedenheit und Auflehnung gegen Institutionen, Normen und Establishment ist mit parteipolitischen Kategorien nur ansatzmäßig zu verstehen. Die linksradikale autonome Bewegung, die mit Hausbesetzungen, Anti-Atomkraft-Demonstrationen, antirassistischen Kundgebungen und gewaltsamen Aktionen seit Jahrzehnten Aufsehen erregt, unterscheidet sich vor allem durch ihre Strukturlosigkeit und anarchische Isolation von den ideologisch aufgeladenen fremdenfeindlichen, Demokratie negierenden, rassistischen rechten Bestrebungen der Querdenker. Allerdings haben im Sommer 2017 die aus aller Welt angereisten Protestierenden gegen das Gipfeltreffen der G20-Staaten in Hamburg trotz des größten Polizeiaufgebots der deutschen Nachkriegsgeschichte beträchtlichen Schaden angerichtet.[1] Die von Gegnern der Coronapolitik der Bundesregierung entfachten Protestaktionen und die organisierten Bewegungen, Gruppen und radikalen Sekten von rechter Ideologie dominieren jedoch schon in ihrer Dimension das Gelände der Unzufriedenen.

Usurpation, d. h. unbefugte Übernahme, beginnt bei der Begrifflichkeit. Der Terminus „Querdenken" („laterales Denken") bezeichnet eine philosophische Methode, mit der seriöse Autoren zu Beginn der 1970er-Jahre Kreativitätsreserven mobilisieren wollten und didaktisch nutzbar zu machen vorschlugen. Die Anstifter der Demonstrationen gegen Corona-Schutzmaßnahmen haben im Sommer 2020 und zuerst in Stuttgart den Begriff „Querdenken" zur Losung randalierender Aufständischer gemacht, die sich von der Initiative „Querdenken 711" angesprochen fühlten. Unzufriedene scharten sich zum Protest gegen einen imaginären Mainstream und fanden sich unter dem Anspruch, quer zu gängigen Vorstellungen zu denken, als eingebildete Wahrnehmungselite zusammen. Das Bewusstsein, die einzig richtige Weltsicht zu praktizieren, verbindet die „Querdenker", die von Aktivismus ohne konkrete Ziele angetrieben sind. Sie fühlen sich, wie von der Dresdner Pegida-Truppe längst vorgelebt, zum Widerstand aufgerufen. Es ist ein „Widerstand" ohne Richtung, aber von elementarem Anspruch. Auch das ist eine Usurpation, die vorgenommen wurde, als sich die Aufsässigen in Dresden mit historischen Anleihen bei der Opposition gegen den Nationalsozialismus ausstaffierten, sich etwa die Idee einer Widerstandsfahne aneigneten, die einst ein Mitglied des Kreises um Goerdeler in sein Notizbuch zeichnete auf der Suche nach einem Symbol des Widerstands gegen Hitler. Weitere Bedeutung hatte Josef Wirmers Kritzelei nicht, aber die Pegidaleute wollten ein Fanal daraus machen, das

---

1   A. G. Grauwacke, Autonome in Bewegung. Aus den ersten 23 Jahren, Hamburg 2019; GoGoGo (Hrsg.), Das war der Gipfel. Die Proteste gegen G20 in Hamburg, Hamburg 2019.

In Sträflingsmontur erhebt ein Teilnehmer der Anti-Corona-Kundgebung am 18. 11. 2020 in Berlin die Beschuldigung, er sei zur Haft in seiner Heimatregion Allgäu verurteilt. | *picture alliance / SULUPRESS.DE | Vladimir Menck/SULUPRESS.DE*

ihre Abneigung gegen die Demokratie auf die Stufe des Widerstands gegen die Nazi-Diktatur erheben sollte.

Frecher Diebstahl ist auch die in der Folge oft geübte Aneignung historischer Vorbilder, wenn Mädchen wegen der Corona-Maßnahmen ihren Geburtstag nicht im Kreis der Freundinnen feiern durften und sich deshalb mit Anne Frank verglichen, oder wenn junge Frauen sich als Reinkarnation von Sophie Scholl gebärden, weil sie die Verweigerung einer Gesichtsmaske mit dem Widerstand der Weißen Rose, für den die Münchner Studierenden 1943 auf dem Schafott endeten, gleichsetzen. Widerstand verkommt in dieser Szene zum Schlagwort, das die Bewegung in vieler Beziehung entlarvt.

Paradigmatisch für die Situation im Sommer 2021 war die Verunsicherung, die eine aggressive Kleinstpartei in Sachsen bewirkte. Der Verfassungsschutz hat Grund, die rechtsextremistische Gruppierung „Freie Sachsen", die Ende Februar 2021 im Erzgebirge gegründet wurde, zu beobachten: Die mit Gleichgesinnten außerhalb Sachsens vernetzte Partei benutzt Anti-Corona-Proteste, um Einfluss auf die öffentliche Meinung zu nehmen. Der Präsident des Landesverfassungsschutzes beurteilt die Sekte als rechtsextremistische Organisation: „Dabei geht es ihnen nicht um sachliche Kritik am Staat, sondern um dessen Verächtlichmachung und Delegitimierung." Bei einem Auftritt des Ministerpräsidenten in Freiberg am 17. August 2021 stellten die „Freien Sachsen" das so drastisch unter Beweis, dass die SPD wegen der „Gefahrenlage nach den Vorkommnissen in Freiberg" eine Wahlkampfveranstaltung kurzfristig absagte. Die „Freien Sachsen" bejubelten ihren Erfolg im Internet, die Polizei zeigte sich erstaunt und demokratische Bürger hatten Grund, das Kneifen vor einer frechen Provokation als unnötige Niederlage zu beklagen.[2]

Sachsen hat, trotz der Tatsache, dass sich dort Rechtsextreme, Aufsässige, Demokratieverweigerer seit der Pegida-Gründung überaus wohl fühlen und besonders auffällig sind, nicht das Alleinstellungsmerkmal. Im September 2021 wurde in Deutelhausen, einem Ortsteil der Gemeinde Schechen bei Rosenheim in Bayern, eine Schule geschlossen, in der Nachwuchs der Szene unterrichtet wurde, die von Querdenkern und „Reichsbürgern" bestimmt ist. Die illegale Bildungseinrichtung auf einem Bauernhof besuchten 50 Schüler, unterrichtet wurden sie von Kräuter- und Musikpädagogen, Schamanen, Esoterikern unter Leitung einer echten Lehrerin, die im staatlichen Schuldienst krank gemeldet war. Die Einrichtung sei nicht illegal, unterstehe vielmehr als Stiftung russischem Recht, behaupteten die Betreiber, als die Polizei erschien, um den seltsamen Schulbetrieb zu unterbinden.[3]

2   Sven Lemkemeyer, Die Freiheit, die sie meinen. Eine rechte Kleinstpartei agiert in Sachsen im Wahlkampf – nicht nur die SPD fühlt sich bedroht, in: Der Tagesspiegel, 28. 8. 2021.

3   Matthias Köpf, Kräuterpädagogen und Schamanen. Behörden schließen nicht genehmigte Schule aus dem Querdenker-Milieu, in: Süddeutsche Zeitung, 24. 9. 2021.

Der Ostbeauftragte der Bundesregierung, Marco Wanderwitz (CDU), hat mit Äußerungen über die Demokratieskepsis der ostdeutschen Bevölkerung im Frühjahr 2021 viel Kritik geerntet. Man habe es mit „verfestigtem Protestwählerpotenzial und mit teilweise ebenso verfestigten nichtdemokratischen Strukturen zu tun und diese Menschen seien nicht durch gute Arbeit von Regierungen zurückzugewinnen, weil sie in einer Form diktatursozialisiert sind, dass sie auch nach 30 Jahren nicht in der Demokratie angekommen sind".[4] Das Urteil wurde zu Recht vielfach angezweifelt. Trotzdem ist die Frage berechtigt, ob die neuen Bundesländer einen besonderen Nährboden für die Aufsässigkeit bieten, die sich in der Querdenken-Bewegung, im Protest gegen demokratische Ordnungsvorstellungen, im Aufstand gegen die Vernunft artikuliert. Die Erfolge der AfD und noch weiter rechts stehender Gruppierungen in Sachsen, Sachsen-Anhalt oder Thüringen deuten darauf hin. Schnellfertige Urteile, die sich an Symptomen festmachen, lösen nicht die Frage nach der verbreiteten, in Wahlergebnissen dokumentierten und auf der Straße agierten Zurückhaltung gegenüber demokratischen Normen. Zu forschen ist vielmehr nach den Ursachen, die in den Fehlern bei der Vereinigung der beiden deutschen Staaten gemacht wurden. Zu fragen ist, ob die Geschwindigkeit der Zusammenführung zweier dichotomer Gesellschaftssysteme, staatlicher Ordnung und politischer Kultur zu hoch war und welche Folgen das immer noch hat.

Zu fragen ist auch nach falschen Versprechungen und illusionärer Erwartung. Zu klären ist aber vor allem, welche Demütigungen Menschen nur deshalb zugefügt wurden, weil sie Bürger der DDR gewesen waren. Welche Errungenschaften fielen der Arroganz des stärkeren Westens zum Opfer? Was hätten die Überbringer der demokratischen Heilsbotschaft der Freiheit, der offenen Gesellschaft

4   Grit Bobe, Debatte um Ost-Beauftragten. Wanderwitz resigniert über Teil der Ostdeutschen, MDR Aktuell, 31.5.2021; siehe auch Marco Wanderwitz, Ostbeauftragter sieht Politikskepsis bei Ostdeutschen, in: Zeit Online, 7.7.2021.

und des Wohlstands von denen lernen können, die als Empfänger zum Wohlverhalten, zur Dankbarkeit, zum Erlernen und Einüben neuer politischer Verhaltensweisen verpflichtet wurden?

Auffällig ist immerhin die Wendung nach rechts, die etliche Protagonisten der Bürgerrechtsbewegung der DDR genommen haben. Sie zeigt sich bei den Demokratieskeptikern und Staatsverweigerern, die sich bei Pegida-Demonstrationen, in Bürgerinitiativen, Kleinstparteien und lokalen Empörungsgemeinschaften treffen, und lässt sich an den Stimmen für die rechtsradikale Partei „Alternative für Deutschland" in den neuen Bundesländern ablesen.[5]

Elementare Bedeutung in der Welt des Querdenkens haben unter dem Einfluss der Ideologie von „Reichsbürgern", Identitären, Fundamentalisten verschiedener Observanz, angeheizt von Rechtsextremen, Populisten und Gegnern der Demokratie, die Motive Freiheit und Widerstand. Mit „Freiheit" ist aber nicht die kritische Unabhängigkeit des selbstbestimmten Individuums als solidarischer Bürger oder solidarische Bürgerin in einer Gemeinschaft gemeint, sondern die Forderung, unbeschränkt persönliche Ansprüche und Neigungen ohne Rücksicht auf andere ausleben zu können. Die Verweigerung der Gesichtsmaske als Schutzmaßnahme gegen die Corona-Pandemie oder die Missachtung des Abstandsgebotes sind nur der Anfang und sichtbares Zeichen der Verachtung ordnender Gemeinsamkeit, die der Staat verkörpert. Die Wut gegen Eliten, gegen jene, die intellektuell, politisch, sozial oder kulturell auf das Zusammenleben von Menschen Einfluss haben, Regelungen diskutieren, Normen in Kraft setzen und auf deren Einhaltung im Konsens der Mehrheit bestehen – diese Wut gegen die wahlweise als unfähig oder diktatorisch empfundene „Obrigkeit" bildet das einigende Band der Querdenker.

Aus Kritik am Handeln der Regierenden entstand bei vielen Skepsis gegen das Ordnungsmodell Demokratie. Erscheint das System

5 Bei den Bundestagswahlen 2021 votierten in Sachsen 24,6 und in Thüringen 24 % der Wähler für die AfD, gefolgt von Sachsen-Anhalt (19,6 %), Brandenburg (18,1 %) und Mecklenburg-Vorpommern (18,0 %).

In Stuttgart zeigten am 7. 11. 2020 Teilnehmer der Initiative „Querdenken"
Schilder mit Fotomontagen von politisch Prominenten als Häftlinge mit
dem Verdikt „schuldig". | *picture alliance/dpa/dpa-Zentralbild | Sebastian
Kahnert*

manchen als zu wenig effektiv – was sich einst im Ruf nach dem
„starken Mann" äußerte, der mit Hitler gefunden wurde, und sich
heute in der Sympathie für autoritäre Regime z. B. in Russland, der
Türkei oder Brasilien zeigt –, so gehört zum „Querdenken" die Forderung nach Mitwirkung am unmittelbaren Regierungshandeln.
Das Postulat „Basisdemokratie" ist so populär wie illusionär. Wer
die Entscheidungen der Regierung Merkel zum Atomausstieg oder
die Öffnung der Grenzen für Flüchtlinge verdammt, weil die Kanzlerin nicht zuvor das Volk befragt habe, hat das Wesen der parlamentarischen Demokratie nicht begriffen, ebenso wenig wie jemand,
der sich über die Unfähigkeit einzelner Abgeordneter oder Minister aufregt, deshalb die repräsentative Demokratie ablehnt und für
die Selbstermächtigung des/der Einzelnen plädiert. Die Ideologie
der Notwendigkeit des Widerstands gegen einen Staat, der in Zeiten
der Bedrohung durch eine Pandemie Maßnahmen zum Schutz der

Wer produziert Klopapier-Rollen, wie sie eine Demonstrantin gegen die Corona-Politik der Regierung zur Schau trägt, in den Farben Schwarz-Rot-Gold, den Bundesadler und das Wort „Grundgesetz" aufgedruckt?
picture alliance/dpa | Christophe Gateau

Bevölkerung mehr diskutiert als diktiert, wird spätestens dann vollkommen absurd, wenn sie sich historisch kostümiert und durch den Widerstand gegen die Verbrechen des Nationalsozialismus zu legitimieren versucht.

Die Ermächtigung zur Selbstjustiz beim angeblichen Versagen des Staates bedeutet die Aufforderung zur Gewalt, der in Stuttgart im April 2021 erstmals Massen folgten. Im knapp genug verhinderten Sturm auf den Reichstag am 29. August 2020 waren es ein paar Hundert Aufrührer gewesen. Markenzeichen wurden die provozierend missachteten Auflagen für Protestdemonstrationen, die in Auseinandersetzungen mit der Polizei ausarten. Die Gewalt entsteht nicht durch Zufall, sie wird als Bestandteil der Aufführung der Schmierenkomödie „Den Staat vorführen" durch Querdenker mit Sorgfalt inszeniert. Die Gewalttäter, die zuerst Regeln brechen und Gebote missachten, dann Steine werfen, Polizisten angreifen, die randalieren und zerstören, fühlen sich als Helden und lassen sich feiern. Damit ist als weiteres Definitionsmerkmal der Querdenkenszene das Herostratentum auszumachen, das aus der Forderung, „Widerstand" zu leisten, und der Neigung, Selbstjustiz zu üben, folgt. Die Bewegung ist deshalb zwangsläufig auch durch die Ablehnung von Solidarität und Toleranz sowie fehlenden Respekt vor Andersgesinnten charakterisiert.

Die Vereinigung der beiden Staaten mit den Erosionen und Emotionen der Wendekrise wird oft als Erklärungsmodell für die politischen Verwerfungen der Gegenwart bemüht. Enttäuschte Erwartungen an die Demokratie sind aber nur zum Teil Ursache des Zustands, in dem das Querdenken entstand. Die Erosion festgefügter politischer Lager, die mit den Begriffen rechts und links, liberal und konservativ zu charakterisieren sind, hat schon vor der Pandemie begonnen, und die Renaissance rechtsradikalen Denkens, die Attraktivität extremer Positionen fing an, ehe die politische Mitte mit gültigem demokratischen Werteverständnis zu schwinden begann. Nicht mehr allgemein zu bestehen scheint der Konsens zur repräsentativen Demokratie, in der Delegierte den Mehrheitswillen im Parlament zum Ausdruck bringen. Wer das freilich als Diktatur empfindet, darf nicht auf Verständnis hoffen, wenn er als Demagoge abgelehnt wird. Als Prinzip gilt, dass notwendige Kompromisse durch Diskussion erzielt, dass Positionen und Werte wie Toleranz, Liberalität, Vernunft mit klarer Kante verteidigt werden müssen.

Dass Protestbewegungen eigenen, oft undemokratischen Spielregeln folgen, gehört zu den Erfahrungen der alten Bundesrepublik, in der manche den Versuch unternahmen, Parolen von Populisten, Rechtsextremisten und anderen Demokratiefeinden durch Argumente zu widerlegen oder Demagogen vorzuführen und zu entlarven. Die redlichen Naiven erlebten dabei fast immer Niederlagen. Gegenüber der Heimtücke der Agitation von Neonazis, Verschwörungsideologen, verbohrten Scharfmachern, zu deren Methoden Lügen, „Fake News", Realitätsverweigerung und Tatsachenleugnung sowie die Banalisierung wissenschaftlicher Erkenntnis gehören, versagt die Rhetorik der Demokraten, die guten Willens sind und glauben, ihre Gegner kämpften mit gleichen Waffen. Dieser Irrtum ist von den Demagogen einkalkuliert. Deshalb ist der blauäugige Versuch, mit rechtsradikalen Provokateuren Argumente auszutauschen, vergeblich und nützt nur denen, die Gesprächsbereitschaft kalkuliert missbrauchen. Zu unterscheiden ist freilich allemal, ob jemand seinen Standpunkt im gegnerischen Lager zu vertreten versucht, ohne die eigene Position aufzugeben, oder ob Anbiederung vorliegt, wenn Sympathie mit Querdenkern explizit geäußert wird. Die regelmäßige Nutzung bestimmter Foren wie der „Jungen Freiheit" oder der „Achse des Guten", um Meinungsäußerungen abzugeben, lässt die Vermutung zu, man teile die Standpunkte der rechtsradikalen Gastgeber.

Eine andere Sache ist das Geschrei der Rechthaber und die Verdammnis, die über Treuherzige hereinbricht, die ahnungslos das Gespräch mit dem politischen Gegner suchen. Welches Maß an Naivität erlaubt ist, um mit Coronaleugnern, eingeschworenen Demokratiefeinden oder Hassrednern Debattenkultur zu treiben, muss jeweils geklärt werden.

In der Betrachtung politischer Viten und Schicksale soll das nachfolgend exemplifiziert werden. Vera Lengsfeld, habituell eine Unruhige und biografisch durch Stasi-Aktivitäten eine Geschädigte, begann ihren politischen Weg in der SED, aus der sie 1983 ausgeschlossen wurde. Sie engagierte sich in der DDR für Frieden und Umwelt gegen die Regierung. Für die Grünen saß die Bürgerrechtlerin nach der friedlichen Revolution in der Volkskammer und im Bundestag, sie wechselte 1996 zur CDU. Bis Oktober 2005 gehörte sie dem Parlament an, ihr politischer Weg führte weiter nach rechts, im Frühjahr 2013 war sie im Vorstand des aufgelösten „Bürgerkonvents", sympathisierte öffentlich mit der AfD. Vera Lengsfeld publiziert in Medien am rechtsradikalen Rand, agiert auf pegidanahen Veranstaltungen und initiierte die rassistische und fremdenfeindliche „Gemeinsame Erklärung 2018", in der Rechtsintellektuelle eine Beschädigung Deutschlands durch eine vermeintliche „illegale

Masseneinwanderung" befürchten. Frau Lengsfeld gehört laut „Spiegel" zum „Who's Who der deutschen Klimawandelleugnerszene" und war von Anfang an auf den Bühnen der Pandemieleugner und Kritiker von Corona-Schutzmaßnahmen aktiv. Wiewohl längst kaum mehr ernst genommen, ist die rührige Publizistin, geschmückt mit dem Bundesverdienstkreuz, dem Aachener Friedenspreis und anderen Auszeichnungen, einer biografisch und intellektuell nachvollziehbaren Logik der Radikalisierung folgend, am rechten Rand aktiv und verkörpert als Person Ideologie und Praxis des Querdenkens.

Der Schriftsteller Siegmar Faust war politischer Gefangener in der DDR, wegen „staatsfeindlicher Hetze" saß er unter barbarischen Umständen in den 1970er-Jahren in Haftanstalten wie dem Zuchthaus Cottbus. 1976 durfte er in den Westen ausreisen. Dort entwickelte er ein sehr konservatives Weltbild, warnte vor einem Wiedererstarken des Sozialismus, näherte sich neurechten Positionen, sympathisiert mit der AfD und propagiert islamophobe Einstellungen. Im Mai 1996 wurde Faust Landesbeauftragter für die Stasi-Unterlagen in Sachsen, drei Jahre später musste er den Posten räumen. Eine weitere Niederlage erlitt er, als ihm 2018 verboten wurde, als Zeitzeuge Besucher in den Gedenkstätten Stasigefängnis Hohenschönhausen und Zuchthaus Cottbus zu führen. Auch Auftritte als Zeitzeuge in sächsischen Schulen wurden nicht mehr finanziell gefördert. Grund waren unbedarfte Äußerungen, die, journalistisch aufbereitet, Faust zum Holocaustleugner und Schlussstrichforderer unter die NS-Aufarbeitung stilisierten. Mit den Zuspitzungen wurde dem Opfer der DDR-Justiz wohl unrecht getan, aber seine Sympathie für die AfD und sein öffentliches Bekenntnis zu deren Positionen artikuliert er überdeutlich: „Wem also dient sie, die äußerst merkelwürdige ‚Mutti' der Nation, die alles tut, die Nation samt ihrer Kultur aufzulösen, aufzugeben zugunsten einer barbarischen Religion, die sich Islam nennt?" Sein Unverständnis für die repräsentative Demokratie bringt er ebenso unmissverständlich zum Ausdruck: „Wenn die Merkel die Grenzen öffnet, ohne das Volk zu fragen und das dann so verheerend das dann verharmlost und jeder, der das nicht gut findet, dann zum Nazi erklärt wird usw. – das ist unfair. Das macht die Demokratie kaputt. Ich bin doch kein Gegner des Staates. Ich bin nur unzufrieden mit der Regierung. Das sind doch viele."[6]

Mit dem Slogan „Sachsens grüne Powerfrau: Antje Hermenau" war die Politikerin von 1990 bis 1994 Mitglied des Sächsischen Landtags, anschließend bis 2004 Abgeordnete im Bundestag, dann wieder im Landtag. Im Herbst 2004 verzichtete sie auf das Mandat, und im Januar 2015 trat sie aus der Partei Bündnis 90/Die Grünen aus. Damit protestierte sie gegen die Linksorientierung der Partei, später erregte sie Aufsehen durch ihre Gesprächsbereitschaft mit der AfD, die sie damit begründete, dass eine Demokratie davon lebe, miteinander zu reden. Ähnlich argumentieren auch andere Politiker, die darüber in die Schlagzeilen gerieten, Ämter und Erwerbsmöglichkeiten verloren. Gemeinsam ist ihnen die politische Sozialisation als Bürgerrechtler, die durch friedlichen Protest das Ende der DDR herbeigeführt, an Runden Tischen der Wendezeit Gutes bewirkt hatten. Zu ihren Erfahrungen gehört das Debattieren mit dem Gegner und der Erfolg, damals durch Protest etwas bewegt zu haben.

Auch Michael Beleites war, wie Siegmar Faust, Sächsischer Landesbeauftragter für die Stasi-Unterlagen, von Dezember 2000 bis Dezember 2010. In der DDR war er seit 1982 in Umwelt- und Friedensinitiativen engagiert gewesen, hatte den Protest gegen die Umweltzerstörung in der Region Bitterfeld organisiert. Auf den Erfahrungen am Ende der DDR basierend, ist sein Anliegen der Brückenschlag zwischen politischen Positionen. So verteidigte er das Treiben der Pegida-Bewegung gegen den Vorwurf, es handele sich um Nazi-Aufmärsche, weil er die Situation 2014/15 wegen der Flüchtlinge als „Krise der Demokratie" empfand. Sein Auftritt bei der ultrarechten Burschenschaft Normannia in Jena und sein Referat in der neurechten Denkfabrik des Götz Kubitschek rechtfertigte er als mutige Tat eines innerlich freien Menschen: „Ich wollte erreichen,

---

6   Alexa Hennings, Einmal Widerstand, immer Widerstand. Bürgerrechtler am rechten Rand?, in: Deutschlandfunk, 9. 6. 2020, Ms. S. 7.

dass praktisch dieser Graben überbrückt wird. Und die haben ja in diesem sogenannten Institut für Staatspolitik in Schnellroda durchaus auch schon vorher Linke eingeladen, um diesen Dialog zu führen. Und dann sind Linke aus Angst nicht hingegangen."[7] Durch die Kritik an seinen Auftritten auf rechten Podien fühlte Beleites sich diffamiert.

Die Brandenburgerin Angelika Barbe war in der Friedensbewegung der DDR aktiv gewesen. Deshalb wurde sie von der Staatssicherheit als Dissidentin observiert. 1989 gehörte sie zu den Gründern der Sozialdemokratischen Partei in der DDR, war Mitglied im Vorstand und Abgeordnete in der frei gewählten Volkskammer ab Frühjahr 1990 und anschließend im Deutschen Bundestag. 1996 wechselte sie zur CDU, wurde 2001 Vorstandsmitglied der „Union der Opferverbände kommunistischer Gewaltherrschaft" und arbeitete bis zum Ruhestand 2017 in der Sächsischen Landeszentrale für politische Bildung in Dresden. Ihre Teilnahme an Pegida-Versammlungen diente offenbar nicht distanzierter Beobachtung, weckte oder bestätigte vielmehr Sympathien. Denn Ende 2017 schrieb Angelika Barbe einen offenen Brief an die CDU, der sie noch angehörte, in dem sie den Islam als „rassistische Ideologie" denunzierte und die angebliche Besserstellung von Migranten gegenüber den Einheimischen monierte. Ihre Annäherung an die AfD wurde durch die Berufung in das Kuratorium der parteinahen Desiderius-Erasmus-Stiftung öffentlich. Die ARD-Fernsehsendung „Panorama" zitierte im Beitrag „Vom SED-Gegner zum Coronaleugner" die Äußerung Barbes: „Das ist jetzt schon wie DDR. Ich sehe keinen Unterschied mehr zwischen den Regierenden der DDR – also diesen Verbrechern – und der heutigen Regierung."[8]

In der Pandemie radikalisierte sich Angelika Barbe weiter, beteiligte sich an Demonstrationen gegen Corona-Schutzmaßnahmen

---

7   Ebenda, Ms. S. 11.

8   Gabor Halasz, Vom SED-Gegner zum Coronaleugner, in: Panorama, 26. 11. 2020.

und verglich die Novellierung des Infektionsschutzgesetzes mit dem „Ermächtigungsgesetz", das 1933 Hitler diktatorische Vollmachten gab. Den Zenit der Geschmacklosigkeit erreichte sie in einem offenen Brief an alle Bundestagsabgeordneten, in dem sie die Verpflichtung zum Tragen der Gesichtsmaske mit dem von den Nationalsozialisten erzwungenen Judenstern verglich. Im Bundestag, zu dem sie sich mithilfe eines Hausausweises für ehemalige Parlamentarier Zutritt verschafft hatte, belästigte sie Abgeordnete durch das Verteilen von Flugblättern. Weil sie Werbung für die AfD im Bundestagswahlkampf 2021 machte, legte ihr die CDU den Austritt nahe.

Die einstige DDR-Bürgerrechtlerin ist mit dem Protest gegen die Corona-Maßnahmen offensichtlich in der Querdenken-Szene angekommen. Dorthin verweht hat es auch Prominente mit ganz anderem Hintergrund wie den einstigen Fernsehpfarrer Jürgen Fliege, der sich nach dem Ende seiner TV-Karriere als Quacksalber betätigte, der ein „Fliege-Elixier" feilbot, eine Art Sauerkrautsaft zur Steigerung des Wohlbefindens. Flieges Kirche strengte gegen den Ruhestandspfarrer ein Disziplinarverfahren wegen vernachlässigter Amtspflichten an. Bei Querdenken-Kundgebungen tat sich Pastor Fliege dagegen als Redner hervor.

Auch der ostdeutsche Psycho-Experte und Bestsellerautor Hans Joachim Maaz, der nach der Wende mit schlichten Thesen die Seelenlage der DDR-Bürger (in Büchern wie „Gefühlsstau" oder „Das gestürzte Volk") erklärte, bewegte sich in die Richtung der Querdenker. 2017 unterschrieb er die „Charta 2017" der mit Pegida sympathisierenden Dresdner Buchhändlerin Susanne Dagen. Die fremdenfeindlichen rechten Ausschreitungen in Chemnitz 2018 fanden bei ihm Verständnis. Maaz begründet seine Haltung mit seiner Profession: „Als Psychotherapeut bin ich von Beruf ein Zuhörer und Versteher."[9]

Diese Erklärung ist symptomatisch für eine Haltung, die auch von anderen eingenommen wird, die nicht zu den krawallsüchtigen

9   Deutschlandfunk, 9. 6. 2020, Ms. S. 13.

Schreihälsen in den Reihen der Aufrührer und Demokratieverweigerer zu rechnen sind, wohl aber deren Bestrebungen fördern. Frank Richter, ein Mann, der zur Wendezeit Verdienste erwarb, die nicht hoch genug zu schätzen sind, weil er 1989 in Dresden als katholischer Geistlicher den gewaltsamen Zusammenprall von DDR-Staatsmacht und demonstrierenden Bürgern verhindern half. Mit der „Gruppe der 20" initiierte Richter das Gespräch zwischen den Fronten. Das hat den Bürgerrechtler geprägt. Der Theologe wechselte Konfession und Profession, wurde Politiker, wanderte von der CDU zur SPD, für die er seit 2019 im Sächsischen Landtag sitzt. Berühmt wurde Richter, als er im Amt des Direktors der Landeszentrale für politische Bildung im Januar 2015 der Pegida-Bewegung als Gastgeber die erste Pressekonferenz ermöglichte. Trotz späterer Distanzierung von rechtsextremer Hetze verteidigt er seine Haltung des Verstehens, die er in einer Streitschrift[10] öffentlich machte.

Als Ergebnis der Betrachtung finden sich verschiedene Komponenten, die Menschen in die Nähe oder in die aktiven Reihen der Querdenken-Bewegung führen. Die Diktaturerfahrung von DDR-Bürgern, die sich gegen den Staat engagierten, mindestens dessen System missbilligten, ist ein wichtiges Agens. Es kommt als Ablehnung staatlicher Maßnahmen (Corona), als Gefühl der Freiheitsbeschränkung zum Ausdruck, äußert sich in unangemessener Gleichsetzung der demokratischen Ordnung mit dem NS-Regime oder der DDR-Diktatur. Daraus abgeleitet wird die Ermächtigung zum Widerstand postuliert, nicht nur gegen Maßnahmen, sondern auch gegen das System. Auf der individuellen Ebene kommen neben Enttäuschungen und demütigenden Erfahrungen nach dem Zusammenbruch der für viele erträglichen, jedenfalls nicht pauschal verdammenswerten Lebenswelt DDR auch Sendungsbewusstsein, Missionseifer, Besserwisserei, Eitelkeit und habitueller Unmut gegen jede Art von Eliten ins Spiel. Das ist keineswegs auf den Osten

---

10 Frank Richter, Hört endlich zu! Weil Demokratie Auseinandersetzung bedeutet, Berlin 2018.

Deutschlands beschränkt. Traditionen der Lebensreform- und Zurück-zur-Natur-Bewegung des ausgehenden 19. Jahrhunderts werden wieder belebt. Esoterische Welterklärungen bis hin zu Verschwörungsriten haben in der Krise Konjunktur.

Populäre Schauspieler, Unterhaltungskünstler, Bestsellerautoren, ehemalige Abgeordnete, ein suspendierter Kriminalhauptkommissar, der Parallelen zwischen der SS und heutigen Sicherheitskräften erkennen will, Esoteriker verschiedener Spielart, Heilpraktiker und Alternativmediziner finden sich mit „Reichsbürgern" und Rechtsextremen im Protest gegen die Abwehr- und Schutzmaßnahmen, die der Eindämmung der Pandemie dienen, in einer Partei zusammen, die beansprucht, „die Basis" zu vertreten. Mit absurden Vergleichen demokratischer Institutionen mit dem nationalsozialistischen Regime (KZ, SS) oder dem Machtapparat der DDR wird zum Widerstand durch „Selbstermächtigung der Basis" aufgerufen. Der „Spiegel" zitiert die den „Reichsbürgern" nachempfundenen Umsturzfantasien der neuen Protestpartei: „Souveränitätsbewegungen sind ein weltweites Phänomen, um sich von machtmissbrauchenden Regimen loszusagen."[11] Die „Basisdemokratische Partei" organisiert Anhänger der Querdenken-Szene unter dem politischen Anspruch Freiheit, Machtbegrenzung, Achtsamkeit, Schwarmintelligenz. Tatsächlich konkurriert sie in der Sammlung von Verdrossenen mit der AfD.

Beobachtungen, Analysen, Deutungsversuche aus unterschiedlicher Perspektive werden in diesem Band unternommen, um dem Phänomen „Querdenken" Erklärungsansätze und Deutungsversuche entgegenzusetzen. Sebastian Leber beschreibt die Zusammenhänge der „Querdenken"-Strömung mit der Reichsbürger-Szene. Andreas Speit deckt die Bezüge zwischen alternativen Naturbewegungen und Lebensreformern zur Welt des aktuellen Querdenkens auf. Josef-Otto Freudenreich verfolgt die Anfänge in Stuttgart. Die Mitarbeiter

---

11 Heilpraktiker, Umsturzfantasien und Jürgen Fliege, in: Der Spiegel, 5. 6. 2021.

eines Recherchenetzwerks, die Grund haben, ihre Identität wegen Gewaltandrohungen zu verbergen, decken den Einfluss christlicher Sektierer auf „Querdenken" auf. Thomas Pfeiffer beobachtet die Tätigkeit eines Videobloggers, der sich „Impfrebell" nennt, Volker Weiß zeigt die Verbindungen zur Neuen Rechten. Wurzeln des Volkszorns werden in mehreren Beiträgen freigelegt, Angelika Censebrunn-Benz stellt die Motive von Eingaben an Volksvertreter dar, Maria Fiedler schreibt über die bürgerliche Radikalisierung, Peter Widmann analysiert das verbreitete Misstrauen gegen demokratische Institutionen. Präsenz und Funktion von Antisemitismus auf den Bühnen der Unzufriedenen erläutert Juliane Wetzel. Ein Beitrag ist der Bedeutung von Verschwörungsfantasien gewidmet (Wolfgang Benz). Aus politikwissenschaftlicher Perspektive untersuchen Gudrun Hentges und Gerd Wiegel das Zusammenspiel von AfD und Querdenkern, während Claudia Barth Ideologie und Ziele der „Basisdemokratischen Partei Deutschland" in den Blick nimmt. Empirische Befunde des Corona-Protestes stellen die Soziologen Oliver Nachtwey, Nadine Frei und Robert Schäfer vor. Im Gespräch mit den Psychotherapeuten und ehemaligen DDR-Bürgern Christoph und Gundel Seidler werden – ohne Anspruch auf endgültige Erleuchtung, jedoch in der Hoffnung auf Einsichten en detail – Spuren verfolgt, die zum Verständnis der gegenwärtigen Situation in den neuen Bundesländern beitragen.

Es ist das Anliegen des Bandes und seiner Autorinnen und Autoren, zum Verständnis einer politischen und sozialen Bewegung beizutragen, die sich in der Absage an die demokratisch verfasste Gesellschaft und den parlamentarisch legitimierten Staat zunehmend radikalisiert.

ANGELIKA CENSEBRUNN-BENZ

Zürnen mit der Obrigkeit – erboste Bürger im Kontakt mit Volksvertretern

Während meiner Tätigkeit als Wissenschaftliche Mitarbeiterin und Büroleiterin verschiedener Bundestagsabgeordneter erhielt ich Einblick in die Gründe, die einfache Bürger veranlassten, sich voller Wut an ihre Politiker zu wenden. Fehlende Kitaplätze und fehlende Pflegekräfte oder mangelnde Ausstattung von Schulen und öffentlichen Einrichtungen, also Themen, bei denen ein Missstand bekannt ist und die die Lebenswirklichkeit vieler massiv berühren, waren zu meiner großen Verwunderung in all den Jahren meiner Tätigkeit eher selten in den Anfragen und Zuschriften vertreten. Obgleich diese Probleme in jedem Wahlkampf bespielt und als dringend und bürgernah identifiziert werden, scheinen Bürgerinnen und Bürger selbst diese Missstände einfach hinzunehmen oder es als sinnlos zu erachten, sich hier an Politiker ihres Wahlkreises zu wenden. Vielmehr trafen überwiegend Zuschriften ein, die sich um kleine alltägliche Belange, um persönlichen Unmut oder sehr individuelle Lebenslagen drehen.

Oft wurde sofort deutlich, dass die Verfasser gar nicht an einer Antwort interessiert waren, sondern sich schlicht Luft machen wollten, den Brief oder die E-Mail, seltener den Anruf, als Ventil benutzten, um ihren Zorn loszuwerden, ohne mit einer echten Reaktion zu rechnen. In der Regel konnte man die Antwort suchenden Bürgerinnen und Bürgern in zwei Gruppen teilen: die einen, die einmal schrieben, und jene, denen auch mehrere Antworten nicht genügten, die engen Austausch verlangten und die das freundliche Argument, ein Abgeordneter könne bei aller Mühe nicht öfter als ein- oder zweimal auf einen einzelnen Bürgerbrief antworten, weil er auch andere Aufgaben und Verpflichtungen habe, nicht gelten ließen. Im Gegenteil, manche nahmen diesen Hinweis als Beweis, dass die Politik sich mit dem „kleinen Mann" (oder der Frau) gar nicht befassen wolle und die echten Probleme des Volkes der Führungsriege egal seien.

Mitunter wird der Ton dann noch einmal deutlich schärfer und überschreitet die Grenze der Höflichkeit. So schrieb ein Mann aus Thüringen, der sich zunächst über die Mieterhöhung seiner Wohnung geärgert hatte und in dieser Sache die Unterstützung einer Abgeordneten angefordert hatte, nach der freundlichen Antwort, rechtlichen Beistand dürften Abgeordnete generell nicht leisten, und dem Verweis auf die Möglichkeit, sich beim Mieterverein oder Verbraucherschutz Hilfe zu organisieren, er sei maßlos enttäuscht und sehe nun klar, dass allen Wahlversprechen zum Trotz auch seine Abgeordnete „faul und dumm" herumliege, „Steuergelder verprasse" und einfach nur „scheiße" sei.

Die Gründe für die Zuschriften sind bunt gemischt. Mal war es die Umgehungsstraße, die direkt am Haus vorbeiführen sollte, mal das Flüchtlingsheim, das genau gegenüber der Schule des eigenen Kindes gebaut wurde, die Poststelle, die geschlossen oder die Buslinie, die eingestellt werden sollte.

Ein Mann aus Thüringen rief im Büro von Iris Gleicke, Abgeordnete für den Wahlkreis Suhl – Schmalkalden – Meiningen – Hildburghausen an. Erbost schildert er seine Situation: Er sei Kraftfahrer und müsse bestimmte Pausenzeiten einhalten. Wegen des Fahrverbots für Lastkraftwagen am Sonntag passiere es ihm, dass er weniger als 100 km von seinem Heimatort entfernt am Samstagmittag die Fahrt abbrechen müsse. Da er sonntags nicht fahren dürfe, bleibe ihm nichts andres übrig, als das Wochenende auf dem Rasthof zu verbringen, während seine Kinder ein Wochenende vergeblich auf ihren Papa warteten. Für ihn sei das ein Einschnitt in seine Rechte als Mensch und Vater, und er verlange, dass die SPD, die doch für ihre Bürgerinnen und Bürger da sein wolle und sozial sei, sich für ihn und seine Familie einsetze. Es wird ein längeres Telefonat. Ich erkläre ihm, dass die gesetzlichen Pausenzeiten ihn schützen sollen, damit er nicht von einem profitorientierten Unternehmer ausgebeutet werden kann, dass die Gesetze zum Arbeitsschutz den Arbeitnehmern dienen sollen und dass ich darüber hinaus durchaus verstehe, dass er sich über das Fahrverbot ärgert. Mit der dringenden Bitte, ich solle meiner Chefin doch sein Anliegen vorbringen, dass diese Bestimmung dringend geändert werden müsse, damit Familienväter auch ihre Kinder sehen und ihre freie Zeit mit der Familie verbringen können, statt auf einem Parkplatz zu versauern, verabschiedet sich der Mann am Telefon. Immerhin wünscht er mir ein schönes Wochenende.

Ein Brief aus einem kleinen Städtchen befasste sich mit dem Problem einer neu zu bauenden Umgehungsstraße. Diese, schreibt die Verfasserin, sei ja dringend nötig. Übrigens schon seit zehn Jahren, und es sei nun wirklich an der Zeit, dass da mal was passiere. Aber dass die Straße nun direkt an ihrem Grundstück vorbeiführen soll, ärgert sie heftig. Es gehe mal wieder „auf die Kosten der kleinen Leute, die sich nicht wehren können". Auf der Wiese, die dem Straßenbau geopfert werden soll, stünden immer Rehe, und ihre Kinder nutzten die Wiese als Abkürzung zur Schule oder zu Freunden. Es sei „eine Zumutung und unfassbar unsozial", wenn die Straße dort gebaut würde. Die andere Seite des Städtchens sei dafür besser geeignet, dort stünden nur Mehrfamilienhäuser, die hätten keinen Garten und somit auch keine Einbußen, wenn die Straße an ihren Häusern entlang verlaufe.

Die Antwort fiel einerseits rational aus, erklärte, in einer langen Planungsphase seien verschiedene Alternativen ausgelotet worden, und auch Aspekte des Umweltschutzes hätten dabei eine Rolle gespielt, generell würde in solche Baumaßnahmen eine Vielzahl von Überlegungen einfließen, und man versuche stets, die bestmöglichste Lösung für alle zu finden. Das Schreiben enthielt aber auch emotionale Aspekte, so wurde ihr versichert, in ihrem Falle sei es zwar zu verstehen, dass ihr die Straße missfalle und eine idyllische Aussicht schöner sei als der Anblick der Straße. Aber auch die Bitte um Verständnis, dass bei dringendem Bedarf einer Umgehungsstraße nicht auf alle persönlichen Belange Rücksicht genommen werden könne, weil sonst einfach keine neue Straße gebaut werden könne, fand sich im Antwortschreiben.

Nur wenige Tage später traf eine erneute Zuschrift ein. Tief enttäuscht zeigte sich die Bürgerin. Nun bestätige sich also, dass die Politiker sich einfach nur um ihr Gehalt und die Zuwendungen der Baufirmen kümmerten. Persönliches Wohlbefinden der Bürger sei uninteressant. Wenn die Abgeordnete die Stimme der Frau bei der nächsten Wahl bekommen wolle, dann müsse sie sich dieser Sache annehmen und dafür sorgen, dass die Straße anderswo gebaut würde. Der Brief endet ohne Gruß mit dieser Drohung.

Als mein damaliger Chef Wolfgang Thierse im Deutschlandfunk die Bemerkung machte: „Wenn man beim Bäcker ist und plötzlich steht da nicht mehr ‚Schrippen soundsoviel‘, sondern da steht ‚Wecken‘, da denke ich, das können die doch woanders sagen, in Berlin sagt man ‚Schrippen‘“, brach ein Sturm der Entrüstung los. Thierse hatte damit auf die „unfreundliche Seite“ der Veränderung, die er grundsätzlich nicht als problematisch empfindet, hingewiesen. („Die freundliche Seite der Veränderung, dass sprichwörtlich alles schöner aussieht, hat mit der Verdrängung also eine schmerzliche Rückseite.“) Hintergrund war, dass im Berliner Stadtteil Prenzlauer Berg 90 Prozent der Anwohner erst nach 1990 zugezogen sind. Die Schwaben seien dafür insofern Inbegriff geworden, als man sie eben an der Mundart so schnell erkenne. Im Büro des Abgeordneten Thierse liefen nach dieser Äußerung Hunderte von E-Mails ein. Wütende Bürgerinnen und Bürger riefen an, fühlten sich diskriminiert, ausgegrenzt, schlecht behandelt. Manche Mailschreiber bezweifelten Thierses Integrationswilligkeit, nannten ihn engstirnig, feindselig, verbohrt. Andere wurden aber auch beleidigend, gingen weit unter die Gürtellinie und beschimpften den prominenten Politiker persönlich. „Schneide dir besser mal deinen ekligen Bart“ und „ein Friseurbesuch täte dir gut“ waren dabei noch die netteren Varianten.

Eine erzürnte Frau rief kurz nach der Rede der Bundeskanzlerin Merkel zur Flüchtlingslage und ihrem zusammenfassenden und ermutigenden Satz „Wir schaffen das" an. Sie schimpfte, im Osten sei alles den Bach runtergegangen, dass sie keine Arbeit mehr habe und von einer kläglichen Rente leben müsse, das interessiere ja niemanden. Die Flüchtlinge jedoch, für die flössen jetzt mal wieder Milch und Honig. „Wir Deutschen", klagt die Frau, „sind ja nur Menschen zweiter Klasse, da kommen erstmal die aus Afghanistan oder sogar die aus Israel." Auf meinen Einwand, die Menschen, die aus Kriegsgebieten zu uns kämen, weil ihre Existenzgrundlage zerstört und ihr Leben bedroht sei, erhielten ja, wenn überhaupt, nur ein kleines Zimmer und kaum ein Leben wie im Paradies, reagiert sie kaum. Bevor man sich um andere sorge, müssten „die da oben" sich doch erst mal um die eigenen Leute kümmern.

Im Austausch mit Kollegen aus anderen Büros – auch anderer Parteien – wird schnell deutlich, wie sehr sich die Zuschriften ähneln. Natürlich sind sie je nach Arbeitsfeld des Abgeordneten oder Ausrichtung der Partei unterschiedlich. Kollegen von den Grünen erhielten mehr Zuschriften wegen Windkraftanlagen, die nicht gebaut werden sollten, oder wegen des Kraftverkehrs, der deutlich reduziert werden müsse. In einem Fall forderte eine Frau, die Partei solle sofort dafür sorgen, dass Autobahnen nur noch zweispurig und mit maximal 60 km befahren werden dürften. Ihre Motivation lag allerdings weniger im Umweltschutz als vielmehr darin, mehr Ruhe zu haben, da ihr Haus in unmittelbarer Nähe der A 7 stark durch den Lärm beeinträchtigt war.

Auch Hassbotschaften laufen ein. Sie sind in fast allen Fällen anonym und reichen von der einfachen Beleidigung („Selten einen so dummen Menschen reden gehört") über massive Gewaltfantasien („Ich würde dir am liebsten in die verlogene Fresse treten") bis hin zu Morddrohungen („Dich sollte man überfahren", „Die nächste Laterne ist deine"). Im Büro der Bundestags-Vizepräsidentin und Abgeordneten der Partei Die Linke, Petra Pau, trafen besonders heftige Zuschriften solcher Art ein. Morddrohungen, übelste Beschimpfungen waren und sind keine Seltenheit, wie mir ihr Büroleiter erzählte. Aber auch Kollegen aus Büros der Grünen oder der

CDU berichten Ähnliches. So wurde ein junger Abgeordneter der CDU das Ziel von Schmähungen, weil er bei einer Veranstaltung zum Thema Bildungspolitik äußerte, dass es einen hohen Anteil sehr intelligenter und sozial hervorragend integrierter Menschen mit ausländischen Wurzeln gebe, die er in der „Führungsriege unseres Landes zukünftig durchaus ganz vorne sehe". Kurz darauf wurde er von E-Mails regelrecht überflutet, die ihm vorwarfen, er als Christdemokrat würde „unser Land" in „fremde Hände geben". Die Forderung der entrüsteten Bürgerinnen und Bürger, er solle sofort zurücktreten und jene an die Spitze lassen, „denen Deutschland wirklich etwas bedeute", traf ihn unvorbereitet. Ein anonymer Mailschreiber bot ihm an, ihn an der nächsten Laterne aufzuknüpfen, als Dienst für das eigene Land. Besonders der tiefe Antisemitismus und Fremdenhass haben ihn überrascht. So schrieb eine Frau, er sei ja schließlich längst gekauft von den „jüdischen und muslimischen Kräften", die langsam, aber sicher unser Land unterwanderten. Die Liste solcher verschwörungstheoretischer und fremdenfeindlicher Beispiele ließe sich endlos ergänzen.

Der kuriose Fall eines Bürgers, der sich immer wieder beschwert, hat mich über Jahre hinweg begleitet. Das Prozedere war immer das gleiche: Ein Mann mit stark sächsischem Dialekt ruft an, beginnt mit „Schreiben Se mal mit, junge Frau, schreiben Se mal mit" und fängt ohne Punkt und Komma an zu referieren. In atemberaubendem Tempo legt er eine Sachlage, z. B. seine Sicht auf das „Gesetz über das Inverkehrbringen, die Rücknahme und die umweltverträgliche Entsorgung von Elektro- und Elektronikgeräten" dar. Er benennt Paragrafen und Unterabsätze, bringt kleine Einschübe wie „Na junge Frau, Fön haben Se ja auch schon mal in der Hand gehabt, nü." Er beendet seinen Wortschwall mit der Mitteilung, dass dies so nicht rechtens sei und sich die Politik darum dringend einmal kümmern müsse. Meist legt er noch einen weiteren Aspekt in gleichem Tempo dar, um dann unvermittelt mit begütigenden Phrasen zu enden. „So, nü hab ich altes Scheusal Se lang genug gequält, denken Se aber mal drüber nach und geben Se das weiter." Dann legt er auf.

Ein Mann Mitte Vierzig wendet sich mit einem 41 Seiten langen Brief, der zahlreiche Bilder, Ausschnitte aus Zeitungen und einige Röntgenbilder enthält, an seine Abgeordnete. Er fühlt sich von seinem Orthopäden falsch behandelt, sieht die Beeinträchtigungen, die er körperlich nach einem Knöchelbruch erlitt, als Folge von dessen Unfähigkeit an und fordert neben der Aufklärung des Falles das sofortige Berufsverbot für den Arzt. Deutschland sei angeblich ein freies Land, er frage sich, warum die Politiker sich dann nicht auch für ihre Bürger einsetzten und solchen „Scharlatanen" das Handwerk legten. Die freundliche Antwort der Büromitarbeiterin, dass die Abgeordnete, die nebenbei bemerkt gelernte Bauzeichnerin und Ingenieurin für Hochbau und deshalb nicht die richtige Ansprechpartnerin für sein Problem sei, er sich aber gerne an die Bundesärztekammer wenden könne, die auch über Schlichtungsstellen und Beratungsmöglichkeiten verfüge, erbost ihn noch mehr. Er habe sich extra an eine Abgeordnete gewandt, die ja auch mal was zur Pflege im Alter gesagt habe – gemeint ist eine Vor-Ort-Veranstaltung zum Thema Pflege –, aber das sei ja mal wieder typisch. Erst würden die da oben auf Verständnis machen und dann ließen sie einen links liegen. Er sei eben noch nicht alt und pflegebedürftig, damit also kein Mensch, um den man sich kümmern müsse, und deshalb uninteressant. Er werde, so der letzte Satz, ganz sicher bei der nächsten Wahl seine Stimme niemandem geben. „Die ganzen feinen Politiker" könnten mal schön unter sich bleiben und teuren Kaffee trinken.

Mit sich überschlagender Stimme rief eine Frau im Büro von Wolfgang Thierse an. Sie habe nichts gegen Flüchtlinge, ganz bestimmt nicht. Multikulti sei gut, und sie würde da auch nie etwas sagen, nur dass man sie da nicht falsch einsortiere. Aber nun solle aus der mobilen eine feste Unterbringung für Flüchtlinge werden, und das gehe wirklich nicht. Sie könne deren Treiben aus ihrem Fenster beobachten. Die lungerten auf der Straße herum, rauchten, durchwühlten Mülleimer, und das Schlimmste: Die Schulkinder müssten da direkt vorbei auf ihrem Weg zur Grundschule. Sie könne verstehen, dass die Flüchtlinge irgendwo leben müssten, aber hier, mitten

in einem normalen Stadtviertel, das gehe zu weit. Draußen am Stadt-
rand oder in einem der sächsischen Dörfer – da wo doch eh' so viel
leer stehe – das fände sie sinnvoll. Und wenn diese Personen, diese
Flüchtlinge, erstmal aus den Augen wären, gäbe es auch viel weniger
Rassismus oder Feindseligkeiten, das müsse sie jetzt doch auch mal
sagen. So gehe es nun mal einfach nicht. Da liege auch immer Müll
herum, und die Mülleimer würden schon überquellen.

Im Laufe des Gespräches – ich versuche, Verständnis zu zeigen,
aber auch darauf hinzuweisen, dass eine Unterbringung in länd-
licher Gegend die Probleme eher verschärfe, als Rassismus vorzu-
beugen – tauchen doch immer manifestere Vorwürfe auf. Die Politik müsse doch zuerst an die eigenen Leute denken, es sei ja hier in
Deutschland Aufgabe der Politiker, sich um die deutsche Bevölkerung zu kümmern. Wenn etwas übrig bleibt und es allen gut geht,
dann könne man gerne teilen. Aber es gebe noch so viele Missstände
hier, und die Hartz-IV-Sätze könnte man ja vielleicht auch anheben.
Die Unterkünfte für Asylbewerber seien ja auch sehr teuer.

Es gab aber auch Fälle, in denen es um Zuständigkeitsprobleme
ging. Ein Rentner hatte sich beim Grünflächenamt seines Berliner
Stadtbezirks darüber beschwert, dass Anwohner Berliner Grundstücke diese widerrechtlich etwas erweiterten, indem sie den Grün-
streifen dahinter, der bereits zu Brandenburg zählt, für Kompost-
anlagen, Grillplätze und Freisitze nutzten. Als er vom Amt keine Antwort erhielt, wandte er sich an die Polizei. Als er auch hier keine oder
nur eine ihn unzufrieden zurücklassende Nachricht bekam, wandte
er sich an seinen Abgeordneten. Dieser solle nun für eine bessere
Zusammenarbeit der Bundesländer und der Behörden sorgen.

Ein Ehepaar wandte sich in einem jahrelangen Nachbarschaftsstreit an den Abgeordneten des Wahlkreises. Es sei nun nicht mehr
auszuhalten, ihre Geduld sei am Ende und sie fühlten sich gar nicht
mehr als Menschen. Es folgten seitenlange Ausführungen, was sich
die Nachbarn bislang angetan hatten. So wurden unter anderem
Büsche mit Absicht so gepflanzt, dass sie den Nachbarn behinder-
ten, dafür rächte man sich mit einer Mauer, die das Licht für das

Rosenbeet nahm. Musik bei offenem Fenster, unschöne Briefe, zuletzt tote Ratten und Hundekot – die gegenseitigen Gemeinheiten schaukelten sich immer weiter in die Höhe. Nun, findet das Ehepaar, sei die Zeit gekommen, das nicht länger hinzunehmen. Der Abgeordnete solle bitte zeitnah das Problem klären. Eine scharfe Zurechtweisung des Nachbarn und die Androhung, er müsse sonst umziehen, erscheint dem Ehepaar angemessen. Notfalls – dieser Satz ist fett markiert und unterstrichen – dürfe der Abgeordnete auch vor der „Anwendung von Polizeigewalt" nicht zurückschrecken.

Als Antwort wird ein freundlicher Brief auf den Weg gebracht, der Verständnis für den Unmut zeigt und festhält, dass solch eine Situation die Lebensqualität sicher sehr beeinträchtige. Es folgt der Hinweis, dass der Abgeordnete hier keinerlei Befugnisse habe und das Problem auch nicht in seinen Aufgabenbereich falle, sowie der Vorschlag, gemeinsam mit dem Nachbarn eine Mediation in Anspruch zu nehmen. Eine kurze Beschreibung, wie eine Mediation abläuft und welch großen Nutzen beide Seiten von der Schlichtung durch eine unabhängige erfahrene Person hätten, ist ebenso angefügt wie der Verweis, dass auch Schlichtungsstellen bei Nachbarschaftsstreit sehr hilfreich sein können und dass man sich sehr freue, wenn das Ehepaar soviel Größe zeigen könne und diesen Schritt gehe.

Nach ein paar Tagen schon ist die Rückantwort da. Es sei eine Unverschämtheit, der Herr Abgeordnete habe wohl keine Zeit gehabt, den Brief zu lesen. Ob er denn gar nicht verstanden habe, dass es kein Mensch sei, der da nebenan wohne, sondern ein Teufel. Hintertrieben und gemeingefährlich. Heute sei es eine tote Ratte, morgen vielleicht erschieße der Nachbar einen selbst. Sie seien entsetzt, dass man sie so alleine lasse. Das hätten sie von der SPD nicht erwartet. In Zukunft müsse der Bürger sich wohl wieder selber helfen oder eine Partei wählen, der die Bürger und ihre Sorgen wirklich am Herzen lägen.

Es sind viele solcher Briefe, die täglich in den Büros der Abgeordneten eingehen. Nicht alle sind so dramatisch und unversöhnlich. Aber in vielen spiegelt sich die Anschauung, die Politik handle nur in eigenem Interesse. Und wenn sich mal ein Bürger melde, weil er

es alleine nun wirklich nicht mehr schaffe, ein Problem zu bewältigen, dann müsse „die Politik" doch da sein für den kleinen Mann, die
kleine Frau. Es sind greifbare, spürbare Dinge, die die Bürgerinnen
und Bürger direkt betreffen und einen Einschnitt in ihr Leben darstellen. Dann suchen sie die Lösung ihrer Probleme bei den Politikern.

Interessanterweise suchen sie Hilfe nicht unbedingt bei denen,
die ihrer politischen Gesinnung entsprechen. So hatte ich ein lan-
ges Telefonat über die Kinderbetreuungssituation in Suhl mit einem
Herrn, der mir sofort sagte: „Ich wähle immer CDU. Mach ich auch
weiter. Aber das hier ist ja ein soziales Thema, deshalb wende ich
mich an die SPD." Auch das zeigt, dass das System der Politik mit
all seinen Aufgaben und Zuständigkeiten oft nicht verstanden wird.

Zum Ventil für den Bürgerzorn wurden in den letzten Jahren
zunehmend das Internet und die sozialen Medien. Fast jeder Politiker sieht sich damit konfrontiert, dass seine facebook-Seite überquillt
von Nachrichten und Kommentaren, sobald er oder sie sich öffentlich äußert. Nach der Positionierung – insbesondere zu einem emotional aufgeladenen Thema – erfolgt oft ein „Shitstorm". Das bedeutet: unzählige Kommentare voller Entrüstung und Beleidigungen.
Die wachsende Enthemmung in den Foren ist inzwischen allgemein
bekannt. Teilweise werden die Kommentare mit Fake News untermauert. Es ist eine beängstigende Entwicklung, weil die Geschwindigkeit
des Mediums eine Reaktionszeit fordert, die viele Büros an ihre Grenzen bringt. Die Gefahr besteht darin, heikle Kommentare, z. B. gegen
Flüchtlinge, unkommentiert stehen zu lassen. Eine fundierte und
angemessene Erwiderung aber braucht Zeit. Schon wenige Sekunden
nach Online-Stellung sind neue Kommentare und Repliken zu lesen.
Hier wird also eine Gesprächssituation suggeriert, die von den Politikern nicht erfüllt werden kann. Zunehmend entsteht der Eindruck
des Hinterherhinkens. Dass der nächste Schritt die frustrierten Wutbürger zu den Querdenkern, zu den „Reichsbürgern", den Identitären
oder anderen Demokratieverweigerern führt, kann die Folge sein.

PETER WIDMANN

Auf der Suche nach dem gemeinsamen Boden

Populistische Verschwörungserzählungen und

die politische Jugendbildung

Vielfach hat man darauf hingewiesen, dass man die seit dem Jahr 2020 unter dem Motto „Querdenken" Demonstrierenden nicht pauschal rechtspopulistischen und extremistischen Milieus zuordnen kann. Hier seien nicht allein diejenigen unterwegs, die für den Aufstieg der „Alternative für Deutschland" oder die Protestzüge der „Patriotischen Europäer gegen die Islamisierung des Abendlandes" stehen. Gleichwohl fällt das Verbindende ins Auge zwischen denen, die auf den Straßen medienwirksam die Gefährlichkeit des Corona-Virus abstreiten und in staatlichen Eindämmungsmaßnahmen Schritte auf dem Weg in die Diktatur sehen, und den rechtspopulistischen Parteien und Bewegungen, die in den vergangenen Jahren die politische Landschaft Deutschlands und anderer Länder verändert haben.

Das beginnt mit einem Kernelement des Populismus, dem Misstrauen gegen alle, die als herrschende Eliten ausgemacht werden, gegen Vertreterinnen und Vertreter von Politik, Medien und Wissenschaft. Das Misstrauen gegen die Personen verbindet sich mit dem Argwohn gegen die Institutionen, in denen sie wirken. Im August 2020 posierten Teilnehmende einer Querdenken-Demonstration vor dem Berliner Reichstagsgebäude mit Fahnen, darunter schwarz-weiß-rote Reichsfahnen, und nutzten die Treppe des Hauptportals als Bühne einer Inszenierung. Unter der Portalinschrift „Dem deutschen Volke" machten sie deutlich, dass sie im Parlament keineswegs eine legitime Volksvertretung sehen, sondern ein Objekt, das der Souverän erst im Handstreich einnehmen müsse. Wie gegen die Institutionen der repräsentativen Demokratie richtet sich die populistische Anklage auch gegen die Institutionen des Mediensystems, vor allem gegen den öffentlich-rechtlichen Rundfunk, sowie gegen Universitäten und wissenschaftliche Forschungseinrichtungen.

In einem zweiten Merkmal verweisen die Querdenken-Demonstrationen auf rechtspopulistische Ideologie und Rhetorik: Die Protestierenden vermitteln das Selbstbild derer, die glauben, die Wahrheit im Gegensatz zu den Verblendeten und Naiven erkannt zu haben. In ihren Parolen und Reden liegt eine Entschiedenheit, die das Abwägen, den Kompromiss und die Verständigung ausschließen. Auch dafür haben Teilnehmende der Berliner Demonstration im August 2020 eine Bildsprache gefunden. Auf Schildern zeigten sie Fotomontagen von Persönlichkeiten der Politik wie Angela Merkel, Jens Spahn oder Karl Lauterbach, von Wissenschaftlern wie Christian Drosten und Journalistinnen wie Dunja Hayali in gestreifter Sträflingskleidung und dem Schriftzug „Schuldig". So schwebte über den Köpfen der Menge eine Bildergalerie als Ausdruck eines autoritären Wunschtraums: Wer unseren Glauben nicht teilt, den sperren wir weg.

Es mögen Gefolgsleute der populistischen und extremen Rechten sein, die mit Fahnen und Schildern die Bildberichterstattung über die Demonstrationen zu prägen vermochten, ohne dass sie für die Gesamtheit der Protestierenden standen. Von der Aktion vor dem Reichstagsportal hat sich die Initiative Querdenken distanziert. Gleichwohl boten die Querdenken-Demonstrationen ein Umfeld, in dem man antidemokratische Ideen und Parolen goutierte oder daran wenigstens keinen Anstoß nahm. Im Pathos des Widerstands fanden sich alle zusammen. So zog aus den Querdenken-Demonstrationen in erster Linie die populistische Rechte Nutzen, denn ihre Schlachtrufe ertönten nun auch außerhalb der gewohnten Arenen.

Populistische Mobilsierungen

Umso fruchtbarer ist es, die Querdenken-Demonstrationen vor dem Hintergrund rechtspopulistischer Mobilisierung der vergangenen Jahre zu betrachten, zu denen die Wahlerfolge der AfD und die Protestzüge der Pegida gehören. Bei allen Unterschieden spiegeln alle diese Formen politischer Artikulation die Distanz in Teilen der Bevölkerung zu den Institutionen, Prozessen und Akteuren der repräsentativen Demokratie, zum politischen und gesellschaftlichen Pluralismus mit all seiner Unübersichtlichkeit und zu einem politischen Selbstverständnis, das sich – auch als Lehre aus der nationalsozialistischen Geschichte – abgrenzt gegen nationalistische, völkische und autoritäre Ideologien.

Eine auf die Grundlagen des Gemeinwesens zielende Haltung offenbart sich im generalisierten Misstrauen gegen die Eliten und Institutionen der demokratischen Gesellschaft, in der zur Schau getragenen Verachtung rechtsstaatlicher Entscheidungsprozesse und daraus resultierender Regeln wie dem Masken- und Abstandsgebot bei öffentlichen Versammlungen, in der Abneigung gegen ein öffentliches Diskutieren, das Fakten von Wertungen unterscheidet und Gesichtspunkte abwägt, und in der Wissenschaftsfeindlichkeit. Sichtbar wird, dass ein Teil der Bevölkerung einen Konsens nicht teilt, auf dem die repräsentative Demokratie und das Zusammenleben in einer pluralen Gesellschaft beruhen, und der die Basis dafür schafft, Konflikte im zivilisierten Rahmen auszutragen: der Konsens, dass es bei aller Schärfe der Auseinandersetzungen eines Grundbestandes gesamtgesellschaftlich geteilter Regeln bedarf.

In der Auseinandersetzung um die Maßnahmen gegen die Pandemie zeigt sich eine gesellschaftliche Spaltung. Unterschiedliche Bevölkerungsgruppen scheinen sich gegenseitig nur noch mit Fassungslosigkeit zu betrachten, als lebten sie in eigenen Universen. Die eine Seite wähnt Deutschland auf dem Weg in die Diktatur und versteht nicht, warum die Umwelt die Gefahren und die von ihr entlarvte Verschwörung der Mächtigen nicht erkennt. Die andere

Seite ist perplex, wie man ignorieren kann, was wissenschaftliche
Institute, die Einrichtungen des Gesundheitssystems, einschlägige
Fachverbände und seriöse Medien aus Deutschland wie aus anderen Ländern der Erde berichten, wie man sich einem gefährlichen
Krankheitserreger gegenüber so leichtsinnig verhalten kann, wie
man das in den Wind schlagen kann, was dem eigenen Empfin-
den nach die gesamtgesellschaftliche Solidarität erfordert. Den
Beobachter besorgt dabei weniger der schroffe Gegensatz der Auffassungen als vielmehr die Ahnung, dass der gemeinsame Boden
abhandengekommen sein könnte, auf dem der Gegensatz auszutragen wäre.

Erkennbar wird das mit der rechtspopulistischen Mobilisierung und den Querdenken-Demonstrationen einhergehende Potenzial zur Enthemmung. Wo man in Notwehr gegen eine drohende
Diktatur zu handeln glaubt, scheint manchem vieles erlaubt. Tatsächlich weist die Sozialforschung einen Zusammenhang zwischen
Verschwörungsglauben und der Billigung von Gewalt nach. Menschen, die an Verschwörungen glauben, befürworten Gewalt im
Dienst politischer und sozialer Ziele eher als diejenigen, für deren
politische Weltsicht Verschwörungen keine Rolle spielen.[1] Wissen-
schaftlerinnen und Wissenschaftler, die sich mit Verschwörungs-
ideologien, Rechtspopulismus und antidemokratischen Bewegungen befassen, berichten über Verunglimpfungen, Drohungen und
tätliche Gewalt.[2]

---

1   Pia Lamberty/Jonas H. Rees, Gefährliche Mythen. Verschwörungser-
     zählungen als Bedrohung für die Gesellschaft, in: Andreas Zick/Beate
     Küpper (Hrsg.), Die geforderte Mitte. Rechtsextreme und demokratiege-
     fährdende Einstellungen in Deutschland 2020/21, Bonn 2021, S. 297.
2   Christoph David Piorkowski, Verhöhnt, diffamiert und massiv bedroht.
     Wissenschaftsfreiheit in Bedrängnis: Forschende werden von Rechts-
     extremen und Verschwörungsideologen zunehmend verfolgt, in: Der
     Tagesspiegel, 6. 7. 2021.

Konflikt als Fokus politischer Bildung

Die medienwirksamen Aktionen der Initiative Querdenken sind dabei nur der besonders sichtbare Ausdruck einer auch anderswo zu erkennenden Konfliktkonstellation. Sie zeigt sich in vielen Lebensbereichen, in der Familie, der Schule, in Einrichtungen der Kinder- und Jugendarbeit oder im Arbeitsleben. Bilder und Parolen, Behauptungen und Verschwörungsfantasien kursieren in den digitalen Netzwerken und sind Teil analoger Alltagskommunikation. Damit sind sie auch eine Herausforderung für die politische Bildung, besonders für die Bildungsarbeit mit Kindern und Jugendlichen.

Gerade weil die Mobilisierungsphänomene der vergangenen Jahre die Grundlagen des Gemeinwesens betreffen, sind sie eine Chance für die politischen Bildung. Populistische Kampagnen mit ihren Verschwörungserzählungen bieten politischer Bildungsarbeit einen guten Gesprächsanlass, um eine Reihe zentraler Fragen zu bearbeiten: Legitimationsfragen der repräsentativen Demokratie, die Haltung zum gesellschaftlichen und politischen Pluralismus, Grundregeln der Auseinandersetzung im demokratischen Gemeinwesen, gerade wenn sich gegenseitig ausschließende Wahrheitsansprüche aufeinanderzuprallen scheinen, die Konfrontation mit komplexen Situationen und mit Unsicherheit, der Umgang mit individuellen wie kollektiven Identitäten und starken Emotionen.

Das stellt Anforderungen an die Professionalität politischer Bildung, schon weil ihre Aufgabe nicht in der Affirmation des Bestehenden liegt. Reflektierte politische Bildung wird Menschen nicht davon abzubringen versuchen, vieles in der Politik, auch manche Politikerin und manchen Politiker, mit Skepsis zu betrachten, weil die Skepsis gute Gründe haben kann. Ebenso wenig wird sie Menschen davon abhalten wollen, ihre Meinung laut und deutlich zum Ausdruck zu bringen, sich in größeren Gruppen gegenseitig ihrer gemeinsamen Überzeugungen zu vergewissern und dabei in der Konkurrenz um das knappe Gut Aufmerksamkeit auch bis zum kalkulierten Regelbruch zu provozieren. Die anzusprechenden Fragen liegen jenseits der

Skepsis gegenüber dem etablierten politischen Betrieb und jenseits des Plakativen, das öffentlicher politischer Kommunikation eigen ist.

Inhaltlich ist die politische Bildung mit ihren Ansätzen und Methoden darauf gut vorbereitet. Der Beutelsbacher Konsens über die fachlichen Prinzipien politischer Bildung ist dabei noch immer ein Kompass. Drei Prinzipien, festgehalten im Jahr 1976 bei einer Tagung der Baden-Württembergischen Landeszentrale für politische Bildung im schwäbischen Beutelsbach als kleinster gemeinsamer Nenner der Akteure politischer Bildung jenseits aller Weltanschauungen und Denkschulen, erwiesen sich bis heute als bemerkenswert beständig.[3] Das erste Prinzip formuliert ein Überwältigungsverbot, das Verbot, junge Menschen „im Sinne einer erwünschten Meinung zu überrumpeln". Ziel muss es dem Konsens zufolge vielmehr sein, jungen Menschen die Entwicklung eines selbstständigen Urteils zu ermöglichen und ihre Mündigkeit zu fördern. Das zweite Prinzip lässt sich als Kontroversitätsgebot beschreiben: Was in Wissenschaft und Politik kontrovers ist, muss auch im Rahmen politischer Bildung kontrovers erscheinen. Dieses Prinzip ist immer wieder als Neutralitätsgebot missverstanden worden – zu Unrecht, weil politische Bildung in ihrem Wertefundament nicht neutral sein kann. Die demokratischen Grundwerte, die Menschenrechte und ihre Konkretisierung im Grundgesetz bilden ihr Fundament.[4] Das dritte Prinzip fordert eine politische Bildung, die junge Menschen in die Lage versetzt, eine politische Situation und ihre eigene Interessenlage zu analysieren, und sie ermutigt, Politik im Sinne der eigenen Interessen zu beeinflussen.[5]

3   Vgl. zur Wirkungsgeschichte des Beutelsbacher Konsenses Siegfried Frech/Dagmar Richter (Hrsg.), Der Beutelsbacher Konsens. Bedeutung, Wirkung, Kontroversen, Schwalbach 2017.

4   Darauf wies zuletzt die unabhängige Sachverständigenkommission des 16. Kinder- und Jugendberichtes hin: Bundeministerium für Familie, Senioren, Frauen und Jugend (Hrsg.), 16. Kinder und Jugendbericht. Förderung demokratischer Bildung im Kinder- und Jugendalter, Berlin 2020, S. 527.

5   Der Wortlaut des Beutelsbacher Konsenses ist wiedergegeben in: Frech/ Richter (Hrsg.), Beutelsbacher Konsens, S. 11 f.

Damit spricht der Beutelsbacher Konsens Aspekte an, die auch im Umgang mit Rechtspopulismus und Verschwörungserzählungen elementar sind: das Ermöglichen von Mündigkeit, die Offenheit für die gesamte Breite politisch relevanter Informationen, Bewertungen und Orientierungen sowie das Entwickeln von Urteils- und Handlungsfähigkeit. In Sinne der Beutelsbacher Prinzipien wäre es verfehlt, politische Bildung als Versuch zu betreiben, populistische Verschwörungserzählungen durch eine aufgeklärte Gegenerzählung zu ersetzen, zumal es im Kontext politischer Jugendbildung weniger um die Auseinandersetzung mit ideologisch gefestigten Verschwörungsgläubigen geht, sondern um die Arbeit mit Jugendlichen, die sich in Zusammenhängen bewegen, in denen Verschwörungserzählungen kursieren.

Der Beutelsbacher Konsens identifiziert Konflikte und Kontroversen als Kernelemente des Politischen und nicht etwa als Störfaktoren. Man kann ihn als Aufforderung lesen, die Kontroverse zum Mittelpunkt des Bildungsprozesses zu machen.[6] Das beinhaltet die Förderung kognitiver Fähigkeiten, aber auch den konstruktiven Umgang mit Identitäten und Emotionen als legitime und konstitutive Bestandteile des Politischen. Vielfach wird es zunächst darum gehen, überhaupt die Grundlagen für substanzielle Gespräche zu schaffen, und dafür, auch dann im Gespräch zu bleiben, wenn Ärger, Wut und Gefühle des Verletztseins ins Spiel kommen über ausgesprochene und unausgesprochene Loyalitäten. Die Frage „Wie wollen wir miteinander leben?", zu der auch die Frage „Wie wollen wir miteinander streiten?" gehört, führt zur Frage nach Kommunikationsregeln – in der Gruppe, in der man gerade spricht, wie in der Gesamtgesellschaft. Angesprochen ist damit die Konfliktfähigkeit als Ziel politischer Bildung, und damit auch die Fähigkeit, sich zu

6   So die Forderung von Anja Besand, Mit welcher Haltung machen wir unsere Arbeit? Drei Beobachtungen und vier Fragen an die politische Bildung „nach" Pegida, in: Frech/Richter (Hrsg.), Beutelsbacher Konsens, S. 109.

artikulieren, dabei die Angst vor Konfrontation zu akzeptieren und auch im Konflikt dem Anderen Respekt zu erweisen.[7]

Es kann die Auseinandersetzung mit Verschwörungsnarrativen voranbringen, das Interesse zuerst auf die Emotionen und auf das Faszinierende an einer Erzählung zu richten. Der Blick auf die Emotionen führt zu dem auf Identitäten. Sie spielen für den Verschwörungsglauben eine wichtige Rolle, weil eine seiner Funktionen darin besteht, die positive Selbstwahrnehmung zu stärken.[8] Auf der individuellen wie auf der kollektiven Ebene gibt der Verschwörungsglaube Menschen das Gefühl, zu den wenigen zu gehören, die das große Spiel durchschaut haben und mutig genug sind, die Wahrheit auszusprechen.

Damit kommt die identitätspolitische Funktion von Verschwörungserzählungen in politischen Auseinandersetzungen in den Blick. Für die populistische Mobilisierung sind Verschwörungserzählungen so attraktiv, weil sie mit der einfachen Erklärung komplexer Probleme eine Heldengeschichte mitliefern: Das wahre Volk, so die Botschaft, erhebt das Wort gegen die Agenten fremder Interessen. Es überrascht kaum, dass nach den Ergebnissen der jüngsten Mitte-Studie im Auftrag der Friedrich-Ebert-Stiftung der Glaube an Verschwörungen unter denjenigen Befragten am größten ist, die sich politisch „eher rechts" oder „rechts" verorten und rechtspopulistische oder rechtsextreme Parteien wählen, auch wenn viele Menschen in anderen Teilen des politischen Spektrums an Verschwörungserzählungen glauben, seien es solche mit Pandemiebezug oder andere.[9]

Eine Aufgabe politischer Bildung besteht darin, Kompetenzen zur Auswahl, Bewertung und Einordnung von Informationen zu stärken und damit die Analyse- und Urteilsfähigkeit. Dabei müssen

---

7   Peter Massing, Konfliktfähigkeit – Eine zentrale Voraussetzung für politische Handlungskompetenz, in: Frech/Richter (Hrsg.), Beutelsbacher Konsens, S. 146–161.
8   Lamberty/Rees, Mythen, S. 287.
9   Ebenda, S. 295 f.

zum einen Fakten von Wertungen unterschieden und zum anderen Falschnachrichten und irreführende Beiträge von Pseudoexpertinnen und -experten als das erkannt werden, was sie sind. War das schon zur Entstehungszeit des Beutelsbacher Konsenses eine große Herausforderung, hat die Verlagerung politischer Kommunikation ins Digitale diese Aufgabe noch schwieriger gemacht. Die Gatekeeper-Funktion des professionellen Journalismus, der Informationen auswählt und einordnet, hat nur noch einen geringen Stellenwert in einer Zeit, in der jüngere Altersgruppen die Videoplattform YouTube als Leitmedium nutzen und die Angebote des öffentlich-rechtlichen Rundfunks kaum noch wahrnehmen.

Das Beutelsbacher Kontroversitätsgebot fordert auch dazu auf, in den Bildungsprozess die ganze Breite politisch relevanter Informationen, Bewertungen und damit verbundener Orientierungen einzubeziehen. Auch das kann in der digitalisierten Welt schwieriger sein als in der analogen, obwohl das Internet den Zugriff auf eine Vielfalt von Informationen technisch erleichtert. Mit der Vervielfachung der Auswahlmöglichkeiten stieg auch die Gefahr, dass die selbst geschaffene persönliche Informationswelt zur Echokammer wird, in der nur noch Informationen und Meinungen widerhallen, die eine einmal eingenommene Haltung bestätigen. Medienkompetenz und die Fähigkeit zur Medienkritik wird damit zu einem entscheidenden Faktor politischer Bildung, zur Voraussetzung, um Wege aus den Echokammern zu finden und Räume zu eröffnen, in denen sich unterschiedliche Sichtweisen artikulieren können. Dabei lässt sich auch die Bereitschaft fördern, unterschiedliche Perspektiven einzunehmen, sich in andere hineinzuversetzen und Mitgefühl zu entwickeln.[10] Dabei können auch Kompetenzen gestärkt werden, die in den Fachdebatten der politischen Bildung unter dem Begriff der Ambiguitätstoleranz gefasst werden. Gemeint ist damit

---

10   Sabine Achour, Politische Bildung als Transmitter der Demokratie: Demokratie muss man machen – Neun Appelle zur politischen Bildung, in: Zick/Küpper (Hrsg.), Die geforderte Mitte, S. 320 f.

die Fähigkeit, mit Komplexität umzugehen, Unübersichtlichkeit, Uneindeutigkeit, Widersprüche und Mehrdeutigkeiten zunächst auszuhalten und nicht vorschnell den Versuchungen des Vereinfachens und Vereindeutigens zu erliegen. Damit verbunden ist auch die Fähigkeit, Unsicherheit, auch die eigene, wahrzunehmen und zu akzeptieren.

Gleichzeitig zählt zu den Zielen politischer Bildung die Kritikfähigkeit, die Fähigkeit zum differenzierten Urteil. Auch wenn man verschwörungstheoretische Erklärungen politischen Handelns und Pauschalisierungen ablehnt, kann man politische Entscheidungen in der Pandemie kritisieren, Widersprüche und Fehleinschätzungen benennen. Man kann die Defizite politischer Institutionen identifizieren, ebenso die im Widerspruch zu demokratischen Idealen stehenden realen Ungerechtigkeiten und Diskriminierungen. Eine umfassende Diskussion der Maßnahmen gegen die Pandemie wird auch auf Spannungsverhältnisse stoßen, die im demokratischen Staat und in der pluralistischen Gesellschaft bestehen, etwa die zwischen staatlichen Schutzverpflichtungen und individuellen Freiheiten. Sie sind unaufhebbar und lassen sich nicht in einem harmonischen Gesamtgefüge eines Idealstaats auflösen, wie es radikale Ideologien versprechen. Die aus den Spannungsverhältnissen resultierenden Konflikte können allenfalls im politischen Streit immer wieder neu reguliert werden.

Die Auseinandersetzung mit Verschwörungserzählungen bietet einen Anlass, um ein weiteres wichtiges Ziel politischer Bildung in den Blick zu nehmen: Politische Bildung muss Räume schaffen, in denen Menschen Selbstwirksamkeitserfahrungen machen können. Sie müssen erleben können, dass sie gehört und ernst genommen werden und die öffentlichen Angelegenheiten mitbeeinflussen können. Wie die empirische Sozialforschung zeigt, hat der Verschwörungsglaube für Individuen auch die Funktion, Gefühle des Kontrollverlusts zu kompensieren. Menschen, die das Gefühl haben, gesellschaftliche und politische Entwicklungen nicht beeinflussen zu können, sind besonders anfällig für den Verschwörungsglauben.[11] Ihr Anteil ist unter Menschen mit niedrigem formalen Bildungsgrad am höchsten, unter denen auch das Gefühl der Machtlosigkeit besonders stark verbreitet ist.[12] Auch in dieser Hinsicht ist der Verschwörungsglaube ein Symptom gesellschaftlicher Spaltung. Populistische Parteien, die entlang der Spaltungslinie mobilisieren, schüren das Gefühl der Machtlosigkeit systematisch mit ihrer Behauptung, volksferne und lebensfremde Eliten schlössen die Mehrheit der Menschen von für sie existenziellen Entscheidungen aus.

Rahmenbedingungen

Während die politische Bildung innerhalb und außerhalb des Schulunterrichts inhaltlich viele Ansätze kennt, um auf die Herausforderung populistischer Verschwörungserzählungen konstruktiv zu antworten, setzen ihr die Rahmenbedingungen Grenzen, insbesondere wenn es darum geht, möglichst vielen jungen Menschen den Zugang zu ihren Angeboten zu eröffnen. Politische Bildung im Rahmen des Schulunterrichts hat außerhalb des gymnasialen Bereichs oft einen geringen Stellenwert. Das gilt für Grundschulen, für Schulen, die zum Hauptschul- und mittleren Schulabschluss führen ebenso wie für die beruflichen Schulen. Da Bildungseffekte eine wichtige Rolle für die Fähigkeit spielen, unterschiedliche Perspektiven einzunehmen oder Mechanismen von Verschwörungsfantasien zu erkennen, sollten Angebote demokratischer Bildung früh zur Verfügung stehen, von der Kindertagesstätte über die Grundschule bis in die Breite der weiteren Schulformen.[13]

Auch die politische Bildung außerhalb des Unterrichts richtet sich in Inhalt, Sprache und Methode immer noch zu einem großen

11 Lamberty/Rees, Mythen, S. 286.
12 Ebenda, S. 291.
13 Achour, Politische Bildung, S. 321 f.

Teil an Jugendliche aus bildungsprivilegierten Milieus. Das ändert sich nur langsam, auch wenn in den Fachdiskussionen die Arbeit mit bildungsbenachteiligten Jugendlichen zum wichtigen Thema geworden ist und Initiativen wie das „Verstärker"-Netzwerk unter der Ägide der Bundeszentrale für politische Bildung an Ansätzen arbeiten, um die politische Bildung für neue Zielgruppen zu öffnen, und Bundesprogramme wie das vom Bundesfamilienministerium geförderte Programm „Respekt Coaches" erfolgreich zeigen, was mit außerunterrichtlichen Angeboten an Schulen zu erreichen ist, in denen vielfältige Formate und innovative Methoden erprobt werden.[14]

Dabei wird es nicht reichen, politische Bildung als projektförmigen Reparaturbetrieb zu betreiben. Sie wird nur gelingen, wenn sie als essenzielle Querschnitts- und Daueraufgabe in den relevanten Regelinstitutionen verstanden wird. Der im Jahr 2020 erschienene 16. Kinder- und Jugendbericht im Auftrag der Bundesregierung, der sich auf die Förderung demokratischer Bildung im Kindes- und Jugendalter konzentriert, betont die Bedeutung demokratischer Bildung in allen Bereichen des Aufwachsens von der Kindheit bis ins frühe Erwachsenenalter. Die für den Bericht verantwortliche unabhängige Sachverständigenkommission hat ein weites Spektrum gesellschaftlicher Bereiche ausgemacht, die für die politische Bildung relevant sind: Familien, Kindertagesbetreuung, Schule, Berufsbildung, Kinder- und Jugendarbeit und weitere Bereiche.

Bei guten Rahmenbedingungen kann politische Bildung ihren Teil dazu beitragen, mit gesellschaftlichen Konflikten konstruktiv

---

14 Zum vom Bundesministerium für Familie, Senioren, Frauen und Jugend geförderten Programm „Respekt Coaches" der Jugendmigrationsdienste siehe https://www.lass-uns-reden.de/. Die Ergebnisse der Programmevaluation sind dargestellt in Bundesministerium für Familie, Senioren, Frauen und Jugend (Hrsg.), Wissenschaftliche Begleitung des Modellprogramms „Respekt Coaches/Anti-Mobbing-Profis". Endbericht, Berlin 2021, https://www.lass-uns-reden.de/fileadmin/Respekt_Coaches/News/210706_Bro_A4_Respekt_Coaches_Endbericht_1Aufl_vBF.pdf. [28. 8. 2021].

umzugehen. Dabei wird sie die Konflikte selbst nicht lösen, weder die Konflikte um die Einschränkung von Freiheitsrechten während der Pandemie noch andere Konflikte, in denen populistische Verschwörungserzählungen immer wieder eine Rolle spielen, etwa die um Migration und gesellschaftliche Pluralität oder um die Klimapolitik. Indem politische Bildung die Frage behandelt, wie die Mitglieder einer Gesellschaft auch bei grundsätzlich verschiedenen Auffassungen zusammenleben wollen, kann sie aber zur Depolarisierung beitragen. Und auch, wenn sie den harten Kern derer nicht erreichen wird, denen der Verschwörungsglaube zum Teil ihres Weltbilds geworden ist, kann sie viele darin fördern, sich ein eigenes Urteil zu bilden.

MARIA FIEDLER

Die Radikalen von nebenan

Kontakte zu rechtsextremen Organisationen, Corona-Leugner in ihren Reihen: Der Landesverband der AfD in Sachsen-Anhalt ist einer der radikalsten bundesweit. Bei der Landtagswahl holte die Partei dennoch mehr als 20 Prozent. Was treibt Menschen im Osten dazu, die AfD zu wählen?

Der alte Mann hat sich einen Campingstuhl auf den Marktplatz gestellt, in der Hand hält er eine Waffel mit zwei Kugeln Eis. Gleich beginnt hier in der Kleinstadt Aken in Sachsen-Anhalt eine AfD-Kundgebung – Landtagswahlkampf. „Ich weiß nicht, ob die AfD in der Lage ist, Regierungsarbeit zu übernehmen", sagt er. „Aber ein Mitspracherecht sollte sie schon haben."

Der Mann ist Rentner, hat seine Frau verloren. Was will er denn bei der AfD? „Ich wünsche mir mehr Ruhe und Frieden", sagt er. Nachts fühle er sich in Städten wie Halle und Leipzig nicht mehr sicher. „Zu viel Demokratie birgt auch den Keim von Anarchie", sagt er. Die Justiz sei zu liberal. „Es muss auch durchgegriffen werden."

Vorne auf dem Pritschenwagen tritt an diesem warmen Juniabend Gordon Köhler ans Mikrofon und beginnt seine Rede. Er ist der örtliche AfD-Direktkandidat, 34 Jahre alt, weißes Hemd. „Wir können stärkste Kraft werden", ruft er. Köhler schimpft auf die „Eliten", auf den Verfassungsschutz. Auf die steigenden Preise für Strom, für Sprit. Auf die Mehrwertsteuer von 19 Prozent für Kinderprodukte. „Da sieht man mal, für wen in diesem Land Politik gemacht wird", ruft er. „Für Kinder schon mal nicht!" Er wolle im Landtag für Normalität kämpfen. Dafür, dass Kinder in Sicherheit aufwachsen könnten, ihre Meinung sagen könnten. „Das hört sich alles verdammt normal an, aber das ist es in Deutschland in der heutigen Zeit nicht mehr!"

Normalität – das ist das große, diffuse Versprechen der AfD, in Sachsen-Anhalt und bundesweit. Normal, das will aber auch sie selbst sein. Dabei steht die AfD beim Verfassungsschutz unter Rechtsextremismusverdacht. Wenige Wochen vor der Landtagswahl 2021 wiesen MDR-Journalisten dem Landesverband Sachsen-Anhalt erneut Verbindungen zu rechtsextremen Organisationen nach. Im Landtag fiel der langjährige Parlamentarische Geschäftsführer unter anderem damit auf, dass er die Corona-Pandemie als einen „Schwindel" bezeichnete.

Und doch wurde die AfD bei der Landtagswahl 2021 in Sachsen-Anhalt wieder zweitstärkste Kraft. Sie war trotz Pandemie durch die Republik getourt, hatte ihre Bühnen auf Marktplätzen aufgebaut. Am Ende kam sie auf knapp 21 Prozent. Das waren zwar 3,5 Prozent weniger als noch 2016. Dennoch zeigte sich, dass die Partei mittlerweile über eine Kernwählerschaft verfügt, die sich weder vom Rechtsextremismus der AfD noch von den Coronaleugnern in ihren Reihen abschrecken lässt. Was treibt Menschen in Sachsen-Anhalt dazu, die AfD zu wählen?

Aken, wo die AfD an diesem Junitag Wahlkampf macht, ist keine Hochburg der Partei. Die alte Schifferstadt liegt idyllisch an der Elbe, etwa 20 Autominuten von Dessau entfernt. Der Stolz der Akener ist der Hafen. Ruft man beim örtlichen Pfarrer Georg Neugebauer an, dann berichtet der zwar davon, dass Abwanderung wie überall in Sachsen-Anhalt ein Thema sei. Genauso wie die Arbeitsplatzsituation. Aber in letzter Zeit seien auch einige junge Familien in die Stadt gezogen. „Wutbürger" oder „Jammer-Ossis" begegneten ihm unter seinen Gemeindemitgliedern nicht.

An jenem Wahlkampftag im Sommer 2021 will sich der junge AfD-Direktkandidat Köhler hier auf der Kundgebung bekannt machen. Er stammt aus Gommern, einer Gemeinde in einem anderen Teil des weitläufigen Wahlkreises. Auf der Bühne zitiert er den Verfassungsschutz. Der werfe der AfD die Verunglimpfungen des Staates und seiner Repräsentanten vor. „Das bezieht sich zum Beispiel auf DDR-Vergleiche", sagt Gordon Köhler. „Leute!

Fehlende Reisefreiheit, ein diktiertes Meinungsklima, Mangelwirtschaft, Ausgrenzung von politisch unliebsamen Schauspielern und Kabarettisten – aber DDR-Vergleiche sind natürlich verfassungsfeindlich.“

Die AfD setzte schon bei den Landtagswahlkämpfen 2019 in Sachsen, Thüringen und Brandenburg auf ihre Erzählung von einer „DDR 2.0“, die die Bundesrepublik angeblich sei. In der Coronakrise entwickelte sie das Narrativ weiter, einige AfD-Politiker sprachen von einer „Corona-Diktatur“. Das Bundesamt für Verfassungsschutz hält die Diktatur-Rhetorik für gefährlich. Ein „gewaltsamer Widerstand“ – zumindest von Teilen der Partei – könne nicht ausgeschlossen werden.

Gordon Köhler hält das für Unsinn. DDR-Vergleiche seien legitim – wegen des „verengten Meinungskorridors“ in Deutschland. Am Vortag ist er mit dem Auto unterwegs zum Flyer-Verteilen. Auf dem Weg übers Land erzählt er am Telefon seine Lebensgeschichte. Er sei in Magdeburg in Neu Olvenstedt aufgewachsen, damals sei das eine Art „Brennpunktviertel“ gewesen. Tatsächlich war Neu Olvenstedt in den 1990er-Jahren wegen rechtsextremer Gewalttaten in den Schlagzeilen. „Nach der Wende war auch meine Familie von den wirtschaftlichen Folgen betroffen: Meine Mutter hat ihren Job verloren und erst mal keinen neuen gefunden, mein Großvater wurde frühverrentet“, sagt Köhler. Zwar sei er gerne Kind gewesen in dieser Zeit, wegen des „Gemeinschaftsgefühls in der DDR-sozialisierten Bevölkerung“. Aber er habe als Kind schon gemerkt, dass das Geld knapp sei. Als Erwachsener arbeitete Köhler im Jobcenter, danach beim sozialen Wohnungsamt der Stadt Magdeburg, machte seinen Verwaltungsfachwirt. Im Job, so erzählt er, habe er auch mit Menschen aus dem „islamischen Kulturkreis“ zu tun gehabt.

Köhler sagt, er habe sich immer nach einer Partei gesehnt wie der CDU in den 1980er-Jahren. 2014 trat er der AfD bei, jetzt will er sich bald als Abgeordneter im Landtag mit „Familienpolitik“ hervortun. Ob Handwerksbetriebe oder Feuerwehrverein – überall fehle der Nachwuchs. Schulen stünden vor der Schließung, weil zu wenig Kinder da seien. In Sachsen-Anhalt präsentiert sich die AfD als Anwältin der Familien.

Liest man das Wahlprogramm der Partei, wird klar, was dahintersteht. „Der sogenannte demografische Wandel ist ein Euphemismus für das Aussterben der deutschen Bevölkerung", heißt es da zum Beispiel. Die AfD fordert etwa ein „Baby-Willkommensgeld" – für Familien, bei denen mindestens ein Elternteil die deutsche Staatsbürgerschaft hat.

Es ist ein völkischer, ein national-sozialer Kurs, den die AfD in Sachsen-Anhalt und anderen Ost-Bundesländern fährt. Auch der Thüringer Landeschef Björn Höcke verfolgt diese Linie, die man mit „Viel Staat, viel Abschottung" zusammenfassen könnte. Sein formell aufgelöster rechtsextremer „Flügel" in der AfD hat auch in Sachsen-Anhalt das Sagen. Scharfmacher vor Ort ist Hans-Thomas Tillschneider, der Verbindungen zur rechtsextremen Identitären Bewegung hat.

Warum fällt all das hier auf fruchtbaren Boden? Was erklärt den Erfolg radikal rechter Parteien wie der AfD im Osten? Der Ostbeauftragte der Bundesregierung, Marco Wanderwitz, hat im Frühsommer 2021 eine große Debatte ausgelöst, als er sagte, es habe mit der Diktatursozialisierung vieler Menschen zu tun. Sie seien nach über 30 Jahren nicht in der Demokratie angekommen. Doch Wissenschaftler halten eine deutlich vielschichtigere Antwort für plausibler.

Die DDR, so viel ist klar, spielt eine wichtige Rolle. Eine wirkliche Aufarbeitung der NS-Zeit nach 1945 gab es hier nicht. „Da wurde den Bürgern gesagt: Ihr seid Antifaschisten, ihr seid unschuldig", sagt der Göttinger Parteienforscher Michael Lühmann, der aus Leipzig stammt. „Es fehlten die 68er und die damals entstandenen neuen sozialen Bewegungen, die in der BRD zu einer Fundamentalliberalisierung geführt haben."

Während man im Westen seit den 1950er-Jahren Erfahrungen mit Zuwanderungswellen machte, gab es in der DDR wenig Kontakt zu Migranten. Zwar kamen Zehntausende Vertragsarbeiter aus anderen sozialistischen Staaten. Die DDR-Führung bemühte sich aber darum, sie abzuschotten. Begegnungen gab es vor allem in den Betrieben. In der Bevölkerung vorhandener Rechtsextremismus wurde in der DDR nicht thematisiert. „Die DDR hat vor allem die Punks verfolgt und versucht, rechte Gewalt totzuschweigen – das durfte es in einem antifaschistischen Staat nicht geben", sagt Lühmann. Nach der Wende habe die CDU rechtsextreme Umtriebe kleingeredet, kritisiert er.

Dass die Gründe für den Erfolg rechter Parteien tiefer liegen, meint auch der Soziologe Steffen Mau, der aus Rostock stammt und sich seit Langem mit der Gefühlslage der Menschen im Osten beschäftigt. „Die Wahlbeteiligung nach der Friedlichen Revolution war unglaublich hoch", sagt er. „Aber offenbar waren die Parteien nicht in der Lage, ihre Bindewirkung zu entfalten, viele sind enttäuscht worden." Mau glaubt, dass bei der Wiedervereinigung viele Fehler gemacht wurden. Der demokratische Aufbruch in der DDR sei 1990 dadurch abgebrochen worden, dass man einem anderen Land beitrat, einem „readymade state". Für die Ostdeutschen sei das die Situation gewesen: „Entweder wir ordnen uns dem unter oder die Einheit kommt nicht so schnell zustande." Auch habe man bei der Wiedervereinigung sehr auf nationalistische Aufwallungen der Gefühle gesetzt: „Diese ‚Wir sind ein Volk'-Rufe, das Fahnenschwenken." Weil es dieses starke Band des Nationalen gab, habe man auf eine stärkere demokratische Absicherung des Einigungsprozesses verzichten können.

Für problematisch hält Mau zudem, dass damals die Eliten aus dem Westen kamen, um den Transformationsprozess im Osten mitzugestalten. Eine „Elitenbildung" im Osten habe gefehlt. In der Folge sei eine starke Distanz entstanden zwischen den Führungsschichten und der allgemeinen Bevölkerung. Eine Kerbe, in die die AfD schlägt. Für die Partei, die sich gern als einzige Vertreterin des Volkswillens präsentiert, sind die Eliten heute ein wichtiges Feindbild. Gerade unter ihren Wählern ist das Misstrauen gegenüber Parteien und Politikern groß.

Zu all diesen Faktoren kamen in Sachsen-Anhalt wie überall im Osten die Betriebsschließungen nach der Wende, die Entlassungen, die Arbeitslosigkeit und die Abwanderung. Auch wenn man sich mit den Menschen in Aken unterhält, hört man solche Geschichten. Doch das heißt nicht, dass alle bei der AfD landen.

Unten am Fluss in Aken sitzt etwa ein 75-jähriger Rentner mit Schiebermütze auf einer Bank. Er hat in der DDR in einem Betrieb gearbeitet, in dem Kühlmittel hergestellt wurden. In den Nachwendejahren verlor er seinen Job, schulte um auf Lastkraftfahrer. Keine leichte Zeit. Heute aber sei er zufrieden, sagt er, wohne mit seiner Frau im Eigenheim. Mit den anderen Rentnern trifft er sich gern am Markt am Springbrunnen. Und um Politik mache er sich keinen großen Kopf, wisse auch nicht, was er wählen wolle. „Die AfD ist aber nichts für mich", sagt er. „Die hat keine richtigen Programme. Und dann immer diese Hetzerei." Er habe in der DDR mit chinesischen Vertragsarbeitern zusammengearbeitet und sei mit allen gut ausgekommen.

Die AfD arbeitet daran, die Vorbehalte in der Bevölkerung gegen sie abzubauen. Sie tritt zwar ungebremst radikal auf. Gleichzeitig bemüht sie sich aber darum, als normal wahrgenommen zu werden. Der Direktkandidat Gordon Köhler zum Beispiel ist in der Freiwilligen Feuerwehr seines Ortes und im Fußballklub. Mit Kollegen aus der AfD-Stadtratsfraktion in Gommern sei er auch in den Verein „Wir für Gommern" eingetreten. „Es geht darum, dass die Leute uns kennenlernen, dass sie uns als Normalos wahrnehmen", erklärt er. Eine ähnliche Strategie hat die NPD viele Jahre lang verfolgt.

Mittlerweile weiß man aber auch: Mehr als die Hälfte der AfD-Anhänger ist entweder manifest oder latent rechtsextrem eingestellt. Gründeten sich ihre Erfolge in den Anfangsjahren noch überwiegend auf die Mobilisierung von Protestwählern, hat sie sich mittlerweile eine feste Stammwählerschaft aufgebaut. Wenn sich nicht gerade Björn Höcke angekündigt hat, kommen diese Stammwähler nicht unbedingt zu den Auftritten auf den Marktplätzen – es ist ja ohnehin klar, wo das Kreuz gesetzt wird.

In Aken jedenfalls ist der Marktplatz bis zum Schluss nur spärlich besucht. Vielleicht 40 Leute hören zu, als der Spitzenkandidat Oliver Kirchner schließlich wettert, man habe die Bürger „eingesperrt" in der Coronakrise, und davon träumt, es möge alles wieder so werden wie vor 2015, vor der Flüchtlingskrise.

Die AfD wird bei der Landtagswahl wenige Tage später diesen Wahlkreis nicht gewinnen. Der Direktkandidat Gordon Köhler holt 23 Prozent der Erststimmen, deutlich hinter dem Kandidaten der CDU. Köhler zieht schließlich über die Landesliste in den Landtag ein. Umsonst war die Kundgebung in Aken aus Sicht der rechten Partei nicht.

Am Rand des Marktplatzes auf der Bank sitzt an diesem Abend im Juni 2021 ein junger Mann mit seiner Freundin. Er wusste nicht, dass bald gewählt wird, dachte, die Wahl sei schon vorbei. Die Wahlunterlagen hatte er gleich weggeschmissen: Gegen die Lohnunterschiede zwischen West und Ost mache ja eh keine der Parteien etwas. Er hatte auch gar nicht vor, sich die AfD-Kundgebung anzuhören. Er und seine Freundin haben sich am Nachmittag einfach so hier hingesetzt. Doch als Gordon Köhler und seine AfD-Kollegen mit ihren Reden anfingen, ist er geblieben.

Der Beitrag ist eine leicht überarbeitete Fassung des Artikels: Maria Fiedler, Die Radikalen von nebenan – warum so viele in Sachsen-Anhalt die AfD wählen, in: Der Tagesspiegel, 5. 6. 2021.

JULIANE WETZEL

Antisemitismus – Bindekitt für Verdrossene und Verweigerer

Rechtsextreme nutzen gesellschaftliche Konflikte, um Akzeptanz und Zugang zur Mehrheitsgesellschaft zu erlangen. Zumindest teilweise ist ihnen dies im Bereich der Corona-Leugner-Szene gelungen. Bürger, die sich gegen die Maßnahmen des Staates im Zusammenhang mit der Pandemie auflehnen, marschieren bei Demonstrationen zusammen mit „Reichsbürgern", Rechtsextremen und Verschwörungsdenkern und nutzen deren Slogans und Symbole, die Terminologie und Zeichensprache aus der NS-Zeit reaktivieren oder holocaustverzerrende Inhalte transportieren. Demonstranten, die keineswegs dem rechtsextremen Lager zuzurechnen sind, hefteten sich gelbe Sterne an, wie sie die jüdische Bevölkerung ab September 1941 in Deutschland und bald auch in den besetzten Ländern tragen musste. In diese Markierungen eingeschrieben ist nicht wie in der NS-Zeit ein „J", sondern „ungeimpft" – und das obendrein in einer hebräisierenden Schriftform, die deutlich zeigen soll, man fühle sich ebenso verfolgt wie damals die jüdische Bevölkerung. Das Emblem wird nicht nur als Stoff-Aufnäher vertrieben, sondern kann im Internet auch für 2,99 Euro als Autoaufkleber erworben werden.[1] Andere auf die Corona-Pandemie gemünzte gelbe Sterne sind mit

---

1 Webseite „Politaufkleber", https://politaufkleber.de/produkt/ungeimpft-judenstern-autoaufkleber-sticker/. – Alle Weblinks in diesem Beitrag wurden zuletzt am 17. 8. 2021 abgerufen und geprüft.

der Aufschrift „Corona-App" versehen.[2] Mit diesem Missbrauch setzen die Protestierer die NS-Verfolgung der jüdischen Bevölkerung gleich mit den staatlichen Maßnahmen zur Eindämmung von Covid-19. Sie relativieren damit den Genozid an den europäischen Juden und scheinen sich der Dimension des nationalsozialistischen Massenmords nicht im Geringsten bewusst zu sein.[3]

Auf Schildern und Transparenten, die bei den Demonstrationen mitgeführt werden, stechen die Analogien zum Holocaust noch deutlicher hervor: Mit der Parole „Impfen macht frei" ist der Bezug zum Eingangstor des Konzentrations- und Vernichtungslagers Auschwitz eindeutig hergestellt, und es wird nahegelegt, man sei einer Hetzjagd ausgesetzt, die dem Leid der Juden in der NS-Zeit gleiche. Dies geschieht allerdings nicht nur auf Demonstrationen, sondern viel breitenwirksamer im Netz, etwa in Form von Karikaturen, die dieses Symbol des Massenmords nutzen und das stilisierte Eingangstor zeigen, das bewacht wird von zwei Figuren, die je eine Spritze in den Händen halten, untertitelt mit „Die Pointe des Coronawitzes". Der entsprechende Text dazu lautet „Impfen macht frei: Wer die befohlene Impfung verweigert, bekommt im Lager Gelegenheit, über diese Verbohrtheit konzentriert nachzudenken."[4]

Demonstrationen gegen die Corona-Maßnahmen sind ein Indikator dafür, wie leicht sich antisemitische Botschaften nutzen lassen, um allgemeine Unzufriedenheit zu kanalisieren und um sich staatlichen Maßnahmen und Empfehlungen von Virologen zu entziehen. Wenn eine unterstellte höhere Macht – in der Szene mit dem

2   Toby Axelrod, Munich bans display of yellow stars at coronavirus lockdown protests, in Times of Israel, 2. 6. 2020, https://www.timesofisrael.com/munich-bans-display-of-yellow-stars-at-coronavirus-lockdown-protests/, 2. Juni 2020.

3   Die Stadt München etwa hat ab Mai 2020 das Tragen des Sterns mit Bußgeld belegt: https://www.n-tv.de/panorama/Muenchen-verbietet-gelben-Ungeimpft-Stern-article21816709.html.

4   https://www.wiedenroth-karikatur.de/02_PolitKari200417_Corona_Pandemie_Schwindel_Impfpflicht_Strafe_Impfverweigerer.html21.

Terminus „Globalisten" belegt – angeblich die Strippen zieht und als Puppenspieler fungiert, werden klassische antisemitische Verschwörungsmythen bedient.[5]

Die Covid-19-Pandemie gehört wie Epidemien und Naturkatastrophen im Allgemeinen zu jenen Ereignissen, die komplexe Ursachen haben. Komplizierte, vielschichtige Deutungen aber wollen viele Menschen nicht hören, sie verfallen stattdessen bereitwillig den angebotenen Verschwörungsnarrativen, die ihnen die Welt und schwer erklärbare Phänomene einfacher erscheinen lassen. Verschwörungsdenken hat nicht immer, aber doch häufig einen antisemitischen Hintergrund, weil es an eine mehr als einhundert Jahre alte antisemitische Erzählung anknüpfen kann: die „Protokolle der Weisen von Zion". Dieses antisemitische Machwerk aus dem Beginn des 20. Jahrhunderts dient bis heute als Vorlage für „das Gerücht" über Juden. Auf einer Querdenker- und Corona-Leugner-Demonstration trug ein Teilnehmer ein T-Shirt mit der Aufschrift: „FCK Zion – Lies die Protokolle".[6]

Heute werden solche Inhalte ungefiltert über Mikroblogging-Dienste wie Gab, Imageboards wie 4chan and 8chan (8kun),

5   In der liberalen niederländischen Zeitung „de Volkskrant" erschien am 20. April 2021 eine Karikatur, die den jüdischen niederländischen Unternehmer Maurice de Hond als Puppenspieler verunglimpfte und deutliche Reminiszenzen an antisemitische NS-Hetzkarikaturen aufwies. Die Zeitung entschuldigte sich und gab zu, dass die Karikatur Erinnerungen an die NS-Zeit wecke, siehe The Times of Israel, 20. 4. 2021, https://www.timesofisrael.com/dutch-daily-apologizes-for-cartoon-of-jewish-pollster-as-puppet-master/21.

6   RIAS, Antisemitismus im Kontext der Covid-19-Pandemie, Berlin 2020, S. 13, https://report-antisemitism.de/ru/documents/2020-09-08_Riasbund_Antisemitismus_im_Kontext_von_covid-19.pdf; Carolin-Theresa Ziemer u. a., Antisemitismus in Zeiten von Covid-19. Sekundärauswertung der Leipziger Autoritarismus Studien für Baden-Württemberg, Leipzig 2021, S. 10, https://www.baden-wuerttemberg.de/fileadmin/redaktion/dateien/PDF/210429_StM_BW_Studie_Antisemitismus_in_Zeiten_von_Covid-19_Uni_Leipzig.pdf.

Messenger-Dienste wie insbesondere Telegram, Gaming-Plattformen oder Videoportale wie das weltweit am schnellsten wachsende chinesische Tiktok[7] und andere soziale Medien verbreitet,[8] auch wenn Internetriesen wie Facebook und Google inzwischen stärker „Hate speeches" beobachten und Inhalte löschen.[9] Die unkonventionellen, anonym nutzbaren Dienste allerdings werden damit noch stärker zu willkommenen Verbreitungsmedien, wie sich im Zusammenhang mit Corona und vor allem auch in Bezug auf rechtsextreme Anschläge wie in Halle oder Hanau gezeigt hat.

Der Widerstand gegen die staatlichen Maßnahmen zur Eingrenzung von Covid-19 hat einmal mehr deutlich gemacht, dass klassische politische Kategorisierungen nicht mehr greifen. Gemeinsam gingen Teile des rechten bis rechtsextremen, aber auch des linken und linksextremen Lagers wie auch Menschen aus dem bürgerlichen Milieu auf die Straße. Vertreter radikalerer Gruppierungen agieren über bisher als gesetzt geglaubte politische Grenzen hinweg und entwickeln Querfrontstrategien. In diesem Zusammenspiel werden antisemitische bzw. den Holocaust trivialisierende Inhalte zu einem lagerübergreifenden Element und zeigen, wie der Antisemitismus als Bindeglied funktioniert.

Solche Annäherungen über politische Grenzen hinweg waren bereits bei den sogenannten Mahnwachen für den Frieden, der „Friedensbewegung 2.0" zu beobachten, als in verschiedenen Städten im Frühjahr 2014 „Montagsdemonstrationen" gegen die kriegerischen Auseinandersetzungen zwischen der Ukraine und Russland stattfanden, für die massiv im Internet mobilisiert wurde. Dort versammelten sich Anhänger des linken Spektrums und globalisierungskritische Aktivisten, Verschwörungsdenker, „rechts-Esoteriker",

---

7   Vgl. Gabriel Weimann/Natalie Masri, Research Note – Spreading Hate on TikTok, in: Studies in Conflict & Terrorism, 19. 6. 2020.

8   Matthias J. Becker, Antisemitismus im Internet, in: Aus Politik und Zeitgeschichte (APuZ) 26–27 (2020), S. 48–53.

9   Siehe z. B. ebenda.

Vertreter neu-rechter Zirkel und rechte Populisten, um gegen die USA, die Bundesrepublik und die NATO ebenso zu demonstrieren wie gegen das Finanzkapital, das in den Händen „fremder Mächte" (mit Reminiszenzen an antisemitische Denkstrukturen) liege, und auch die US-Notenbank Federal Reserve System (FED), die in diesen Kreisen stets als Privatbank desavouiert wird, geriet ins Visier. Schuld an der Weltmisere seien die Herren Rockefeller, Rothschild, Soros, Chodorkowski, aber auch das englische und das saudische Königshaus, schwadronierte einer der Propagandisten auf der „Montagsdemo" an Ostern 2014 in Berlin.[10] Geldaristokraten, so die verschwörungsnarrativen Ergüsse weiter, benutzten die FED, um die Welt ins Chaos zu stürzen.[11] Unerheblich ist dabei, dass die Rockefellers keinerlei jüdischen Hintergrund haben. Es scheint zu genügen, dass die Unternehmerfamilie vermögend ist und damit für die Propagandisten wie selbstverständlich jüdisch sein muss. Solche irrigen Vorstellungen, die das Stereotyp des reichen Juden bedienen, sind weitverbreitet und bei Querfrontstrategen Teil ihres Weltbildes.

10 Sebastian Christ, Elsässer, Jebsen und die Montagsdemos: Warum die neue „Friedensbewegung" so gefährlich ist, in: Huffington Post, 22. 4. 2014, https://web.archive.org/web/20140712175507/http://www.huffingtonpost.de/2014/04/22/montagsdemo-jebsen_n_5190762.html.

11 Unabhängiger Expertenkreis Antisemitismus, Antisemitismus in Deutschland – aktuelle Entwicklungen, hrsg. v. Bundesministerium des Innern, Berlin 2016, S. 164 ff., www.bmi.bund.de/SharedDocs/down loads/DE/publikationen/themen/heimat-integration/expertenkreis-antisemitismus/expertenbericht-antisemitismus-in-deutschland.pdf?__blob=publicationFile&v=7. Siehe auch Priska Daphi u. a., Occupy Frieden. Eine Befragung von Teilnehmer/innen der „Montagsmahnwachen für den Frieden". Forschungsbericht, Berlin 2014, S. 6, 17, https://protest institut.eu/wp-content/uploads/2015/03/occupy-frieden_ipb-working-paper_web.pdf; Laura Luise Hammel, „… und sie ziehen seit über hundert Jahren die Fäden auf diesem Planeten". Antisemitische Verschwörungstheorien in gegenwärtigen Protestbewegungen: Das Beispiel der Mahnwachen für den Frieden, in: Marc Grimm/Bodo Kahmann (Hrsg.), Antisemitismus im 21. Jahrhundert. Virulenz einer alten Feindschaft in Zeiten von Islamismus und Terror, Berlin/Boston 2018, S. 367–388.

Wenn sich die Frontleute solcher Bewegungen unter Verwendung antisemitischer Topoi in Rage reden, bleibt dies nicht ohne Einfluss auf die Zuhörer vor Ort. Das gilt umso mehr für jene, die die entsprechenden Internetkanäle nutzen, die inzwischen weit mehr an Resonanz und Einfluss gewonnen haben als die gemeinsamen Treffen und die Agitation auf der Straße, zumal in Zeiten der Pandemiebeschränkungen. Gegen die merkwürdige Mesalliance, die in Berlin zu den „Montagsmahnwachen" lange Zeit um die eintausend Menschen zusammentrieb, haben sich allerdings auch Gegenbewegungen aus dem linken Lager formiert.

Öffentlichkeitswirksame Radikalisierung: Der Sänger Xavier Naidoo

Der bekannte R&B-Soul-Sänger Xavier Naidoo ist einer der Protagonisten, die sich im Zuge der diversen, in den letzten Jahren entstandenen kruden demokratiefeindlichen Bewegungen radikalisiert haben. Bereits in seinem Song „Raus aus dem Reichstag" des Jahres 2009 heißt es: „Wie die Jungs von der Keinherzbank, die mit unserer Kohle zocken / Ihr wart sehr, sehr böse, steht bepisst in euren Socken / Baron Totschild gibt den Ton an, und er scheißt auf euch Gockel / Der Schmock ist'n Fuchs und ihr seid nur Trottel."[12] Mit „Baron Totschild"[13] ist klar gesagt, wer gemeint ist: Der Name der Familie Rothschild steht in rechtsextremen, aber auch in kapitalismuskritischen Kreisen für eine angebliche jüdische Dominanz in der

---

12   Text: http://www.songtextemania.com/raus_aus_dem_reichstag_song text_xavier_naidoo.htm.

13   Totschild findet sich immer wieder im Zusammenhang mit Finanzmachtzuschreibungen, die „den Juden" nicht nur die Dominanz der Börsen und Finanzmärkte unterstellen, sondern auch unlautere, konspirative Methoden. Siehe etwa auch „staatenlos.info" des NPD-nahen Rüdiger Klasen/„Nationale Befreiungsbewegung Deutschland", „Tothschild – Kapitän der neuen Weltordnung", http://staatenlos.info/index. php/tothschild. „TOTHSCHILD=ROTHSCHILD-HOCHFINANZ".

Finanzwelt. Der antisemitisch konnotierte Hinweis wird untermauert durch die Verwendung des ebenso eindeutig zu lesenden Begriffs „Schmock". Das jiddische Schimpfwort bezeichnet einen Snob, einen unangenehmen Mann aus der gehobenen Gesellschaft. In dieses Bild passt schließlich auch der Fuchs, dem gemeinhin unterstellt wird, gewieft und hinterlistig zu sein. Xavier Naidoos Liedtext kolportiert die Vorstellung des schlauen intriganten Kapitalisten, der seine Mitmenschen narrt und sie für seine Zwecke missbraucht. Die Verwendung deutlich antisemitisch konnotierter Textteile scheint dabei nicht unabsichtlich erfolgt zu sein. Zumindest ist ein solches Vorgehen anschlussfähig an antisemitische Ressentiments, die nicht nur bei Rechtspopulisten auf Zustimmung stoßen, sondern weit darüber hinaus.[14]

Naidoos Nähe zu rechtsextremen Gedanken zeigte sich auf einem Treffen anlässlich des Tags der Deutschen Einheit am 3. Oktobers 2014 vor dem Reichstag, bei dem sich ca. 300 Personen auf drei Kundgebungen versammelt hatten. Der Sänger wanderte zwischen friedensbewegten „Montagsmahnwachen"-Befürwortern wie den „Friedensaktivisten Berlin" und „Reichsbürgern" hin und her und trug ein T-Shirt mit der Aufschrift „Freiheit für Deutschland", das er via Mikrofon als besetzt bezeichnete.[15] Carschten Halter,[16] einer der Protagonisten der „Montagsmahnwachen für den Frieden", stellte

14 https://blog.zeit.de/stoerungsmelder/2015/03/12/xavier-naidoo-skandal-mit-verspaetung_18941#more-18941.

15 http://www.youtube.com/watch?v=LPwvHcHdVHw, hochgeladen von K. Schmitt, inzwischen nicht mehr verfügbar; Spiegel Online, 4. 12. 2015, http://www.spiegel.de/kultur/musik/xavier-naidoo-und-juergen-toden hoefer-der-neue-judenstern-a-1066161.html; Jan Rathje/Amadeu Antonio Stiftung, „Wir sind wieder da". Die „Reichsbürger": Überzeugungen, Gefahren und Handlungsstrategien, Berlin 2014, S. 6; siehe auch Blick nach rechts, bnr.de, 10.10.2014, http://www.bnr.de/artikel/aktuelle-meldungen/ideologisches-weltbild-bizarr-und-gef-hrlich, inzwischen nur noch im Bezahlabonnement lesbar.

16 Halter postet von Zeit zu Zeit auf dem russischen sozialen Netzwerk „vk" und tritt etwa für Ken Jebsen ein, siehe https://vk.com/wall367458961_93.

ihn vor und skandierte nach Naidoos Auftritt immer wieder „Israel bombardiert … Deutschland finanziert".[17]

Auf Kritik an seinem Auftreten äußerte sich der Sänger im Südwestrundfunk: „Ich möchte auf Menschen zugehen. Auch zu Reichsbürgern. Auch auf die NPD. Das ist mir alles Wurst."[18] Die Friedensbewegten sind nach Naidoos Auffassung ebenso „Systemkritiker" wie die „Reichsbürger", und deshalb habe er beide aufgesucht. Damals stellte sich noch die Frage, ob Naidoo, der sich zuvor immer wieder gegen Rechtsextremismus engagiert hatte, nur naiv ist und die Brisanz rechtsextremer Gruppierungen wie der „Reichsbürger" nicht erkannt hat, oder ob sich dahinter ein merkwürdiges Denkkonstrukt verbirgt, das auch christlich-fundamentalistische Züge aufweist. Inzwischen ist Xavier Naidoo zu einer Art Frontmann der Querdenkenbewegung geworden.

Letztlich bedient Naidoo sämtliche Inhalte, die bis in die rechtsextremistischen erzkatholischen Vorstellungen des Antichristen und die dafür symbolisch stehende Zahl 666 reichen. Für ihn verbirgt sich der Antichrist – der Satan – hinter der Bewegung „Fridays-for-Future", weil der Buchstabe „F" der sechste im Alphabet sei, und damit würde der Name der Klimaschutzbewegung auf die Zahl 666 hindeuten.[19] Die aus der Bibel (Offenbarung des Johannes) stammende Zahlenkombination steht im Okkultismus und bei Zahlenmystikern häufig für den „Antichrist".

---

17   http://www.youtube.com/watch?v=LPwvHcHdVHw, hochgeladen von K. Schmitt.

18   Zeit Online, 14. 10. 2014, http://www.zeit.de/kultur/2014-10/xavier-nai doo-systemkritik-reichsbuerger?fb_action_ids=969582889725433&fb_ action_types=og.recommends&fb_ref=facebook.zonarticle.klick.article. recommend. Auf den Artikel in der „Zeit" wurden mehr als 500 Kommentare gepostet, Verschwörungsdenker ergriffen ebenso das Wort wie Kritiker der Blauäugigkeit des Sängers. Offensichtlich enthielten einige der Postings problematische Inhalte und wurden deshalb entfernt.

19   ntv, 14. 3. 2020, https://www.n-tv.de/leute/Naidoo-verteufelt-Fridays-for-Future-article21641712.html.

Anschuldigungen, die Juden als Antichristen, als Helfer des Satans schmähen, zählen wohl zu den ältesten Formen antijüdischen Verschwörungsdenkens. In diesen Kanon von Zuschreibungen, die sich gegen das Kollektiv insgesamt und global gegen ein vermeintlich existierendes Weltjudentum richten, gehören Diffamierungen nicht nur gegen Menschen, sondern auch gegen deren religiöse Einrichtungen: die Synagogen als „Stätten der Schwarzen Magie".[20]

Neben solchen christlich-fundamentalistischen diffusen Vorstellungen hat Naidoo auch den Klassiker der antisemitischen Topoi aus der Mottenkiste hervorgeholt, die Ritualmordlegende. Der Song, den er 2012 zusammen mit dem Rapper Kool Savas veröffentlichte, zeigt noch einmal deutlich, wie tief er im Verschwörungsdickicht versunken ist: „Wenn die Treibjagd beginnt, ziehn sie los, um zu wildern / Denn ihr Durst ist unstillbar und schreit nach dem Kind / Okkulte Rituale besiegeln den Pakt der Macht / Mit unfassbarer Perversion werden Kinder und Babies abgeschlachtet / Teil einer Loge, getarnt unter Anzug und Robe."[21] Im Laufe der Corona-Pandemie hat sich Naidoo noch weiter radikalisiert, wie seine Einträge beim Messengerdienst Telegram belegen.[22]

Die Occupy-Bewegung

Selbst in der bankenkritischen Occupy-Bewegung (We are the 99 percent),[23] die in den USA eher aus einem linken, antikapitalistischen Spektrum entstanden ist, fanden sich Fantasien über einen

20 Tobias Jaecker, Antisemitische Verschwörungstheorien nach dem 11. September: neue Varianten eines alten Deutungsmusters, Münster 2004, S. 43.

21 Tobias Ginsburg, Die Reise ins Reich. Unter Reichsbürgern, Berlin 2018, S. 47.

22 Neues Deutschland, 18. 6. 2021, https://www.nd-aktuell.de/artikel/11533 87.verschwoerungstheoretiker-xavier-naidoo-nicht-willkommen.html.

23 Wolfgang Kraushaar, Die Occupy-Bewegung, http://www.bpb.de/ politik/wirtschaft/finanzmaerkte/135540/occupy-bewegung?p=all.

angeblich satanischen Kult, „der freimaurerische und jüdische Banker vertritt, die sich ein Monopol über einen Regierungskredit erschwindeln, der ihnen erlaubt, Zinsen auf Gelder zu verlangen, die sie aus dem nichts gewinnen".[24]

Während der Hochphase des deutschen Ablegers der Occupy-Bewegung – Occupy Germany – wurde in den entsprechenden Netzwerken, aber auch in der esoterischen Szene und auf rechtsextremen Portalen regelmäßig für den etwa 50-minütigen antisemitischen Film „Goldschmied Fabian" geworben.[25] „Occupy: Frankfurt" hat das Werk als „aufklärenden Bericht" über „Zinseszins und Geldsystem" beworben.[26] Ein inzwischen gelöschtes Posting auf deren Webseite macht deutlich, welche judenfeindlichen Stereotype im Dunstkreis der 99-Prozent-Bewegung kursieren: „Eine kleine mafiaartig organisierte Gruppe, deren Mitglieder sich wohl schon über Generationen hinaus gegenseitig die Posten zuschieben, missbrauchen [sic] die jüdische Glaubensgemeinschaft für ihre Ziele."[27] Das Machwerk wurde in der Berufsschule Löbau zur Erklärung der Finanz- und Zinspolitik gezeigt. Die Lehrerin, die den Inhalten des Films wohl zustimmte, erhielt eine Dienstaufsichtsbeschwerde.[28]

24   YouTube, 16. 10. 2011, Anti-Semitism and Conspiracy Theorists at Occupy LA, mitgeführtes Plakat, https://www.youtube.com/watch?v=eYZy9YrA6pI.

25   Gegenrede. Informationsportal gegen Rechtsextremismus für Demokratie, 13. 11. 2008, http://www.gegenrede.info/news/2008/lesen.php?datei=081113_01; OGoldschmied Fabian – Geld, Banken- und Zinssystem erklärt, YouTube, https://www.youtube.com/watch?v=p-76uwhZIZc.

26   http://www.occupyfrankfurt.de/doku.php?id=links&rev=1321615615.

27   Die Welt Online, 16. 11. 2011, http://www.welt.de/debatte/kommentare/article13719989/Neid-und-Antisemitismus-in-der-Occupy-Bewegung.html.

28   MdR, 20. 3. 2021, https://www.mdr.de/nachrichten/sachsen/bautzen/goerlitz-weisswasser-zittau/antisemitischer-animationsfilm-berufsschule-loebau-100.html.

„Mahnwachen für den Frieden"

Seit Frühjahr 2014 trafen sich, als Reaktion auf den Russland-Ukraine-Konflikt, jeden Montag am Potsdamer Platz in Berlin und später auch an vielen anderen Orten in Deutschland Menschen zu „Mahnwachen für den Frieden". Die Redner traten vor allem mit pro-russischen und anti-westlichen bzw. anti-amerikanischen Statements an die Öffentlichkeit, sie geißelten die „BRD" als nicht souveränen Staat, der unter der Verwaltung der Alliierten, insbesondere der USA, stehe. Verschwörungsmythen über die angebliche „Systempresse", die Kampagnenjournalismus betreibe, manipuliere und Teil von Elite-Netzwerken sei, wurden kolportiert.[29] Die Querdenker übernahmen die Codes auf ihren Demonstrationen seit August 2020. Die „Lügenpresse" sei am Werk, wurde erst geraunt und dann immer lauter artikuliert.

Auch Ken Jebsen, der ehemalige Redakteur des Rundfunks Berlin-Brandenburg (rbb), hat sich wie viele andere, die in den „Querdenken"- oder Anti-Corona-Maßnahmen-Demonstrationen zu den Wortführern gehören, bei den sogenannten Montagsmahnwachen engagiert.[30] 2012 behauptete Jebsen, „Zionisten" hätten die Massenmedien unterwandert: „Es ist eine mediale Massenvernichtungswaffe, die hilft, dass wir seit über 40 Jahren die Fresse halten, wenn im Auftrage des Staates Israel Menschen in Massen vernichtet werden."[31] In dem mehrteiligen Podcast „Cui Bono" über Jebsen im Deutschlandfunk geht Khesrau Behroz davon aus, dass die Anschläge des 11. September 2001 für den Verschwörungsideologen

---

29 Siehe zu Verschwörungstheorien in Bezug auf Medienschaffende Hans Leyendecker, Der böse Blick, in: Süddeutsche Zeitung, 11. 11. 2014.

30 Der Tagesspiegel, 3. 4. 2021, online: https://www.tagesspiegel.de/the men/reportage/biografien-von-verschwoerungsideologen-erst-frieden saktivist-jetzt-corona-verharmloser/27064482.html.

31 Zit. nach Der Tagesspiegel, 7. 4. 2012, http://www.tagesspiegel.de/ medien/ex-rbb-moderator-jebsen-israel-will-endloesung-fuer-palaes tina/6485636.html.

der Erweckungsmoment gewesen seien. Sein Radiosender KenFM habe danach eine stärkere Politisierung erfahren, und Jebsen selbst habe die Anschläge „die größte Terrorlüge" genannt, während er gleichzeitig noch im öffentlich-rechtlichen Radio moderierte.[32]

Pegida

In Dresden versammeln sich nach wie vor regelmäßig Pegida-Anhänger zu Demonstrationen oder zu „Abendspaziergängen". Immer wieder gesellen sich auch „Querdenker" hinzu.[33] Auf der Pegida-Demonstration am 31. Mai 2021 standen der Montags-mahnwachen-Protagonist und Herausgeber des neurechten Magazins „Compact", Jürgen Elsässer, und der rechtsextreme vormalige AfD-Politiker Andreas Kalbitz auf der Bühne.[34] Elsässer sprach von der „Machtergreifung der Grünen", die es zu verhindern gelte, weil hinter der Partei andere „Strippenzieher" stünden. Dass er auch den US-amerikanischen ungarisch-jüdischen Philanthropen und Hedgefonds-Manager George Soros als „Megaspekulanten" bezeichnete und als Feindbild heraufbeschwor, zeigt deutlich, wie Elsässer verklausuliert antisemitische Stereotype transportiert. Unter den etwa 500 Teilnehmern auf dem Altmarkt in Dresden fanden sich

32 https://podcast-mp3.dradio.de/podcast/2021/06/14/cui_bono_ podcast_rollt_die_geschichte_von_ken_jebsen_auf_drk_202106 14_1415_5fe03305.mp3; siehe auch https://www.deutschlandfunkkultur. de/podcast-cui-bono-mit-ken-jebsen-im-kaninchenbau.2156.de.html? dram:article_id=498775.

33 Pegida und Querdenken demonstrieren auf dem Dresdner Altmarkt, in: Tag24, 15. 6. 2021, https://www.tag24.de/dresden/pegida-und-quer denken-demonstrieren-auf-dem-dresdner-altmarkt-2004322.

34 YouTube, https://www.youtube.com/watch?v=uSshvkcOttA; Bitchute-Kanal von Pegida. Elsässer-Rede, https://www.bitchute.com/video/ nDDCkOqdaxKI/; Alternative Dresden News, 9.6.2021, https://www. addn.me/nazis/querdenken-und-pegida-mit-antisemitismus-gegen-klimapolitik-und-die-gruenen/.

auch solche, die kurz zuvor an der Querdenker-Demonstration teilgenommen hatten.[35]

Wolfgang Storz hat im Auftrag der Otto-Brenner-Stiftung eine Kurzstudie zum Feld des politisch-publizistischen Netzwerkes verfasst, in dem sich Elsässer und die Mediengruppe „Compact", der Publizist Ken Jebsen, der Kopp-Verlag sowie die Organisatoren der „Montagsmahnwachen", die sich als Gegenöffentlichkeit zu den „Mainstream-Medien" verstehen, bewegen.[36] Storz stellt fest, dass die Akteure professionell und recht erfolgreich Kommunikationskanäle aufgebaut haben, eine „kommunikative Vollversorgung", die Deutungsmuster außerhalb der von ihnen als „Lügenpresse" bezeichneten Medien bereitstellt. Nicht selten gewinnen sie ihre Attraktivität mit Angeboten aus verschwörungsideologischen Kontexten.

QAnon

Die in den USA 2017 entstandene QAnon-Bewegung, die sich erstmals auf dem Imageboard 4chan zu Wort meldete, ist u. a. gekennzeichnet durch den Glauben an eine weltweite Verschwörung, die einen „deep state" anstrebe. In ihm entführe eine vom Satan getriebene Elite Kinder und foltere sie, um aus ihnen Blut für ein Verjüngungsserum zu gewinnen. Ursprünglich initiiert von rechten Nationalisten und evangelikalen Christen in den USA, haben die Aktivisten inzwischen im Zuge der Pandemie auch in Europa, insbesondere in Deutschland, Gehör gefunden.[37] Bei ihren Auftritten in sozialen

35 Ebenda.
36 Arbeitspapier (Nr. 18) der Otto Brenner Stiftung, verfasst von Wolfgang Storz, „… und meine Zielgruppe ist das Volk". „Querfront" – Karriere eines politisch-publizistischen Netzwerks, 19. 10. 2015, https://www.otto-brenner-stiftung.de/fileadmin/user_data/stiftung/02_Wissenschaftsportal/03_Publikationen/AP18_Querfront_Storz_2015_10_19.pdf.
37 Für einen Überblick zu QAnon, der Entstehung und den transatlantischen Verbindungen siehe auch die vom American Jewish Committee

Netzwerken und auf Demonstrationen werden immer wieder antisemitische Äußerungen verbreitet.

Für Teile der Querdenken-Bewegung ergeben sich insbesondere
Anknüpfungspunkte bezüglich der von QAnon gestreuten Legenden
über Pädophilenringe und Kindesmissbrauch. Die Mär von angeblich
entführten Kindern erinnert an die jahrhundertealte anti-jüdische
Ritualmordlegende. Gepaart mit der Zuschreibung, Juden würden den
Antichristen, den Satan verkörpern, formt sich dies zu einem Amal-
gam, das die gewünschten einfachen Erklärungen für Krisen liefert
und einhergeht mit einem Erwachungsmythos, der in Gewalt münden
kann, wie der Sturm auf das Kapitol im Januar 2021 gezeigt hat. Die
QAnon-Bewegung findet besonders viele Anhänger bei evangelikalen
Christen. Gern benutzt diese Klientel auch Zahlenkombinationen, die
in einer Art Geheimsprache sektenähnliche Züge verraten.[38] Rekurse
auf die biblische Zahlensymbolik bieten Anknüpfungspunkte an den
Bethlehemitischen Kindermord und die Ritualmordlegende.

Q selbst, wer auch immer das sein mag, sendet seit Dezember
2020 keine Botschaften mehr. Da sich die Bewegung inzwischen ver-
selbstständigt hat, ist der Initiator nicht mehr von Belang. Auch die
Inhalte haben sich von der Wahlbetrugskampagne zur Unterstützung Donald Trumps in eine andere Richtung bewegt. Heute geht es
in erster Linie um Impfgegnerschaft: „stop the vaccine“.[39]

QAnon scheint sich inzwischen zu einer sozialen Bewegung entwickelt zu haben, die sich vor allem virtuell über diverse Plattformen
zusammenfindet, aber auch in der Öffentlichkeit bei Demonstrationen gegen Corona-Maßnahmen präsent ist. Die sozialen Netzwerke
Twitter und Instagram haben im Sommer 2020 QAnon-Kanäle

Berlin beauftragte Studie von RIAS, Antisemitische Verschwörungsmythen in Zeiten der Coronapandemie. Das Beispiel QAnon, Berlin 2021,
https://ajcgermany.org/system/files/document/Antisemitische%20Ver
schwörungsmythen%20in%20Zeiten%20der%20Coronapandemie.pdf.

38 Vgl. u. a. Jungle World, 15. 4. 2021, Endzeitstimmung greift um sich,
https://jungle.world/artikel/2021/15/endzeitstimmung-greift-um-sich.

39 Ebenda.

abgeschaltet. Im Oktober folgte dann auch Facebook und löschte 1700 entsprechende Seiten, 5600 Gruppen und etwa 18 700 Instagram-Accounts.[40] Deshalb nutzt die QAnon-Bewegung nun neben Imageboards vor allem Telegram, um krude Verschwörungsfantasien – nicht selten auch mit antisemitischen Inhalten – zu verbreiten.

Querdenker/Corona-Leugner

Die Covid-19-Pandemie gehört wie Epidemien und Naturkatastrophen im Allgemein zu jenen Ereignissen, die komplexe Ursachen haben und nicht einfach zu erklären sind. Nahezu jedes schwer fassbare Ereignis dient als Trigger zur Bildung von Mythen und Gerüchten, aus denen sich rasch – zumal in der Welt der ungehinderten Datenflut des Internets – Verschwörungsfantasien entwickeln, die sich nicht selten auf antisemitische Schablonen stützen. Der Vegan-Koch Attila Hildmann, der inzwischen vor deutscher Strafverfolgung in die Türkei geflohen und zu einer Ikone der Querdenker und der Proteste gegen die Maßnahmen zur Eindämmung der Pandemie geworden ist, veröffentlichte auf seinem Telegram-Kanal am 21. April 2021 eine Karikatur, die den Eingang zum Stammlager Auschwitz zeigt und anstatt der Originalaufschrift „Arbeit macht frei" am Portal im Stil des Jurassic-Park-Emblems die Lettern „Judaic Park" verwendet. Seiner Schöpfung gab Hildmann den Untertitel: „Holocaust-Märchen! Der Jude ist ein Weltparasit."[41]

Die Reminiszenzen der Querdenker an die NS-Judenverfolgung gehen nicht nur mit ihrer Selbststilisierung als Opfer einher, die gleichzeitig die deutsche Verantwortung für den Genozid an den europäischen Juden verdrängt, sondern auch mit einer Projektion

---

40 Amadeo Antonio Stiftung, de:hate report #01. QAnon in Deutschland, S. 13, https://www.amadeu-antonio-stiftung.de/dehate-report-01-qanon-in-deutschland-64211/.

41 Attila Hildmann, „Holocaust-Märchen! Der Jude ist ein Weltparasit", in: Telegram, 21. 4. 2021. Der Zugang ist mittlerweile gesperrt.

Telegram-Post, Januar 2020
*Aus: Anti-Defamation League
Blog, Coronavirus: Antisemitism,
22. 4. 2020, https://www.adl.org/
blog/coronavirus-antisemitism*

Der „Happy Merchant", der glück-
liche, sich die Hände reibende
„Händler" (ein verbreitetes anti-
semitisches Stereotyp) empfiehlt,
sich impfen zu lassen, und suggeriert, dass Juden davon profitieren.
Unterstellt wird, dass Juden ein
Interesse an einer Verbreitung des
Virus haben.

auf Juden, die ihnen unterstellt, sich an der Pandemie zu bereichern,
sowie einer dem gängigen antisemitischen Modus entsprechenden
Schuldzuschreibung. Hildmann vertritt diese Verschwörungserzählung am radikalsten. Er markiert Politiker wie den Hamburger Bür-
germeister Tschentscher oder den Brandenburger Ministerpräsidenten Woidke als Juden. Die Bevölkerung befolge Maskenzwang und
Menschenversuche mit „Genimpfstoff" – sie lasse die Maßnahmen
aufgrund der stetigen „Propaganda und Lüge im Judenfernsehen, in
der Judenpresse und im Internet" „über sich ergehen". Die Pandemie
sei ein Staatsstreich, „und der Jude hat uns, der kompletten Menschheit, den Krieg erklärt, er will eine jüdische Weltdiktatur", indem er
die Menschen glauben mache, es gebe eine Pandemie.[42] Wie stark
Hildmanns Denken von antisemitischen Verschwörungsnarrativen
befallen ist, zeigen beispielhaft seine Posts vom 2. April 2021: Auf
der Stirn eines Porträts von Außenminister Maas – der „Juden-
minister" – ist die Zahl 666 eingeschrieben, daneben ist eine wider-
lich karikierte antisemitische Figur zu sehen, die als Konterfei einer

---

42   Andreas Speit, Verqueres Denken. Gefährliche Weltbilder in alternati-
     ven Milieus, Berlin 2021, S. 189.

Schlange mit Brille und einem Judenstern die Bildmitte bestimmt und stark an die antisemitischen Karikaturen von „Fips" aus dem „Stürmer" erinnert. Versehen ist der Post mit dem Kommentar „satanischer Blick, Brille mit schwarzem/dunklem Rand, Segelohren, Krummnase, lange Glieder". Ob sich diese Einlassung auf Heiko Maas oder das Konterfei der Schlange bezieht, bleibt unklar, betrifft aber vermutlich beide Darstellungen.[43]

Telegram hat Hildmanns Hauptprofil, das mehr als 100 000 Abonnenten hatte, und einige seiner Nebenplattformen im Juni 2021 gesperrt.[44] Andreas Speit geht davon aus, dass Hildmanns Telegram-Kanal so viele Abonnenten nicht trotz, sondern wegen seiner antisemitischen Botschaften habe. Seine Posts dokumentierten die Radikalisierung des veganen Kochs, der von Xavier Naidoo als „Bruder im Geist" bezeichnet wird.[45] Der Querdenker-Initiator Michael Ballweg allerdings distanziert sich von Hildmanns Extremismus und Antisemitismus. Andreas Speit sieht darin allerdings nur ein Lippenbekenntnis, weil sich Ballweg allenfalls vom radikalen Antisemitismus abgrenze, die latenten Formen aber weiterhin unterstütze.[46]

Im Sonderbericht zu Verschwörungsmythen und Corona-Leugnern des nordrheinwestfälischen Innenministeriums ist ein Telegram-Zitat abgebildet, das Inhalte wiedergibt, die sich regelmäßig auf den entsprechenden Social-Media-Kanälen zur Corona-Pandemie aus den Reihen der Leugner finden: „Sie besitzen nur sehr viel (oftmals unseriös erlangtes) Geld und dadurch viel Macht, wie z. B.: Rothschilds, Rockefeller, JP Morgan, Gates, Soros und noch einige weitere Bilderberger und WEF[47]-Davos-Besucher. Ca. alle 70 Jahre bricht das Zins-Schuldgeldsystem zusammen, deshalb will die Finanzmafia jetzt den ‚Great Reset' bzw. die ‚Neue Weltordnung'.

---

43   Screenshot, 2. 4. 2021.
44   taz – die tageszeitung, 10. 6. 2021, https://taz.de/Attila-Hildmanns-Telegram-Account/!5775338/.
45   Speit, Verqueres Denken, S. 190.
46   Ebenda, S. 193.
47   World Economic Forum/Weltwirtschaftsforum.

Die P'Tandemie ist dabei auch lukrativ für Big-Pharma und die Big-Five, aber dient vorrangig zur Ablenkung der Bürger, um damit den Weg zum ‚Great-Reset' und zur ‚NWO' zu rechtfertigen."[48]

Es werden nicht nur die bekannten Namen derer genannt, die als jüdisch markiert sind und mit Reichtum in Verbindung gebracht werden, sondern auch die „Bilderberger-Konferenzen" erwähnt, die den Betreibern entsprechender Netz-Plattformen als jüdisch dominiert gelten. Die Bilderberger-Konferenzen, benannt nach dem ersten Treffen im Hotel Bilderberg im niederländischen Oosterbeek 1954, auf denen sich jährlich wichtige Persönlichkeiten aus Wirtschaft, Politik und Medien der NATO-Staaten zum informellen Austausch treffen, sind immer wieder Gegenstand des abstrusen Verschwörungsnarrativs, dort würde eine „Weltregierung" tagen, die sich in jüdischer Hand befinde. Skurrile Gerüchte ranken sich um diese Konferenz, seit sie unter dem Vorsitz von Prinz Bernhard der Niederlande zum ersten Mal organisiert wurde. Obgleich schon die Zahl der inzwischen rund 2500 Gäste, die seit 1954 teilgenommen haben, als Argument ausreichen müsste, um die mystifizierenden Einlassungen zu widerlegen, weil derart viele „Mitwisser" in den mehr als 60 Jahren keineswegs das „Geheimnis" für sich behalten hätten, glauben noch immer Menschen, in Analogie zu den „Protokollen der Weisen von Zion", dort würden sich die Eliten heimlich versammeln, um Pläne zu schmieden, wie sie das Weltgeschehen bestimmen können.[49]

Ähnliche Verschwörungserzählungen finden sich in einem zehnseitigen Brief des „Bundesstaat Preußen" an „die Besatzer" vom Mai 2020. Er enthält ein Konglomerat aus absurder Fantasieprosa, die dennoch anschlussfähig ist an ein ganzes Potpourri von Ideen

---

48 Sonderbericht zu Verschwörungsmythen und „Corona-Leugnern", Ministerium des Innern des Landes Nordrhein-Westfalen, Stand: Mai 2021 (aus Telegram-Kanal, gesichert am 13. 4. 2021), https://www.im.nrw/system/files/media/document/file/Sonderbericht_2021_Verschwoerungsmythen_und_Corona-Leugner.pdf.

49 Vgl. u. a. Die größten Verschwörungen. Alles Gelogen?, in: wunderwelt wissen, Nr. 9, September 2015, S. 28–42, hier S.32.

der Corona-Leugner, der „Reichsbürger" und anderer in jüngster Zeit entstandener Gruppen:

„Werte Exzellenzen, In Bezug auf die weltweite Corona Pandemie meldet das Deutsche Reich sich noch einmal zu Wort. [...] Geht man ernsthaft davon aus, daß wir den Zusammenhang Corona und 5 G nicht verstehen? Geht man davon aus, daß wir die Puppenspieler im Hintergrund nicht kennen? Geht hier wirklich jemand davon aus, daß wir nicht erkennen, daß ein neues Weltregierungsprogramm heimlich durch die Hintertür eingeführt werden soll? Das World Economic Forum präsentiert den Plan doch öffentlich. [...] Diese Besessenen des Deep States aus den USA, 601 Milliardäre, Ashkenazi Juden, die jede Form von Völkermord finanzieren, Regierungen repräsentieren, kann man langsam nicht mehr ertragen und es gibt nach Firmenrecht auch keine einzige Berechtigung Menschen ermorden zu dürfen. Die sind das Krebsgeschwür der Erde und nicht der Mensch. [...] Die Lüge wird täglich sichtbar, Hitler, Stalin und Churchill sind Schüler des Tavistock Instituts und kasarische Juden gewesen. Es ist ja auch eine Wahrheit, daß Angela Merkel, Bill Gates, Theresa May Geschwister und die Kinder von Adolf Hitler sind. Das erklärt sich dann völlig von alleine, warum der Völkermord gegen die deutschen Völker und gegen die Menschen der Erde läuft. Eine gebetsmühlenartige Verbreitung von Lügen wird eben nicht zur Wahrheit. Das ist das Gleiche mit den Gaskammern in den Konzentrationslagern, die wurden alle erst nach Ende des zweiten Weltkriegs gebaut. Damit stürzt auch die Holocaust-Lüge ab, die den Deutschen täglich in das Hirn gebrannt wird. Es ist in Wahrheit gezielt geplanter Völkermord und nicht anderes. Auch Bill Gates gehört zu dem Plan. Die Corona-Pandemie ist eine Verschwörung von Soros, Gates, Rothschild, und der WHO als Organ der Weltglobalisten, zur Zerstörung der Volkswirtschaften, damit auf den Trümmern eine TerrorWeltrepublik errichtet werden kann, unter Zuhilfenahme aller Firmenregierungen weltweit."[50]

---

50 Auszüge aus „Post an Besatzer vom 13. 05. 2020", www.bundesstaat-preus sen.de/3._Brief_an_Besatzer-_13.05.2020.pdf.

Die Querdenker sind eine diffuse, aus unterschiedlichsten politischen Lagern zusammengewürfelte Bewegung, die keine hierarchischen Strukturen aufweist. Inzwischen scheinen Kontroversen die gemeinsamen Ziele zu überlagern. Die Spendenbereitschaft bisheriger Unterstützer geht offensichtlich stark zurück, weil Teile der Bewegung vom Verfassungsschutz beobachtet werden und diverse Social-Media-Unternehmen ihre Kanäle gesperrt haben, die bisher Anhänger rekrutierten und Werbeeinnahmen garantierten. Ein offener Machtkampf ist auch in der im Juli 2020 gegründeten Kleinstpartei „dieBasis"[51] ausgebrochen, die mit ihren ca. 20 000 Mitgliedern den Querdenkern nahesteht.[52] Vertreter der Partei wurden wegen Holocaustvergleichen kritisiert.[53] Der Bundestagskandidat der Partei, Sucharit Bhakdi, äußerte in einem Interview: „Das ist das Schlimme an den Juden: Sie lernen gut. Es gibt kein Volk, das besser lernt als sie. Aber sie haben das Böse jetzt gelernt – und umgesetzt. Deshalb ist Israel jetzt living hell – die lebende Hölle."[54] Als

---

51 Siehe den Beitrag zur Basisdemokratischen Partei von Claudia Barth in diesem Band.

52 Der Tagesspiegel, 8. 8. 2021, https://www.tagesspiegel.de/berlin/ver schwoerungsideologen-bekriegen-sich-gegenseitig-so-kaputt-ist-die-querdenken-bewegung/27493124.html; rbb24, 27. 6. 2021, https://www.rbb24.de/politik/thema/corona/beitraege/2021/06/analyse-erbe-quer denker-protest-berlin.html.

53 Der Tagesspiegel, https://www.tagesspiegel.de/themen/reportage/wie-viel-querdenken-steckt-in-die-basis-partei-fuer-energetiker-aidsleug ner-und-holocaustverharmloser/27163810.html.

54 Tagessschau, 14. 7. 2021, https://www.tagesschau.de/investigativ/bhakdi-antisemitismus-101.html. Siehe Video des Interviews „Die Impfung! Die Hölle auf Erden!" mit Bakhadi, https://twitter.com/AnsarBerlin/status/1415052707065380867. Das Video ist auf den Plattformen Vimeo und auf YouTube nicht mehr verfügbar; allerdings die Einführung zum Interview von Kai Stuht – Project Fovea und ein Trailer zum Interview. Stuht, der Meditationen gegen die Corona-Maßnahmen („Ignorance Meditation") organisiert, Künstler und Fotograf ist und mit Ken Jebsen kooperiert, preist das Video an. Siehe auch zu Stuht Deutschlandfunk, 4. 6. 2020, https://www.deutschlandfunk.de/corona-demonstrationen-meditation-als-protestform.886.de.html?dram:article_id=477939.

ehemaliger Facharzt für Mikrobiologie und Infektionsepidemiologie wird Bhakdi in der Szene als Experte gehandelt.

Mit der offenen Präsentation antisemitischer Stereotype bei Demonstrationen gegen Corona-Maßnahmen, denen sich auch Querdenker und Anhänger der Montagsmahnwachen angeschlossen haben, die keineswegs nur aus den Lagern extremer politischer Gesinnung stammen, sondern sich auch aus der bürgerlichen Mitte rekrutieren, wird die Grenze des Sagbaren immer weiter verschoben. Antisemitische und den Holocaust trivialisierende Inhalte finden Eingang in die Social-Media-Community, wo sie ungehindert und ungefiltert verbreitet werden. Das in der Bundesrepublik lange Zeit geltende Tabu, Antisemitismus zu propagieren, ist durch provokative Auftritte der AfD sogar von Abgeordneten des Bundestags gebrochen worden. Ob absichtlich oder nicht – Symbole und Sprache auf den Demonstrationen verraten, dass ein breiteres Klientel möglicherweise mit den Parallelen zum Holocaust „nur" Aufmerksamkeit erzeugen will. Letztlich aber zeigen solche Auslassungen, dass es bei Teilnehmern der Demonstrationen an einer wirklich klaren Distanzierung von derartigen Inhalten fehlt: Damit tragen sie dazu bei, dass Rechtsextremisten und Verschwörungsdenker ihre Botschaften in breiteren Kreisen der Bevölkerung platzieren können.

WOLFGANG BENZ

Warum sind Verschwörungsmythen so attraktiv?

Katastrophen bedeuten Konjunktur für Verschwörungsfantasien. Die Pest, die Pandemie des Mittelalters, ließ die Legende von den vergifteten Brunnen erblühen, der Terroranschlag am 11. September 2001 brachte abstruse Erklärungen der Ursachen und Beschuldigungen hervor, der Tsunami, der die Küsten Asiens verwüstete, regte das Gerücht an, dem zufolge eine israelische Atombombe unter Wasser die Ursache für die Flutwellen gewesen sei. In der Corona-Pandemie treffen sich die Leugner der weltweit grassierenden Krankheit im Protest mit jenen, die bösartige Fremde oder Reptiloiden oder Mächtige und Reiche wahlweise beschuldigen, die Epidemie herbeigeführt zu haben, um die Bevölkerung zu dezimieren oder sie zur Impfung zu bewegen, um sie manipulieren zu können, um ihnen Chips zu implantieren, mit denen sie totale Kontrolle und Gewalt über Individuen ausüben.

Verschwörungsfantasien sind nicht neu, obwohl stets neue Varianten aus jeweils aktuellem Anlass entstehen. Nach der Hochwasserkatastrophe im Sommer 2021, die große Gebiete in Nordrhein-Westfalen und Rheinland-Pfalz verwüstete, wurde in der Querdenker-Szene die Botschaft lanciert, die Flut sei durch Wettermanipulation herbeigeführt worden. Im Raum Koblenz waren Fahrzeuge unterwegs, die per Lautsprecher die Schuldfrage öffentlich machten: Polizei und Rettungskräfte würden die Zahl der Einsatzkräfte reduzieren.[1]

---

1 Ronen Steinke, Lügen aus dem Lautsprecher, in: Süddeutsche Zeitung, 30.7.2021.

Den politisch organisierten Rechtsextremen gesellen sich neuerdings, datierbar mit dem Entstehen der Pegida-Bewegung und dem öffentlich wahrnehmbaren Treiben der „Reichsbürger", Verweigerer staatlicher Ordnung und Gegner demokratisch verfasster Gesellschaft zu, die mit dem Ziel der Delegitimierung geltender Strukturen Falschnachrichten und Verschwörungsmythen verbreiten. Rechtsextreme und Rechtspopulisten treffen sich in der Querdenkerszene mit der Agenda, den Kampf gegen bestehende Strukturen aufzunehmen, die wegen der Eigensucht der Mächtigen, der Unfähigkeit der Eliten, Probleme zu lösen, oder wegen der Schwächen des Systems ihr Versagen unter Beweis gestellt hätten. Das wird als Selbstverteidigung deklariert. Verschwörungsfantasien sind wichtige irrationale Botschaften, sie haben wie Antisemitismus, Fundamentalismus, Elitenfeindlichkeit, Xenophobie Brückenfunktion zum politischen Rechtsextremismus.

Konspirationsmythen gewinnen zunehmend Raum im Diskurs einer Orientierung suchenden Gesellschaft, die – aus unterschiedlichen Gründen – demokratische Regelungen des Zusammenlebens, der Konfliktlösung und des Interessenausgleichs verweigert, die Eliten, Ordnungsmodelle und Wissenschaftlichkeit als Quelle von Erkenntnis infrage stellt und das Recht auf schrankenlose Unmutsbekundung und individuelle Selbstermächtigung einfordert. Das hat auch die Erforschung von Verschwörungstheorien in den Disziplinen Philosophie und Psychologie, Politologie, Sozialwissenschaften und Kommunikationswissenschaften belebt, nachdem das Feld lange Zeit vor allem von Historikern bestellt wurde.[2]

2　　Karl Hepfer, Verschwörungstheorien. Eine philosophische Kritik der Unvernunft, Bielefeld 2021; Michael Butter, „Nichts ist, wie es scheint". Über Verschwörungstheorien, Berlin 2020; Pia Lamberty/Jonas H. Rees, Gefährliche Mythen. Verschwörungserzählungen als Bedrohung für die Gesellschaft, in: Andreas Zick/Beate Küpper (Hrsg.), Die geforderte Mitte. Rechtsextreme und demokratiegefährdende Einstellungen in Deutschland 2020/21, Bonn 2021, S. 283–299; Clara Schließler/Nele Hellweg/Oliver Decker, Aberglaube, Esoterik und Verschwörungs-

Zum Wesen der Verschwörungsfantasie als Botschaft gehört es, dass sie unmittelbar geglaubt und nicht kritisch reflektiert wird, weil sie Wünschen und Erwartungen entspricht. Gemeinsames Merkmal ist das Absurde, die Verweigerung der Gesetze der Logik, der Anspruch auf gültige Welterklärung mit Argumenten und „Beweisen", die fern jeder Rationalität sind, deshalb nicht verifiziert werden können, sondern durch Glauben gültig werden. Verschwörungsmythen nutzen als Ausgangspunkt reale Begebenheiten, sie bedienen Gefühle des Bedrohtseins, der Angst, der Abwehr wirklicher oder imaginärer Gefahr, sie markieren Feinde und grenzen sie aus und schaffen den Zusammenhalt unter Gläubigen.

Bausteine von Verschwörungsfantasien: Legenden und Gerüchte

Teil der stillschweigenden Verständigung der Mehrheit über ihre Ängste, über die Gefahren, die von Minderheiten angeblich ausgehen, und dem Argwohn über Eliten, die als bedrohlich empfunden werden, ist die Bereitschaft, Legenden, Gerüchten und daraus verdichteten Verschwörungserzählungen Glauben zu schenken. Das geschieht jenseits aller Rationalität und im Rückfall auf magisches Denken. Verschwörungsfantasien und ihre Horrorszenarien spielen bei der Konstruktion von Feindbildern eine wichtige Rolle. Transportiert wird die Botschaft traditionell durch das Gerücht von Mund zu Mund und aktuell durch das Internet. Unabhängig von den Gesetzen der Logik werden mythische Ängste beschworen. Dafür gibt es ein klassisches Exempel: „Drei Frauen lagen geknebelt und chloroformiert im Keller des Damenbekleidungsgeschäfts ‚Chez Dorphé' in der Rue du Charlot zu Orléans – bereit zum Verkauf nach Übersee. Bei Dunkelheit sollten die Opfer durch unterirdische Gänge

mentalität in Zeiten der Pandemie, in: Oliver Decker/Elmar Brähler (Hrsg.), Autoritäre Dynamiken. Alte Ressentiments – neue Radikalität, Gießen 2020, S. 283–310.

ans Ufer der Loire verbracht und nach Buenos Aires und Caracas verschifft werden. Ein Ehemann, der vor dem Geschäft vergebens auf die Rückkehr seiner Frau gewartet hatte, alarmierte die Polizei. Sie entdeckte die Mädchenfalle im Kaufmannshaus und befreite die Opfer aus den Händen des Besitzers. Der war Jude – und das ist das einzig Wahre an der Geschichte."

Diese Erzählung war vor Jahrzehnten im Nachrichtenmagazin „Der Spiegel" zu lesen.[3] Berichtet wurde dort, dass sich das Gerücht zur Massenhysterie steigerte, die die Einwohner von Orléans ergriff. Die Zahl der „Opfer" stieg ebenso wie die Menge der „jüdischen" Täter unaufhaltsam, immer mehr Details erzählten sich die Leute. Der Polizeipräsident sei bestochen gewesen, hieß es. Nonnen einer Klosterschule warnten ihre Schülerinnen vor der Gefahr, die von den Juden der Stadt ausgehe. Sechs jüdische Kaufleute erstatteten schließlich Anzeige gegen Unbekannt. Departementsbehörden und das Innenministerium wurden tätig. Die Ursache der Aufregung fand sich in einem Artikel einer kleinen Illustrierten, in dem die gleiche Erzählung kolportiert worden war, allerdings mit dem Handlungsort Grenoble. Eine typische Wanderlegende, die sich auf dem Nährboden judenfeindlicher Tradition zum Verschwörungsmythos und zur antisemitischen Kampagne entwickelt hatte. Sie zeigt die Macht des Vorurteils, die Mobilisierungen wie die in Orléans im Jahr 1969 ermöglichte. Und die Geschichte zeigt, wie Verschwörungsfantasien jenseits der Gesetze der Vernunft funktionieren. Das Gerücht von Orléans hatte die französische Stadt an den Rand eines Pogroms geführt.[4]

Die Geschichte der Ritualmorde, die angeblich von Juden verübt werden, basiert wie ihre Analogie, das Delikt des Kindsdiebstahls durch „Zigeuner", auf Verschwörungsmythen, transportiert durch das Gerücht. Die historischen Tumulte, die mit dem russischen Wort

---

3   Der Spiegel, Nr. 26/1969, 23. 6. 1969, S. 121.
4   Edgar Morin, La rumeur d'Orléans, Paris 1982; Jean-Michel Chaumont, Des rumeurs morales spontanées? Le cas de la „rumeur d'Orléans", in: Recherches sociologiques et anthropologiques 43 (2012), 1, S. 119–137.

Pogrom bezeichnet werden und die ab Ende des 19. Jahrhunderts für
Abscheu in der westlichen Welt sorgten – wo sie freilich ebenfalls
vorkamen, wie nicht nur die „Reichskristallnacht" im November
1938 lehrt –, sind charakterisiert durch ein Initialereignis, das oft
nur ein Gerücht war. Pogrome sind aber kaum je spontane Aufwallungen des Volkszorns, als die sie nachträglich gerne dargestellt werden, sie sind vielmehr fast immer Inszenierungen durch die jeweilige
Obrigkeit oder andere einflussreiche Interessenten.

Gerüchte als Transportmittel von Verschwörungsmythen, die
in Pogromen enden, sind das älteste Massenmedium, und trotz
oder dank der jüngeren, präziseren und moderneren Informations-
möglichkeiten bilden sie immer noch eine ebenso schnelle wie
wirkungsreiche Kommunikationsform, die in allen Gesellschaften
funktioniert.[5] Zu ihrer Definition gehört die Feststellung, dass die
übermittelte Nachricht nicht kontrollierbar und nie offiziell ist, dass
sie deshalb, als gezielte politische Botschaft, leicht manipulierbar ist,
dass die Ermittlung des Ursprungs der Information auch bei sponta-
ner Entstehung in der Regel unmöglich ist.

Die Erforschung des Kommunikationsmodells Gerücht begann
spät. Im Zweiten Weltkrieg startete die US-Army im Rahmen der psy-
chologischen Kriegführung mit dem Ziel, Einflüsse auf Stimmungen
in den Streitkräften und in der Zivilgesellschaft zu erkennen, ein Projekt, in dem folgende Definition galt: Das Gerücht ist eine „mit den
Tagesereignissen verbundene Behauptung, die geglaubt werden soll,
gewöhnlich von Mensch zu Mensch mündlich kolportiert wird, ohne
daß konkrete Daten vorhanden sind, die deren Richtigkeit bestätigen könnten".[6] In vielerlei Hinsicht sind die Voraussetzungen dieser
Definition zu modifizieren. Die mündliche Kolportage ist im Zeitalter
der sozialen Netzwerke und ihrer technischen Hilfsmittel gewiss nur
noch eine sekundäre Form, und die Bindung an Tagesereignisse gilt

---

5   Jean-Noël Kapferer, Gerüchte. Das älteste Massenmedium der Welt,
    Leipzig 1996, S. 10.
6   Ebenda, S. 11 f.

nicht generell. Gerade das Gerücht, das eingespielte Vorurteile gegen Gruppen wie Juden oder Sinti und Roma, ebenso gegen Gemeinschaften bestimmter religiöser Observanz oder sexueller Orientierung sowie zur Kanalisierung von Unmut gegen die Obrigkeit zum Anlass nimmt und Abneigungen und Vorbehalte nährt, benutzt traditionelle Denkfiguren, gegebenenfalls in aktualisierter Form.

Das Gerücht und die absichtliche Desinformation („Fake News") genießt auch deshalb so hohe und fraglose Akzeptanz, weil die Adressaten glauben, es vermittle die Kunde einer geheimen Realität, die nicht bekannt werden dürfe. Zur Aura des Geheimnisbruchs kommt der Autoritätsgewinn dessen, der als Erster in ein Geheimnis eingeweiht wird. Die Geschwindigkeit der Verbreitung des Gerüchts steht im Zusammenhang mit dem Wert der Information. Wenn alle das „Geheimnis" kennen, existiert es nicht mehr, die Information ist wertlos geworden. Andererseits, reziprok zur Kurzlebigkeit des Gerüchts, entwickelt sich daraus kulturelles Bewusstsein. Aus der ursprünglichen anonymen, in ihren Quellen nicht fassbaren Information ist öffentliches Gesellschaftswissen geworden, das unhinterfragt bleibt, weil es durch Überlieferung Substanz gewonnen hat. Solche Gewissheit – nach der „die Zigeuner" zur Kriminalität neigen, „die Juden" die Weltherrschaft erstreben, Politiker einen Bevölkerungsaustausch planen, Vertreter der Eliten wie Bill Gates oder George Soros ihre Macht einsetzen, um persönliche Vorteile zu gewinnen – kann neue Gerüchte oder aktualisierte Konstrukte, die auf tradierten Gewissheiten basieren, generieren, über Ritualmorde, Kinderraub, die Entstehung und Verbreitung von Epidemien. Festzuhalten bleibt, dass Gerüchte eine wesentliche Funktion bei der Entstehung und Kommunikation von Vorurteilen haben, Bausteine für Verschwörungsmythen sind und diese publizieren.[7]

7　Funktion und Bedeutung des Gerüchts für die Praxis von Vorurteilen und Feindbildern bedürfen noch intensiver Forschung. Vgl. aus medientheoretischer und kommunikationswissenschaftlicher Perspektive: Jürgen Brokoff/Jürgen Fohrmann/Hedwig Pompe/Brigitte Weingart (Hrsg.),

Zwar ist das Gerücht als mythische Gestalt der Fama – visuell mit Attributen wie Fanfaren, Dolchen, Schwertern, Fackeln, Peitschen ausgestattet –, die Lüge und Wahrheit zugleich kundmacht, nicht unbedingt nur ein Vehikel böser Nachrichten und Mutmaßungen, aber es widmet sich doch in erster Linie Katastrophen, Schandtaten, unglücklichen Entwicklungen und eignet sich, nicht zuletzt wegen der Anonymität des Hörensagens, besonders gut zum Transport von Ressentiments und Feindbildern, mit denen exorbitante Ereignisse erklärt werden sollen.[8]

Gerüchte kanalisieren kollektive Wünsche und Abneigungen. In der alltäglichen Praxis der Mediengesellschaft ist das Gerücht ein wichtiges Instrument der Durchsetzung von politischen oder ökonomischen oder moralischen Interessen, das als gefährliche Waffe gegen Individuen und Gruppen eingesetzt wird. Die Stigmatisierung von Prominenten beispielsweise als korrupt, pädophil oder schwul, das Brandmarken von Angehörigen unerwünschter Minderheiten wie der Roma ist gängige Methode in der medialen Öffentlichkeit, ebenso in der privaten Sphäre. Im Zusammenwirken mit Verschwörungsfantasien, nach denen die Mehrheit durch Einzelne oder Gruppen bedroht wird, ist die Stigmatisierung von Minderheiten höchst effektiv. Gerüchte sind gefährlich, sie sind unvermeidlich und sie sind omnipräsent. „Wir sind alle Urheber oder Opfer von Gerüchten", schreibt ein Autor, der sich als Jurist, als Fachanwalt für Presse- und Äußerungsrecht sowohl mit gerüchtweise angerichtetem Schaden befasst als auch selbst mit seiner Münchner Kanzlei prominentes Opfer einer Gerüchtekampagne war.[9]

Die Kommunikation der Gerüchte, Göttingen 2008; Manfred Bruhn/Werner Wunderlich (Hrsg.), Medium Gerücht. Studien zu Theorie und Praxis einer kollektiven Kommunikationsform, Bern 2004.

8   Hans-Joachim Neubauer, Fama. Eine Geschichte des Gerüchts, Berlin 1998.

9   Michael Scheele, Das jüngste Gerücht. Wie Gerüchte entstehen. Warum wir sie glauben und verbreiten. Welchen Schaden sie anrichten. Wie man sich wehren kann, Heidelberg 2006.

Verschwörungserzählungen bedienen sich oft traditioneller Topoi wie der angeblichen Brunnenvergiftung durch „die Juden", mit der die mittelalterliche Pestepidemie ausgelöst worden sei. Zur Verbreitung dienen Wanderlegenden. Fake News über kinderstehlende „Zigeuner" sind seit Langem in Umlauf und haben vielfach publizistischen und literarischen Niederschlag gefunden. Sie sind aber nicht nur historische Reminiszenzen an unaufgeklärte Zeiten. Das Internet als schnelles Medium schafft dem Gerücht ganz neue Möglichkeiten der Verbreitung. Das lehrt das folgende Beispiel. In der Region Mannheim, aber nicht nur dort, bangten Eltern um ihre Kinder, seit im Frühjahr 2014 über Facebook und andere Netze Warnungen gestreut wurden vor einer Mafia aus Rumänien und Bulgarien – gemeint waren damit natürlich Roma –, die Kinder raube, um deren Organe zu vermarkten. Besorgte Eltern weigerten sich, ihren Nachwuchs in Kindergärten zu schicken, und erkundigten sich bei der Polizei. In Mannheim machten die Behörden unmissverständlich klar: „Alle Meldungen zur Organmafia sind falsch, ein Hoax, ein Fake, eine Mär – also frei erfundene Geschichten, die nur eines zum Ziel haben: Sie sollen Angst und Schrecken verbreiten." Der Polizeisprecher fügte hinzu: „Möglicherweise kommen die Warnungen von Leuten, die ein Interesse daran haben, dass diese Bevölkerungsgruppen diskreditiert werden."[10]

Die Legende von der Organmafia wurde auch in Duisburg und in Bremen und anderen Städten mit großem Zuwanderungsanteil kolportiert. Zu den Einzelheiten der Geschichte gehören „weiße Transporter", mit denen die geraubten Kinder angeblich fortgeschafft werden, auf die man also besonders achten müsse. Da sehr viele Firmenfahrzeuge weiß lackiert sind, gibt es für Ermittler viel zu tun. Dass eine Spur zur Krimiserie „Tatort" führt, in der im Februar 2011

---

10   Internet-Hoax Meldung über Kinderräuber schürt Elternängste, in: Frankfurter Allgemeine Zeitung, 2. 5. 2014, http://www.faz.net/aktuell/gesellschaft/kriminalitaet/internet-meldung-ueber-kinderraeuber-schuert-elternaengste-12920204.html.

eine Organmafia ihr Unwesen trieb, ist ein Hinweis auf die Macht der Bilder und die Wirkung öffentlich-rechtlicher Unterhaltung, bei der unter den Zuschauern die Grenzen zwischen Fiktion und Wirklichkeit verschwimmen.

Die scheinbare Wahrheit des einmal Gehörten oder Gelesenen prägt die Wahrnehmung, wenn die Kriterien oder die Bereitschaft zur rationalen Auseinandersetzung nicht vorhanden sind. So waren auch die Reaktionen von Lesern auf einen kritischen Artikel in der Frankfurter Allgemeinen Zeitung ambivalent. Viele wollten die vermeintliche Bedrohung nicht als Fantasiegebilde entlarvt sehen, sondern beharrten darauf, dass doch etwas dran sein könnte. Ein Leser schrieb: „Ich finde, dass man das nicht so einfach als Hoax abtun sollte. Heutzutage ist alles möglich. Und bei den archaischen Zuständen in einigen osteuropäischen Landstrichen auch denkbar. WARUM sollte das nicht angesprochen werden?? Wieder mal ein Redeverbot?"[11] Offenbar fällt es nicht leicht, die Absurdität einer Legende zu akzeptieren. Durch den Wechsel der Ebenen („Zustände in Osteuropa") sollte die Glaubwürdigkeit eines von der Polizei ausdrücklich dementierten Fake hergestellt werden.

Als Schurken und Verschwörer denunziert: Freimaurer, Jesuiten, Illuminaten

Seit dem 18. Jahrhundert gehörten Unterstellungen gegen Freimaurer und Jesuiten als „überstaatliche Mächte" zum verschwörungstheoretischen Szenario. Die im 18. Jahrhundert in England gegründete international verbreitete Bewegung der Freimaurer mit weltbürgerlich-ethischer Tendenz und den Zielen Humanismus und Toleranz war nicht nur von der katholischen Kirche geächtet und in einigen Staaten verboten, sondern auch Objekt antisemitischer Hetze. Wegen ihrer geheimbündlerischen Symbolik waren die Freimaurer

11 Ebenda.

suspekt und wie der katholische Jesuitenorden der Verschwörung verdächtig. Hitler sah die Freimaurer als Instrument des Judentums im Streben nach Weltherrschaft. Im Verein mit der Presse galten sie ihm als Schrittmacher jüdischer Macht. (Ironischerweise hatten die Freimaurer selbst lange Zeit Vorbehalte gegen Juden und verweigerten ihnen die Mitgliedschaft.) Der freidenkerische antiklerikale Impetus der Freimaurer war der katholischen Kirche ein Dorn im Auge. Auch das Publikum nahm die philanthropische Gesinnung nicht wahr, wohl aber die geheimbündlerischen Rituale und Zeremonien, die den elitären Bund suspekt machten.

Real geringe Bedeutung, aber anhaltende und ungleich riesige, auf Hysterie beruhende Wirkung hat für Verschwörungsmystiker eine andere historische Gruppierung, die oft im gleichen Atemzug mit Freimaurern genannt wird: Der von dem Professor für Kirchenrecht Adam Weishaupt in Ingolstadt 1776 gegründete Orden der Illuminaten war eine weltliche Geheimgesellschaft mit dem Ziel der Aufklärung durch Bildung, der Kontrolle von Macht und der sittlichen Verbesserung der Menschen. Acht Jahre später waren die Illuminaten schon verboten. Der Obrigkeit in Gestalt des bayerischen Kurfürsten Karl Theodor waren die Ideen des Vereins der „Erleuchteten" zu aufrührerisch.[12] Kolportiert in der Belletristik und vor allem in der Trivialliteratur, in publikumswirksamen Filmen und als TV-Unterhaltung, leben die Illuminaten weiter. Mit neuer Bedeutung aufgeladen wurden sie zum zentralen Topos für Verschwörungstheoretiker. Fern der historischen Realität mit diametral entgegengesetzter Konnotation: Das radikal aufklärerische menschenfreundliche Original des 18. Jahrhunderts verkam zur verschwörungsfantastischen Imagination, zum Schurkenbund, der im Verborgenen die Geschicke der Menschheit zu lenken trachtet. Das hysterische Bedürfnis nach elitären bösen Mächten, die als unsichtbare Gegengesellschaft existieren, hat in den „Illuminaten", die durch die Verschwörungsgeschichten des 21. Jahrhunderts geistern,

12   Richard van Dülmen, Der Geheimbund der Illuminaten, Stuttgart 1974.

eine Chiffre gefunden, deren Grundmuster auch die Obsessionen der Querdenker in der Pandemie antreibt.[13]

Verschwörungsmythen im Dienst der Politik

Der Faszination von Verschwörungskonstrukten können auch seriöse Wissenschaftler und Intellektuelle erliegen, wenn sie sich im Banne von Feindbildern befinden. Jakob Segal, ein renommierter Naturwissenschaftler an der Humboldt-Universität zu Berlin, dort von 1955 bis 1971 Chef des Instituts für Allgemeine Biologie, trat 1985 mit der These an die Öffentlichkeit, das AIDS-Virus sei künstlich in einem Labor der US Army in Maryland im Fort Detrick als biologische Waffe erzeugt worden. Der Fall zeigt, dass Verschwörungstheorien auch im linken Spektrum möglich und Wissenschaftler nicht dagegen gefeit sind. Jakob Segal war in Sankt Petersburg geboren, hatte ursprünglich die litauische Staatsangehörigkeit und wurde 1940 Sowjetbürger. Er studierte in Deutschland, schloss sich früh dem Roten Studentenbund und der KPD an und musste deshalb 1933 nach Frankreich emigrieren. Unter deutscher Besatzungsherrschaft gehörte er der Résistance an und überlebte als Jude und Widerstandskämpfer im Untergrund. Seine Frau Lilli, jüdische Arzttochter aus Berlin, war ebenfalls im Widerstand. Sie wurde nach Auschwitz deportiert, konnte jedoch aus dem KZ entfliehen. Das Ehepaar Segal übersiedelte 1952 in die DDR in der gemeinsamen, ebenso idealistischen wie praktizierten politischen Überzeugung von der Richtigkeit kommunistischer Ideologie. Lilli Segal hatte im Fach Agrarwissenschaft promoviert, war als Dokumentaristin ausgebildet und tätig und unterstützte als streitbare Assistentin die Forschungen ihres Mannes. Der biografische Hintergrund mit den Parametern Antifaschismus und Ablehnung

---

13   Thomas Grüter, Freimaurer, Illuminaten und andere Verschwörer. Wie Verschwörungstheorien funktionieren, Frankfurt a. M. 2008.

westlicher Demokratie, gipfelnd während des Kalten Kriegs im Feindbild USA, war wichtig für die Kreation der gemeinsamen Verschwörungsfantasie.[14]

Jakob Segal knüpfte, seine Glaubwürdigkeit als renommierter Biologe in den Dienst seiner politischen Überzeugung nehmend, an eine Desinformationskampagne des sowjetischen Geheimdienstes an, die er mit Forschungen im Labor zu untermauern suchte. Fachkollegen lehnten seine Hypothesen ab, und das Politbüro der SED untersagte mit Rücksicht auf die „friedliche Koexistenz" zwischen Ost und West die Publikation der Ergebnisse, verhängte überdies ein Forschungs- und Publikationsverbot. Der in der DDR lebende Sowjetbürger Segal fand allerdings im Zeichen von Glasnost die Möglichkeit, im Westen zu publizieren. 1986 erschien anlässlich einer Konferenz der blockfreien Staaten in Harare eine Broschüre mit Segals Thesen über die Konstruktion des AIDS-Virus in den USA.

In der Bundesrepublik verweigerten sich die Medien dem Thema, bis der Schriftsteller Stefan Heym, ein Freund des Ehepaares Segal, ein Interview in der „taz" vermittelte.[15] Die AIDS-Theorie des Ehepaares Segal gehört in den Bereich der Verschwörungsfantasien, blieb aber bei den Anhängern solcher Welterklärungen und am äußersten linken Rand des politischen Spektrums wirksam. Lilli Segal war auch in dieser Frage die treue Gefährtin ihres Mannes und kämpfte als Mitautorin an seiner Seite.[16]

In der Debatte über den Ursprung der Corona-Pandemie ist in der Vermutung, Forschungen in einem Labor der chinesischen Stadt Wuhan hätten den Erreger freigesetzt, eine Parallele zu erkennen. Während US-Präsident Biden die amerikanischen Geheimdienste

---

14　Charlotte Böhm, „Wir bleiben auf den Barrikaden". Über die Autobiographie der Biologin und Aids-Forscherin, Resistancekämpferin und Jüdin Lilli Segal, in: taz, 7. 1. 1989.

15　Jan Feddersen/Wolfgang Gast, Wie das Aids-Virus nach Fort Detrick kam, in: taz 9. 1. 2010.

16　Jakob Segal/Lilli Segal/Manuel Kiper, AIDS – die Spur führt ins Pentagon. Biokrieg, 2. Aufl., Essen 1990.

zur Aufklärung aufforderte, konterte die Regierung der Volksrepublik China mit der These, das Virus komme aus den USA, aus den Militärlabors in Fort Detrick. An diese Version glauben viele Chinesen.[17]

Ein historischer Vorläufer aus der Zeit des Kalten Krieges ist die Legende über eine andere biologische Waffe. Kartoffelkäfer, die nach dem Zweiten Weltkrieg die Landwirtschaft heimsuchten, waren zugleich Akteure einer Verschwörungsfantasie. In der Zeit der Systemkonkurrenz zwischen Ost und West wurde mit den schädlichen Insekten ein real existierendes Problem politisch instrumentalisiert. In der DDR, deren Landwirtschaft unter den Käfern ebenso litt wie das Agrarwesen der BRD, wurden die Schüler, die aufs Feld mussten, um das Ungeziefer einzusammeln, belehrt, dass US-amerikanische Flugzeuge die Tiere oder deren Larven ausgestreut hätten. Das war auch die offizielle Lesart, mit der die Bevölkerung 1950 über die Schuld des Klassenfeindes am Minderertrag der Kartoffelernte indoktriniert wurde.

Generell ist der Bereich Gesundheit ein besonders günstiger Nährboden für Verschwörungserzählungen. Das Feld ist mit existenziellen Ängsten und daraus resultierendem Misstrauen gegen die auf Wissenschaftlichkeit gegründete Medizin besetzt. Impfkritiker, die glauben, durch Impfung entstünde die Krankheit erst, die politische Machenschaften zur Dezimierung der Bevölkerung oder zur Kontrolle durch heimlich eingesetzte Chips argwöhnen, Corona als Erfindung der Pharmaindustrie vermuten, und Esoteriker, die sich dubiosen Wunderheilern anvertrauen, sind gläubige und willige Adressaten von Verschwörungsmythen.[18]

---

17 Georg Mascolo u. a., Die heikle These vom Laborunfall, in: Süddeutsche Zeitung, 28. 5. 2021.
18 Eindrucksvolle Beispiele bieten: Katharina Nocun/Pia Lamberty, Fake Facts. Wie Verschwörungstheorien unser Denken bestimmen, Köln 2020, S. 201 ff.

Prototyp der Verschwörungshetze:
Die Protokolle der Weisen von Zion

Als Modell zur Erklärung des Erfolgs von Verschwörungsmythen bieten sich die „Protokolle der Weisen von Zion" an. Das am Ende des 19. Jahrhunderts entstandene angebliche Geheimdokument der jüdischen Weltverschwörung stammt aus einer Fälscherwerkstatt des russischen Geheimdienstes. In den Protokollen „geheimer Zusammenkünfte" auf dem jüdischen Friedhof in Prag seien die Erfolge auf dem Weg zur Weltherrschaft fixiert, lautet die antisemitische Botschaft.[19]

Es ist leicht, die „Protokolle" als Konstrukt irrationalen Judenhasses zu entlarven. Das ist im Laufe des Jahrhunderts ihrer Existenz gründlich und oft geschehen: Mit den Methoden der Wissenschaft sind die Wurzeln und Ingredienzien des Konstrukts erforscht worden, Juristen haben sich in den Berner Prozessen der 1930er-Jahre mit dem Problem des Falsifikats im historisch-politischen Kontext auseinandergesetzt, die Antisemitismusforschung beschäftigt sich mit der Rezeption der „Protokolle" in der Gegenwart. Mit der Verbreitung durch neue Medien, insbesondere das Internet, und durch die multimediale Verwendung des Stoffes geht eine neue Instrumentalisierung der „Protokolle" im islamistischen Kampf gegen den Staat Israel einher. Die Phänomenologie des Mythos ist hinlänglich bekannt und beschrieben.

Schwierig ist es jedoch, Antworten zu finden auf die Frage nach der Wirkung der „Protokolle" als einem zentralen Referenzdokument des Antisemitismus, das durch seine internationale Verbreitung in allen großen und vielen kleinen Sprachen in so unterschiedlichen

---

19 Wolfgang Benz, Die Protokolle der Weisen von Zion. Die Legende von der jüdischen Weltverschwörung, 4. Aufl., München 2019; Jeffrey L. Sammons (Hrsg.), Die Protokolle der Weisen von Zion. Die Grundlage des modernen Antisemitismus – eine Fälschung. Text und Kommentar, Göttingen 1998.

Kulturkreisen wie Europa oder Japan, Amerika oder der arabisch-islamischen Welt als ein wesentliches Verständigungsmittel für Judenfeindschaft aus jeweils ganz unterschiedlicher Intention dient. Zu untersuchen ist also am Beispiel der „Protokolle", welche Bedürfnisse nach Welterklärung Verschwörungsmythen bei einem gläubigen Publikum erfüllen.

Mythos soll dabei als Sprachform verstanden werden, in der Menschen sich und ihre Welt sowie das Geschehen generell symbolisch – das heißt emotional und magisch, nicht rational und logisch – nachvollziehbar zu machen versuchen. Mythen haben eine erhebliche gesellschaftliche Bedeutung und Wirkung, weil es offensichtlich Bedarf gibt an irrationalen „Erklärungen" für komplexe Zusammenhänge wie die Macht des Kapitalismus, die Entstehung des Kommunismus, den Nahost-Konflikt, die Globalisierung, die Armut in der Welt, die Entstehung und Verbreitung der Corona-Epidemie oder die Leugnung dieser Krankheit, die seit 2019 die Welt lähmt.

In Deutschland fanden die aus dem religiös-fundamentalistischen, antimodernistischen Milieu der russischen Zarenzeit generierten „Protokolle der Weisen von Zion" frühzeitig in der „Völkischen Bewegung" einen Nährboden, auf dem die Botschaft gedieh. Die Völkische Bewegung, im 19. Jahrhundert aus sozialdarwinistischen, germanozentrischen und antisemitischen Gedankengängen entstanden, entwickelte sich in Deutschland unmittelbar vor dem Ersten Weltkrieg zur nationalistischen und rassistischen Ideologie, die das vermeintliche Recht des Stärkeren propagierte und Dominanz im Osten Europas auf Kosten diskriminierter Nationen erstrebte. Strukturell handelte es sich um die Ideologie, die dem Nationalsozialismus den Weg bereitete. In der Realität radikalisierte sich die Völkische Bewegung nach dem Ersten Weltkrieg. Hypernationalistisches Streben verband sich mit rassistischem Überlegenheitsdenken und antisemitischen Wahnvorstellungen zu einer politischen Haltung, die trotzig und unbelehrbar keinen Realitätsbezug kannte.

Die Anfälligkeit für Verschwörungsdenken im rechten Spektrum wird an den „Protokollen" augenfällig. Nach dem Ersten Weltkrieg, der zum nationalen Trauma der Deutschen wurde, ist die Lehre vom „jüdischen Griff zur Weltmacht" von den Enttäuschten und Verbitterten gierig aufgenommen worden, die durch die Niederlage aus Illusionen und Ambitionen gerissen wurden und nach Erklärungen für das deutsche Unglück suchten. Jede vernunftbasierte Erklärung für den militärischen und politischen Untergang des wilhelminischen Reiches hätte sie selbst, ihr machtpolitisches Streben und ihr Selbstverständnis als überlegene Nation und „Rasse" infrage gestellt. Die Völkische Bewegung, wurzelnd im Sozialdarwinismus des 19. Jahrhunderts, durchdrungen vom Glauben, den „Lebensraum" für die germanisch-deutsche Art vergrößern zu müssen, und tief überzeugt von den Lehren des modernen rassistisch argumentierenden Antisemitismus, der die Juden für alle Übel der Welt haftbar machte, war der ideale Resonanzkörper, um die Schwingungen des judenfeindlichen Pamphlets aufzunehmen und zu verstärken.

Die Völkische Bewegung[20] bestand aus Gruppen und Organisationen wie dem „Alldeutschen Verband", dem antisemitischen „Reichshammerbund", dem geheimbündlerischen „Germanenorden" und schließlich, nach dem Ersten Weltkrieg, dem „Deutschvölkischen Schutz- und Trutzbund", einem der Vorläufer und Parallelverbände der NSDAP. Aber auch Lebensreformer und Agrarromantiker sowie Anhänger sozialreaktionärer Utopien gehörten zur Völkischen Bewegung. Bedrohungsängste, nationale Egozentrik, Verfolgungswahn, Fundamentalismus und das Unvermögen, sich mit realen politischen sozialen und ökonomischen Gegebenheiten auf logische Art und Weise auseinanderzusetzen, charakterisierten die „Völkischen". Sie suchten in diffuser Heilserwartung der Wirklichkeit durch psychotische Ausgrenzung und Schuldzuweisung gegen Minderheiten zu entkommen und ihr Selbstgefühl zu stabilisieren. Als frühe Spielart der Querdenker-Bewegung mit der ganzen Vielfalt rechtsradikaler Strömungen war gesellschaftlicher Aufruhr

---

20 Vgl. Uwe Puschner/Walter Schmitz/Justus H. Ulbricht (Hrsg.), Handbuch zur „Völkischen Bewegung" 1871–1918, München 1996.

durch Sektierer und deren Gefolgschaften vor mehr als einhundert
Jahren schon einmal modern.

Arnold Zweig hat die „Protokolle der Weisen von Zion" das
„Kernstück der völkischen Verfolgungspsychose" genannt.[21] Die
Rezeption auf der Rechten mit den sich selbst bestätigenden Vermutungen und der jeden Fälschungsvorwurf verwerfenden Gewissheit einer quasi höheren Echtheit des Textes erhärtet den Befund
paranoider und psychotischer Demagogie und Selbsteinschätzung.
„Was viele Juden unbewußt tun mögen, ist hier bewußt klar gelegt",
schrieb Hitler in „Mein Kampf" und pries die „Protokolle" als das
Beweisstück schlechthin für die konstitutionelle Niederträchtig-
keit der Juden und ihr Streben nach Weltherrschaft: Mit „geradezu
grauenerregender Sicherheit" seien das Wesen und die Tätigkeit des
Judenvolkes aufgedeckt, meint Hitler, der in demagogischer Umkehr
der Realität den immer wieder erbrachten Nachweis der Fälschung
als Beweis für die tatsächliche Authentizität des Dokuments konstatiert: „Wie sehr das ganze Dasein dieses Volkes auf einer fortlaufen-
den Lüge beruht, wird in unvergleichlicher Art in den von den Juden
so unendlich gehaßten ‚Protokollen der Weisen von Zion' gezeigt.
Sie sollen auf einer Fälschung beruhen, stöhnt immer wieder die
‚Frankfurter Zeitung' in die Welt hinaus: der beste Beweis dafür, daß
sie echt sind. Was viele Juden unbewußt tun mögen, ist hier bewußt
klargelegt. Darauf aber kommt es an. Es ist ganz gleich, aus wessen
Judenkopf diese Enthüllungen stammen, maßgebend aber ist, daß
sie mit geradezu grauenerregender Sicherheit das Wesen und die
Tätigkeit des Judenvolkes aufdecken und in ihren inneren Zusammenhängen sowie den letzten Schlußzielen darlegen."[22]

Die „Protokolle" sind seit Langem weltweit ein Referenzdokument des Antisemitismus schlechthin. Sie sind gleichzeitig eine Inku-
nabel von Verschwörungstheorien, aus der freilich nicht abgeleitet

---

21   Arnold Zweig, Bilanz der deutschen Judenheit. Ein Versuch, Amsterdam
      1934 (Reprint Leipzig 1991), S. 83 f.
22   Adolf Hitler, Mein Kampf, München 1937 (248.–251. Aufl.), S. 337.

werden darf, dass es dabei immer oder in der Regel um Juden gehe.[23]
Kein anderer Text hatte größere Wirkung als das Machwerk über die
jüdische Weltverschwörung, weil das Publikum an die griffige Welterklärung glauben wollte. Die Mörder des deutschen Außenminis-
ters Walther Rathenau kannten die Geschichte und waren überzeugt,
ihr Opfer sei einer „der 300 Weisen von Zion". Das war 1922. Als
die Nationalsozialisten an die Macht gekommen waren, wurden die
„Protokolle" offizieller Lehrstoff in den deutschen Schulen, ein Erlass
des Reichsministers für Wissenschaft, Erziehung und Volksbildung
vom 13. Oktober 1934 ordnete dies an. Ob echt oder falsch, das küm-
merte die Antisemiten nicht. Die Argumente und Beweise gegen das
Pamphlet waren ja längst Bestandteil seiner Verbreitung geworden.
Mit den Methoden, die später auch die Leugner des Holocaust oder
der real existierenden Pandemie anwenden sollten – paranoide Fan-
tasie und Realitätsverweigerung –, wurde die Verschwörungstheorie
der „Protokolle" mit immer neuen Wahnvorstellungen bekräftigt.

Auf die Frage, warum die „Protokolle" so lange und so nachhaltig Wirkung haben, hilft die Erkenntnis nicht weiter, dass es sich um
ein absurdes und hassgeborenes Konstrukt handelt. Die Absurdität
des Verschwörungsmythos ist ja kein Einwand gegen, sondern ein
Element ihrer Wirkung. Carl Schmitt, der Staatsrechtler, der Hitlers
Diktatur theoretisch unterfütterte, hat festgestellt, dass „keine noch
so klare Gedankenführung [...] gegen die Kraft echter mythischer
Bilder" aufkomme.[24] Ideologen und Demagogen haben sich allezeit
auf diese Erkenntnis gestützt, die zaristische Geheimpolizei, die den
Volkszorn auf die Juden lenken wollte, um die eigene Misswirtschaft
zu kaschieren, nicht anders als die Nationalsozialisten, deren Ideologie wesentlich aus Judenfeindschaft bestand, oder die islamistischen
Agitatoren, denen die Legende von der jüdischen Weltverschwörung
willkommene Munition im Kampf gegen Israel ist. Nach demselben

23   Vgl. Liane Bednarz, Die Angstprediger. Wie rechte Christen Gesellschaft
     und Kirchen unterwandern, München 2018.
24   Carl Schmitt, Der Leviathan in der Staatslehre des Thomas Hobbes. Sinn
     und Fehlschlag eines politischen Symbols, Hamburg 1938, S. 123.

Muster argumentieren christliche Fundamentalisten in Osteuropa, die mit dem Kommunismus abrechnen, und Amerikafeinde in Japan, die den Kapitalismus erklären wollen – sie alle benutzen das mythische Bild vom Juden, der nach Weltherrschaft strebt, auch wenn sie gar nicht real existierende Juden meinen, sondern Schemen, die traditionell beschuldigt werden. Auch in den aktuellen Verschwörungsfantasien der Querdenken-Szene spielen Juden als „Schuldige" eine prominente Rolle.[25]

Mythen als Erklärungsmodelle und Wegweiser

Hilfreich sind Einsichten in die Funktion von Mythen. Sie haben die Aufgabe der symbolischen Zeichensetzung im politischen und kommunikativen Prozess. Damit soll Orientierung geschaffen werden. Codes werden bereitgestellt, die zur Erklärung von Problemen abgerufen werden können. Die Realität wird im Mythos durch das Symbol ersetzt. Damit sind Wirklichkeit und Rationalität der Wahrnehmung entrückt. Praktikabel sind Mythen als Elemente von Ideologie. Realität wird durch Glauben substituiert, Fakten werden zu Fiktionen transformiert. Roland Barthes hat Entstehung und Wirkung der „Mythen des Alltags" analysiert und Grundeinsichten vermittelt, die allgemein gelten: „Der Mythos leugnet nicht die Dinge, seine Funktion besteht im Gegenteil darin, von ihnen zu sprechen." Aber er redet nicht von Dingen, wie sie sind, sondern er kehrt sie um und gibt ihnen eigene neue Bedeutung. „Er gibt ihnen eine Klarheit, die nicht die der Erklärung ist, sondern die der Feststellung."[26]

Oft haben Mythen ein historisches Ereignis wie die Französische Revolution mit der Idee von Freiheit und Gleichheit oder den

---

25 Christoph David Piorkowski, Aus der Luft gegriffen. Wo Verschwörungsideologen systematisch irren und warum Antisemitismus oft ihr Weltbild bestimmt, in: Der Tagesspiegel, 9. 6. 2021.

26 Roland Barthes, Mythen des Alltags, Frankfurt a. M. 2015, S. 296.

Zusammenbruch der alten Ordnung im Ersten Weltkrieg als Kristallisationspunkt. Wie die „Protokolle der Weisen von Zion" zeigen, kann aber auch eine Fiktion als Kern des Mythos dienen. Durch unablässiges Zitieren, durch Assoziation und Konnotation gewinnt das Phantasma scheinbar Realität und unbedingte Bedeutung. Die Imagination wird schließlich als „wirkliches Geschehen" wahrgenommen und anerkannt. Die „Protokolle", ein durch und durch antiaufklärerisches Dokument, haben als Mythos Überzeugungskraft erlangt und werden zum „Beweis" der jüdischen Weltverschwörung.

Alfred Rosenberg hat als nationalsozialistischer Ideologe Glaubenssätze fixiert, die jeder rationalen Erörterung entzogen als gültige „Wahrheiten" dargestellt werden. Er wollte eine neuheidnische, auf Rassismus gegründete Religion stiften und gab seiner Programmschrift den adäquaten Titel.[27] Damit machte er den Anspruch auf ultimative Welterklärung deutlich. Dass sein Buch – ebenso wie Hitlers „Mein Kampf" – mehr zitiert als gelesen wurde, hat keine einschränkende Bedeutung, entscheidend ist die Setzung des Mythos als einer Erzählung, die Emotionen anspricht, Symbolwert hat, Erklärung der (scheinbaren) Zusammenhänge der Welt anbietet und jenseits jeglicher Beweisbarkeit, aber mit dem Anschein von Logik leicht verstanden werden kann. Das geschieht im Fall der „Protokolle" auf besonders perfide Art durch die Simulation eines Dokumentes, das zunächst als Textsorte („Protokoll"), dann durch Tradition und Verbreitung, vor allem aber durch seine mythische Qualität („Geheimdokument" des Judentums) Referenzcharakter erhielt. „Enthüllung" und Schuldzuweisung als Methoden zur Stigmatisierung der jüdischen Minderheit sind im Kontext vieler Kulturen leicht nachvollziehbar. Das hat die „Protokolle der Weisen von Zion" zur Chiffre der Judenfeindschaft und zum Prototyp der Verschwörungslegende gemacht.

Der Mythos von der Verschwörung mit dem Ziel der Weltherrschaft richtet sich gegen scheinbar Übermächtige – im Fall der

---

27 Alfred Rosenberg, Der Mythus des 20. Jahrhunderts. Eine Wertung der seelisch-geistigen Gestaltungskämpfe unserer Zeit, München 1930.

„Protokolle" gegen „die Juden", in den derzeit aktuellen Verschwörungsfantasien gegen die Eliten oder Personen, die herrschenden Eliten zugerechnet werden. Bei QAnon, einer Gruppierung, die mit rechtsextremistisch grundierten Verschwörungslegenden die US-amerikanische Partei der Demokraten angreift, ebenso wie den Unternehmer und Mäzen Bill Gates, die frühere Bundeskanzlerin Angela Merkel, den Philanthropen George Soros, der vom ungarischen Premier, weil er Jude ist, und vom ehemaligen israelischen Premier Netanjahu, obwohl er Jude ist, stigmatisiert wird. Das gehört zu den schlichten Ideologemen des Verschwörungsdenkens, die mit Schuldzuweisungen arbeiten und sich die Beweise selbst schaffen.

Nicht anders verhält es sich mit der Behauptung, in den USA würden Kinder unterirdisch gefangen gehalten und gefoltert, um aus ihren Körpern gewisse Elixiere zu gewinnen, mit denen Reiche ihr Leben verlängern wollten. In Deutschland machte der Sänger Xavier Naidoo mit der „Adrenochrom-Theorie" den Unsinn populär, als er Tränen des Mitleids mit den angeblich geschundenen Kindern vergoss.

Mit Legenden von geheimen Mächten und Mächtigen können vielfältige Ängste der Mehrheit kanalisiert werden. Das immer aktuelle Stereotyp der jüdischen Weltverschwörung ist seinem Wesen nach nicht nur konstitutiv für das Phänomen des Antisemitismus: Auf Verabredung und Emotion gegründet, im mythologischen Ungefähr angesiedelt, als Gerücht und Geraune verbreitet, universal verwendet und wie alle wahnhaften Konstruktionen mit rationalen Mitteln nicht auflösbar, funktioniert der Verschwörungsmythos, solange der Wunsch nach Welterklärung durch Schuldzuweisung an eine beliebige Minderheit oder beliebige „Schuldige" besteht.

Welchen Sinn stiften Verschwörungsmythen?

Der Wunsch nach Sinnstiftung durch psychotische Welterklärung gehört zur Persönlichkeitsstruktur derer, die Verschwörungsfantasien propagieren. Beispiele aus der Pandemiezeit sind Attila Hildmann, der als einigermaßen erfolgreicher Autor von Vegankochbüchern und Lieferant von Säften und Mixturen zum politischen Sektierer herabsank und sich der Strafverfolgung durch Flucht in die Türkei entzog. Geltungsdrang und übersteigerte Eitelkeit bereiteten seinen Weg. Nicht anders profilierte sich der „Volkslehrer" Nikolai Nerling, der im Internet, mit Flugblättern und Plakaten seine Version einer angeblich „zionistisch-jüdischen Weltverschwörung" propagiert, als Rechtsextremist aus dem Schuldienst flog und sich gegenüber den Opfern des Anschlags in Hanau als Rassist gebärdete.

Ins Abseits geriet neben Xavier Naidoo auch der Sänger Michael Wendler. Beide pflegten ihr Selbstbewusstsein durch Verbreitung von Verschwörungsfantasien und suchten den Verlust von Popularität und Erfolg durch Annäherung an „Reichsbürger" und Querdenker auszugleichen. Opfer der Sucht nach medialem Ruhm und Geltung ist auch der Entertainer Nana Domena, 1981 in Bottrop geborenes Kind ghanaischer Eltern, der nach mäßigem Erfolg als sich allem und jedem anbiedernder Motivationsredner rechtsextremen Rassisten zum Opfer fiel und als Karikatur seiner selbst deren Geschäfte betreibt. Er hält sich für einen der „bekanntesten und beliebtesten Moderatoren Deutschlands", arbeitet im Eventmanagement, sammelt Follower in seinem YouTube-Kanal, hascht im Podcast nach Aufsehen, findet es schließlich bei den Querdenkern, gockelt auf der Bühne bei deren Demonstrationen, macht Stimmung, schimpft auf das Impfen, die Regierung, das „kranke System", macht sich auf der Suche nach Anerkennung zum Idioten. Dass er das Geschäft der Rechten betreibt, mag er nicht glauben. Ihm geht es, in der Hoffnung, jedermanns Liebling zu sein, nur um die Liebe, sagt er, und er ist unglücklich über Anfeindungen, die er erhält. Deshalb lebt er jetzt auf Mallorca.[28] Festzuhalten ist, dass Narzissmus eine starke Triebfeder zur Verbreitung von Konspirationsdenken sein kann.

Die wahnhaften Umtriebe solcher Künder von Verschwörungsmythen finden dank ihres Getöses, bizarren Auftretens und ihrer

---

28 Paul Gäbler, Verachtet, verwandelt, in: Der Tagesspiegel 18. 5. 2021.

Umgebung mediale Aufmerksamkeit und – vor allem – die Gefolgschaft von Verwirrten. Sie sind charakterisiert als obsessive Egozen-
triker und narzisstisch gekränkte Individuen, die sich zu fanatischen
Propheten extremer Gesinnung entwickelten, darüber Beachtung
fanden und schließlich in der bürgerlichen Existenz ökonomisch,
sozial und politisch entgleisten. Ihre persönlichen Karrieren sind
uninteressant, wichtig ist allerdings die Wirkung, die sie entfalten,
und wichtig sind sie deshalb als Erklärungspotenzial für Verschwörungsfantasien. Sie müssen in den Blick genommen werden, wenn die
Bedingungen untersucht werden, wie monströser Unsinn öffentlichen
Einfluss gewinnt, durch welche Mechanismen Menschen zu Sprach-
rohren absurder Botschaften mutieren, schließlich, welche Sinnhaftigkeit Verschwörungsmythen haben und gegen wen sie sich richten.

Als Zwischenergebnis ist der Unterhaltungswert von Verschwörungserzählungen zu konstatieren. Sensationelle, absurde „Erklärungen" für vermeintliche oder tatsächliche Übel werden gerne
gelesen und gehört, und die Prominenz der Überbringer solcher
Botschaften hat doppelten Nutzen: die Unterhaltung des Publikums
und die Hebung des Selbstgefühls der Botschafter.[29]

Der Glaube an Verschwörungsmythen ist ein Triumph holis-
tischen Denkens über analytische Weltsicht. Die Sehnsucht nach
Ganzheitlichkeit, die jedes Phänomen irgendwie mit irgendeinem
anderen in Verbindung bringt, sucht Erklärungen für Bedrohun-
gen und Gefahren, für Unglück und Katastrophen tendenziell lieber
in obskuren Zusammenhängen als durch Analyse von Fakten und
Details. Dazu ist die Delegitimierung von Wissenschaft notwendig,
und daraus folgt auch die Missachtung von Regeln, die Interaktion
innerhalb gesellschaftlicher und staatlicher Ordnung im Konsens
gewährleisten.

---

29 Eine psychologische Studie der Freien Universität Amsterdam belegt
    die auf Emotionen beruhende Entertainment-Funktion von Verschwö-
    rungsfantasien: Jan-Willem van Prooijen, The Psychology of Conspiracy
    Theories, London 2018.

Legenden über geheime Mächte und deren Machenschaften bestätigen die Ohnmacht des Individuums und rufen das Kollektiv der Gläubigen zur Selbstverteidigung gegen imaginäre Bedrohung und konspirativ definierte Feinde auf. Die Selbstermächtigung zum Widerstand, zur Auflehnung gegen soziale Norm und Verabredung, geht einher mit der Selbstentmündigung. Dem Glauben an Verschwörungsmythen folgt die Preisgabe rationaler Selbstbestimmung und die Unterwerfung unter esoterische, jedenfalls irrationale Welterklärungen. Das ist der bequemere Weg, die Angst vor Corona, vor der Impfung, vor Inflation und Klimakatastrophe, vor Arbeitslosigkeit und allen anderen Übeln zu artikulieren, als die mühsame Auseinandersetzung mit den Herausforderungen der jeweiligen Realität. Das ist möglicherweise der wichtigste Grund für die Akzeptanz von Verschwörungserzählungen. Die jeweils daran Glaubenden leben in einer hermetischen Welt, in die ein Eindringen mit Argumenten der Vernunft nicht mehr möglich ist. In dieser Welt ziehen im Hintergrund die geheimen Mächte die Strippen, auf der Bühne agieren politische und gesellschaftliche Eliten, die willfährige Gehilfen der Mächtigen sind und deren Pläne ausführen. Im Parkett sitzt das dumme Volk, das zwar die Mehrheit bildet, aber die Machenschaften der Verschwörer nicht durchschaut. Auf den Rängen befinden sich die „Wissenden", die alles erkannt haben, die an Mythen glauben und mit Vernunft nicht mehr erreichbar sind. Das Privileg, wegen des „Wissens" um die angeblich „wahren Zusammenhänge" zu denen zu gehören, die die höheren Ränge bevölkern, macht Konspirationsfantasien für viele so attraktiv.

SEBASTIAN LEBER

„Geeinte deutsche Völker und Stämme"

Einblicke in die Reichsbürger-Szene

Es sollte endlich ein harter Schlag gegen die Reichsbürgerszene sein. An einem frühen Donnerstagmorgen im März 2020 durchsuchten 400 Beamte in zehn Bundesländern die Wohnungen von fast zwei Dutzend mutmaßlichen Mitgliedern der Gruppe „Geeinte deutsche Völker und Stämme". Sie fanden Schrotflinten, Armbrüste, Macheten und ein japanisches Samuraischwert. Bundesinnenminister Horst Seehofer (CSU) teilte am selben Tag mit, er habe die betreffende Reichsbürgergruppe nun verboten und aufgelöst. Sie habe „rassistische und antisemitische Schriften verbreitet und damit unsere freiheitliche Gesellschaft systematisch vergiftet". Ihre Zwecke und Tätigkeiten richteten sich gegen die verfassungsmäßige Ordnung. Mit dem Durchgreifen gegen die Gruppe sei erstmals eine Reichsbürgervereinigung verboten worden.

Anderthalb Jahre später sind die „Geeinten deutschen Völker und Stämme" weiterhin aktiv. Ihre Strukturen sind intakt, es gibt eine offizielle Homepage mit Seminarangeboten für 500 Euro, ihrem Logo und dem Slogan: „Holen wir uns unser Land zurück." Die Mitglieder der Gruppe tun so, als ob es das Verbot nie gegeben hätte. Im Gegenteil: Sie verhöhnen die Polizei und gehen davon aus, dass ihre Machtübernahme nun unmittelbar bevorstehe.

Heike Werding, die 60-jährige Anführerin der Gruppe und selbsternannte „Generalbevollmächtigte der Geeinten deutschen Völker und Stämme", warnt: Jeder, der sich für den Fortbestand der Bundesrepublik einsetze, mache sich strafbar – und habe sich dafür zu gegebener Zeit zu verantworten. Man muss sich das vorstellen. Eine Reichsbürger-Gruppe wird verboten, und die Reichsbürger machen einfach weiter, ohne dass sie jemand daran hindert. Wie kann das sein? Und ist der Rechtsstaat tatsächlich so hilflos?

Auf Anfrage erklärt das Bundesinnenministerium, die Fortsetzung der Aktivitäten sei dem Ministerium bekannt. „Die entsprechenden Informationen", so ein Sprecher, „wurden und werden mit den für die Strafverfolgung zuständigen Bundesländern geteilt." Die Gruppierung „Geeinte deutsche Völker und Stämme" agiert bundesweit, sie wird aus Berlin gesteuert. Laut Verfassungsschutz glauben ihre Mitglieder, die Bundesrepublik Deutschland sei „kein Staat, sondern eine Art wirtschaftliche Unternehmung". Deshalb wollten sie ein „eigenes staatliches System errichten und eine eigene gesellschaftliche Ordnung etablieren". Weiterhin habe die Gruppe bis zu ihrem Verbot „in großer Regelmäßigkeit gegen geltende Gesetze" verstoßen.

Deutschlandweit zählt der Verfassungsschutz mittlerweile 20 000 Reichsbürger, 1000 mehr als im Jahr zuvor. Nur ein Teil von ihnen wird als rechtsextremistisch eingestuft. Bei vielen Gruppen lässt sich schwer einschätzen, ob von ihnen eine reale Gefahr ausgeht.

Laut Verfassungsschutz hat die Szene der Reichsbürger seit Beginn der Pandemie stark von den Protesten gegen die Corona-Maßnahmen profitiert. Der Anschluss an diese Bewegung habe ihnen „einen erheblichen Schub" gegeben. Auf Querdenker-Demonstrationen warben Reichsbürger für ihre Inhalte und wurden dort auch willkommen geheißen. Teilweise stellten sie die Infrastruktur wie etwa Lautsprecherwagen, fungierten als Anmelder von Kundgebungen oder wirkten in Orga-Teams mit. Ernsthafte Versuche, Reichsbürger von Querdenken-Demonstrationen auszuschließen, gab es nicht.

Auch die „Geeinten deutschen Völker und Stämme" haben sich in dieser Zeit als Corona-Leugner und Impfgegner hervorgetan. Chefin Heike Werding behauptet, es sei schon in den 1970er-Jahren ein Nobelpreis für den Nachweis verliehen worden, dass „Viren und

Bakterien keine Krankheiten übertragen". Bei der Impfung gegen Corona werde den Menschen in Wahrheit Tier-DNA in den Körper gespritzt, um ihre Intelligenz zu mindern. Und so weiter.

Einerseits klingen viele Äußerungen und Aktivitäten der „Geeinten deutschen Völker und Stämme" unfreiwillig komisch, weil größenwahnsinnig, etwa das Schreiben an Angela Merkel, in dem die Gruppe ihr ein „Zutritts- und Tätigkeitsverbot in den Gebäuden des Deutschen Bundestags" erteilt. Oder den Befehl, die Kanzlerin müsse umgehend das „Unternehmen Bundesrepublik mit allen Filial- und Tochterunternehmen" schließen. Das könnte man belächeln.

Andererseits sind viele Inhalte offen antisemitisch: Mitglieder der Gruppe behaupten, Deutschland werde seit Ewigkeiten von Juden und deren Helfern unterdrückt. Das 1871 gegründete Deutsche Reich sei ein Staat „von Juden für Juden" gewesen, die Flagge eine „Judenflagge". Juden seien eine eigene Rasse mit eigenem Körperbau, Adolf Hitler sei der Enkel des jüdischen Bankiers Nathan Mayer Rothschild gewesen. Angela Merkel halten sie für eine Jüdin. Helmut Kohl, Christoph Kolumbus, Recep Erdoğan? Alles Juden.

Das Verbot hat Horst Seehofer auf Grundlage des Vereinsrechts verfügt. Danach kann eine Gruppierung aufgelöst werden, sofern sie verfassungsfeindlich handelt. Ähnlich hatte der Innenminister bereits zwei Monate zuvor, im Januar 2020, argumentiert, als er das Neonazi-Netzwerk „Combat 18" verbot, später im Jahr folgten die rechtsextremen Vereinigungen „Nordadler" und „Sturmbrigade 44". Auch mehrere islamistische Gruppen wurden in den vergangenen anderthalb Jahren verboten. In Sicherheitskreisen gilt das Vereinsverbot als bewährtes, effektives Mittel. Nach Inkrafttreten ist jede weitere Vereinstätigkeit strafbar, denn die Fortführung einer für verfassungswidrig erklärten Vereinigung gilt nach Paragraf 85 des Strafgesetzbuchs als „Verstoß gegen ein Vereinigungsverbot". Rädelsführern und Hintermännern droht eine Freiheitsstrafe bis zu fünf Jahren, schon der Versuch ist strafbar.

Betroffene Gruppen nehmen ihr Verbot in den allermeisten Fällen ernst. Manche lösen sich komplett auf, zum Beispiel die rockerähnliche Gruppierung „Osmanen Germania", die der Innenminister im Sommer 2018 verbot. Andere existieren klandestin weiter, setzen aber alles daran, öffentlich nicht mehr in Erscheinung zu treten.

Nicht so die „Geeinten deutschen Völker und Stämme". Da sie den Gerichten der Bundesrepublik sowieso die Legitimation absprechen, bleiben sie gelassen – und verspotten den Rechtsstaat: Wer an einem deutschen Gericht Urteile fälle, sei bloß Söldner einer Firma. Heike Werding hat in bester Reichsbürgerlogik ihre ganz eigene Sicht auf Seehofers Verbotsverfügung und die dadurch erfolgten Durchsuchungen. Auf ihrem Telegram-Kanal schreibt sie ihren 6000 Followern, sie sei 2020 „überfallen worden von Mitarbeitern der Firma Bundesministerium des Innern". Im Grunde seien sie und ihre Mitstreiter „beraubt worden, ohne beteiligt zu sein".

Werding beschwert sich darüber, dass sie keine Möglichkeit bekam, eine Beschwerde gegen die Maßnahmen einzureichen. Außerdem sei ihre Gruppe überhaupt kein Verein, könne also auch nicht mit Verweis auf das Vereinsgesetz aufgelöst werden. Dies ist allerdings falsch. Das Bundesinnenministerium erklärt, das Verbot der Gruppe sei seit April 2020 bestandskräftig: „Die Vereinigung ist damit unanfechtbar verboten."

Bereits ein halbes Jahr vor Seehofers Verbotsverfügung hatte es eine bundesweite Razzia bei Mitgliedern der Gruppe gegeben. Der Hauptvorwurf lautete damals: Bildung einer kriminellen Vereinigung. Mitgliedern wurden etliche Sachbeschädigungen, versuchte Nötigungen, versuchte Erpressungen und Freiheitsberaubungen angelastet. Zudem hatten einige Reichsbürger mutmaßlich versucht, den Brandenburger Justizminister unter Druck zu setzen und so den damals inhaftierten Holocaust-Leugner Horst Mahler aus dem Gefängnis freizupressen.

Heike Werding, die „Generalbevollmächtigte", gilt als unumstrittener Kopf der Gruppe. Sie zog im November 2016 nach Berlin, lebte zuvor im Landkreis Osnabrück. Im Rathaus ihrer Heimatstadt Melle erinnert man sich noch an die Flut von Briefen, die Werding damals bereits schrieb. In manchen gab sie ihren Namen als „lebendige

Heike, Weib aus der Familie Werding" an. Obwohl in Berlin seit spätestens 2019 gegen Heike Werding ermittelt wird, gibt es bis heute keinen Prozess. Bei der zuständigen Staatsanwaltschaft Berlin heißt es auf Anfrage, die Ermittlungen dauerten „noch an, ohne dass eine zeitliche Prognose zum Verfahrensabschluss gegeben werden kann".

An fehlenden Beweismitteln kann das bisherige Ausbleiben eines Prozesses kaum liegen: Allein im Berliner Stadtteil Lichterfelde trugen Ermittler bei der Razzia im März 2020 kistenweise Dokumente aus einem Haus in guter Wohnlage. Dort lebte ein älteres Ehepaar, das selbst Mitglied der Reichsbürgertruppe war – gleichzeitig befand sich hier der Sitz des selbsternannten „Höchsten Gerichts" der Vereinigung. Um dessen Urteile zu vollstrecken, wurden „Gerichtsvollzieher" durch die Stadt geschickt. Sie führten Koffer mit Handschellen bei sich.

Zudem hatte die Gruppe konkrete Pläne entworfen und schriftlich festgehalten, was nach dem angestrebten Systemwechsel geschehen solle: Alle Entscheidungsträger der Bundesrepublik, darunter Politiker, Spitzenbeamte, Richter und Unternehmenschefs, sollten für fünf Jahre inhaftiert werden. Sämtliche Schulen sollten für mindestens ein Jahr geschlossen werden, damit neue Lehrer eingearbeitet und alternative Lehrpläne erstellt werden könnten. Weiter heißt es: „Ausländer, Flüchtlinge, also nicht Heimische, werden in ihre Heimatländer geleitet." Gefängnisinsassen sollten künftig nur noch „rohe und unbehandelte Lebensmittel" erhalten.

Auf ihrer Homepage bietet die Gruppe ein Tagesseminar namens „Meine Heimat" an. Gegen eine Teilnahmegebühr von 500 Euro würden dort wichtige Rechtsgrundlagen vermittelt, heißt es. Nach eigenen Angaben hat die Gruppe bereits 250 Gemeinden in Deutschland „in das höchste Recht der Menschen erhoben" – jede Woche kämen, auch nach dem Einschreiten Seehofers, weitere hinzu. Auf Telegram folgen Heike Werding mittlerweile Zehntausende Menschen. Die Reichsbürger-Chefin verbreitet dort systematisch bizarre Verschwörungsmythen. Zum Beispiel das unter Rechtsextremen populäre Märchen von Neuschwabenland: Demnach habe Hitler im

Zweiten Weltkrieg drei Millionen arische Kinder und Jugendliche mit U-Booten an eine Küstenregion in der Antarktis – das sogenannte „Neuschwabenland" – gebracht. Die Nachfahren dieser Menschen bräuchten nun Unterstützung, um nach Deutschland zurückkehren zu können.

Für den Berliner SPD-Innenexperten Tom Schreiber besteht dringender Handlungsbedarf. Das Bundesinnenministerium müsse unverzüglich aktiv werden. „Das scharfe Schwert eines bundesweiten Vereinsverbots darf nicht stumpf werden", sagt Schreiber. „Die zuständigen Behörden haben die Aufgabe und Pflicht, solche Entwicklungen proaktiv zu beobachten und rechtsstaatlich einzuschreiten." Darüber hinaus existiere eine offene Flanke bei der Präventionsarbeit gegenüber der Reichsbürgerszene. „Auch hier gibt es bundesweiten Handlungsbedarf, damit solche Netzwerke nachhaltig gestört werden."

Wie weit der Einfluss von Reichsbürgern in die Querdenken-Szene reicht, zeigte sich im Juli 2021. Da wurde die Homepage des „Königreichs Deutschland" gehackt – einer Reichsbürgergruppe, die seit Jahren vom Verfassungsschutz beobachtet wird. Ihre Anhänger erkennen die Bundesrepublik und das Grundgesetz nicht an. Gründer und Staatsoberhaupt Peter Fitzek, von Untertanen „König von Deutschland" oder auch „Imperator Fiduziar" genannt, musste sich mehrfach vor Gericht verantworten, wegen gefährlicher Körperverletzung, Untreue, unerlaubten Betreibens von Bankgeschäften, illegaler Versicherungsgeschäfte, Urkundenunterdrückung und Fahrens ohne Fahrerlaubnis.

Nach der Hacking-Attacke im Juli war die Homepage der Reichsbürger, auf der sonst ihr goldenes Wappen prangt und Propagandaschriften zum Download bereitstehen, plötzlich nicht mehr erreichbar. Abgeschaltet hatten sie Hacker der Gruppe „Anonymous Germany", die sich noch am Folgetag zu der Tat bekannten. Das Abschalten der Webseite sei jedoch nicht das Wesentliche, heißt es in dem Bekennerschreiben. Wichtig sei vielmehr, dass die Hacker zuvor Daten des infiltrierten Servers auf ihren eigenen Rechnern

Ein Kind zeigt bei der Demonstration am 29. 8. 2020 in Berlin ein Plakat mit Parolen der „Reichsbürger"-Szene. | *picture alliance / sulupress.de | MV / sulupress.de*

gespeichert hätten, inklusive interner Datenbanken mit Mitgliederverzeichnissen, Geldflüssen und Mailverkehr. Diese Daten wurden in den folgenden Wochen ausgewertet und sukzessive veröffentlicht. Dabei zeigte sich, wie genau die Reichsbürger vorgehen, um die Bundesrepublik zu unterwandern. Und mit wem sie kooperieren. Einiges Aufsehen erregte die Gewissheit, dass die Verbindung der Querdenken-Bewegung zu den verfassungsfeindlichen Reichsbürgern deutlich enger war als bisher bekannt. Denn wie aus internen E-Mails hervorging, führten die Reichsbürger mindestens drei Querdenken-Funktionäre als „Staatszugehörige" ihres „Königreichs" – und wollten dies unbedingt geheim halten.

Auch Querdenken-Gründer Michael Ballweg erklärten die Reichsbürger zu ihrem „Staatszugehörigen". Sie wiesen ihm die „Identitätsnummer 1849" zu und schickten ihm eine Urkunde. Ballweg bestreitet dies alles: Auf Anfrage teilt er mit, er habe bei der Bank des „Königreichs Deutschland" lediglich ein Konto eröffnet. Sonst nichts. Außerdem wolle er das Konto nach Bekanntwerden nun kündigen.

Belegt ist auch, dass sich Ballweg gemeinsam mit anderen führenden Querdenkern im November 2020 in einem Restaurant im thüringischen Saalfeld mit Reichsbürgern des „Königreichs Deutschland" und deren fiktivem Staatsoberhaupt Peter Fitzek zu einem Strategiegespräch traf. Fitzek breitete dort in einer langen Rede seine Weltsicht aus. Die Querdenker hatten im Vorfeld versucht, auch dieses Treffen geheim zu halten. In einer intern verschickten Einladungsmail hieß es etwa: „Es ist sehr wichtig, dass ihr niemanden mitbringt, der keine persönliche Einladung bekommen hat." Und außerdem: „Bitte behandelt diese Einladung vertraulich, redet nicht in eurem Umfeld über dieses Treffen und über unsere neuen Ideen." Es sei an der Zeit, „dass wir uns nach neuen Möglichkeiten und anderen Strategien umsehen".

Während sich Peter Fitzeks Anhänger bei den großen Querdenker-Protesten in Berlin im Sommer 2020 nicht öffentlich als Reichsbürger zu erkennen gaben, versuchte ein anderer Reichsbürger, die Gunst der Stunde für eine Selbstdarstellung zu nutzen: Rüdiger Hoffmann, Gründer und Kopf der Gruppe „Staatenlos", führte immer wieder Kundgebungen auf der Wiese vor dem Reichstag durch, denen sich Hunderte Querdenker und andere Verschwörungsgläubige anschlossen. Eine der Kundgebungen geriet am 29. August 2020 zum direkten Ausgangspunkt für den gescheiterten Reichstagssturm. Die Bühne, von der aus zu der Aktion aufgerufen wurde, hatte „Staatenlos" zur Verfügung gestellt.

Bei Rüdiger Hoffmann handelt es sich um einen ehemaligen NPD-Kader, der wegen versuchten Mordes mehrere Jahre im Gefängnis saß. Der gelernte Finanzkaufmann lebt eigentlich in der Nähe von Wittenburg, zweieinhalb Stunden Autofahrt nordwestlich von Berlin. Auch dort ist er als Organisator regelmäßiger Reichsbürger-Kundgebungen bekannt. Allerdings hat die Gemeinde mit

Vergeblicher Sturm auf den Reichstag im Rahmen der Anti-Corona-Proteste am 29. 8. 2020 in Berlin. | *Imago / JeanMWE*

den Jahren gelernt, sich zu wehren. Damit Hoffmann bei seinen Versammlungen auf dem Marktplatz zumindest nicht von der Rathausempore predigen kann, versperrt die Gemeindeverwaltung die beiden Treppenaufgänge jeweils mit Bauzäunen, fixiert diese mit Stahlketten. Weil Anhänger Hoffmanns tagsüber durchs Rathaus zogen und Mitarbeiter bedrängt haben sollen, wurde am Eingang zudem eine Sicherheitsschleuse eingerichtet.

Übers Internet fordert Rüdiger Hoffmann seine Anhänger auf, die Handlungsfähigkeit des Deutschen Reichs wiederherzustellen. Er warnte auch schon vor „subhumanen Völkerschaften", die geschickt würden, um Deutschland zu überrennen. Im Gefängnis saß er, weil er in den 1990er-Jahren einen Angriff Rechtsextremer auf ein Asylbewerberheim organisiert hatte, bei dem Molotow-Cocktails geworfen wurden. Das Landgericht verurteilte ihn wegen versuchten Mordes zu dreieinhalb Jahren Haft. Hoffmann, der damals noch den Nachnamen Klasen trug, nennt das Verfahren bis heute einen „politischen Schauprozess", er sei bloß Mitwisser gewesen. Nach eigenen Angaben hat er durch die Zeit im Gefängnis eine „Hafttraumatisierung" erlitten, wurde anschließend wegen Erwerbsunfähigkeit berentet.

Auch später stand Hoffmann mehrfach vor Gericht, im Februar 2018 saß er kurzzeitig in der Berliner Justizvollzugsanstalt Moabit, weil er zu einem Prozesstermin nicht erschienen war. Der Verfassungsschutz stellt fest, in Berlin fielen „Staatenlos"-Anhänger vor Gericht regelmäßig durch „Störungen, Gerangel und lautstarke verbale Ausfälle" auf, teilweise seien sie gewalttätig. Noch ein Jahr vor Ausbruch der Corona-Pandemie versuchte Hoffmanns Gruppe, eine andere Protestbewegung zu unterwandern: Damals fanden die Demonstrationen der „Gelben Westen" in Frankreich viele Anhänger. Hoffmann wollte dieses Konzept nach Deutschland importieren, also posierten er und seine Mitstreiter grundsätzlich in gelben Warnwesten vor dem Reichstag. Passanten glaubten, hier gehe es um dieselben sozialpolitischen Forderungen wie in Paris. Stattdessen dozierte Hoffmann stundenlang seine Reichsbürger-Inhalte. Nach Abflauen der Bewegung in Frankreich zog auch Rüdiger Hoffmann seine Weste wieder aus – und erkannte im Frühjahr 2020 die Gelegenheit, sich in die aufkommenden Proteste gegen die Corona-Maßnahmen einzubringen.

Die verschiedenen Reichsbürger-Gruppen, die sich innerhalb der Querdenker-Szene bewegen und dort Nachwuchs rekrutieren, sind untereinander zerstritten. Ihre Zerstrittenheit wiederum hat einen simplen, unfreiwillig komischen Grund. Zwar sind sich die verschiedenen Fraktionen allesamt darin einig, dass die Bundesrepublik Deutschland abgeschafft werden muss. Nicht jedoch in der Frage, wer dann die Macht übernehmen soll. Diese beanspruchen die einzelnen Gruppen nämlich jeweils für sich selbst.

Im Frühjahr 2021 trafen sich die wichtigsten Anführer der „Geeinten deutschen Völker und Stämme", es gibt davon ein Video im Internet. Neben Heike Werding waren auch einige „Landesherren" anwesend, etwa Johanna R., die „Landesherrin von Sachsen", sowie Gundula B., die sich als „Landesherrin" eines Teils von Thüringen sieht. Sie sprachen, natürlich, unter anderem über einen bevorstehenden Systemsturz, durch den die Bundesrepublik Deutschland endlich abgeschafft werde.

Heike Werding behauptet, inzwischen hätten sich auch Rechtsanwälte auf ihre Seite geschlagen. Tatsächlich hat das Fantasiegericht der Gruppe einer Berliner Sozietät mit sechs Anwälten eine „Zulassung" ausgestellt. Demnach seien die Anwälte der „Sozietät Dr. Wonneberger" berechtigt, „amtliche Dokumente zu beglaubigen". Weiterhin könnten sie „Zulassungen für Wachmänner, Vollzugsstellen und Lehreinrichtungen begleiten". Das Anwaltsteam wirbt auf seiner Homepage damit, es könne auch „Zulassungen für Anwälte, Notare, Ärzte, Hebammen" ausstellen. Die Berliner Rechtsanwaltskammer warnt vor diesen „Rechtsanwälten". Sie verfügten über keine anwaltliche Zulassung im Bundesgebiet. Selbstverständlich habe die „Sozietät Dr. Wonneberger" auch kein Recht zur Verleihung von Rechtsanwaltstiteln, entsprechende entgeltliche Angebote stellten einen Betrugsversuch dar. Den „Geeinten deutschen Völkern und Stämmen" ist auch dies egal. Im Gegenteil: Die Gruppe hat die „Anwälte" aus Berlin damit beauftragt, sämtliche Mitglieder des Bundesrats „privat vollumfänglich zu enteignen".

Auf Anfrage, ob sich Heike Werding bewusst sei, dass sie mit der Fortführung ihrer Reichsbürger-Aktivitäten eine Straftat begehe und ob sie dafür mit einer Strafe rechne, schickt die Chefin der Bewegung ein zweiseitiges, verwirrendes Antwortschreiben. Sie erklärt darin, der Fragesteller habe „von dem Obligationshandel mit Personen/ Sachen der Bundesrepublik Deutschland keine Ahnung". Zudem verweist sie auf „Freimaurer-Organisationen des Osmanischen Herrschaftskomplexes" sowie einen geheimen Plan böser Mächte, „den IQ auf 90 zu senken und die Weltbevölkerung mit künstlich erzeugten Krankheiten und Biowaffen" auf ein Minimum zu reduzieren.

Die eigentlichen Fragen beantwortete Heike Werding nicht.

JOSEF-OTTO FREUDENREICH

Aufruhr in Stuttgart

Der Mann kam aus dem Nichts. Michael Ballweg? Nie gehört, nie gesehen auf einer der 1300 Demonstrationen, die jährlich in Stuttgart gezählt werden. Leuten wie Ferdinand Piëch, einem Spross aus dem Piëch/Porsche-Clan, gehen die Straßenverstopfer gewaltig auf die Nerven. Sie stören seine Kundschaft beim Nachhausebringen ihrer Einkäufe. Piëch junior hat den größten Feinkostladen in der Stadt. Will sagen: Politik ist das eine, Porsche das andere, woraus eine merkwürdige Population erwuchs, die einerseits dem Götzen Auto huldigte, andererseits zur „Hauptstadt des Widerstands" (FAZ) emporstieg, als es um das Jahrhundertprojekt „Stuttgart 21" ging. Doch dazu später.

Der IT-Unternehmer Ballweg, Jahrgang 1975, gelernter Betriebswirt, war weder hier noch dort. Abgesehen von einer Notiz in der Zeitschrift „Computerwoche" erscheint der Gründer der „Querdenker" als Mann ohne Vergangenheit, ohne politisches Interesse. Am 11. März 2014 zeigt ihn das Fachblatt in einem engen Büro vor vier Bildschirmen, er lächelt in die Kamera und darf die Geschichte seines Geschäftsmodells erzählen, das aus Sorge um seine halbwüchsige Tochter entstand. Er hätte doch zu gerne gewusst, wo sich die Dreizehnjährige abends um 21 Uhr aufhielt, ob sie auch wirklich bei der Freundin war? Warum nicht eine App entwickeln, sagte sich der Softwareexperte, die ihm automatisch via GPS-Handyortung meldet, wo sich seine Tochter befindet? Das hat danach auch bei Handwerkern und Kurierfahrern geklappt, deren Chefs nun genau

Protestkundgebung der Initiative „Querdenken" auf dem Cannstatter Wasen gegen die Maßnahmen zur Eindämmung der Corona-Pandemie und für Grundrechte wie Versammlungsfreiheit und Glaubensfreiheit, 16. 5. 2020. | *picture alliance/dpa | Christoph Schmidt*

wussten, ob sie schafften oder schlampten. Sechs Jahre später postet Ballweg Bill Gates als Hitler, der via Bluetooth-Armband alle Covid-Daten erfasst. Was war passiert?

Eigentlich habe er sich ja auf eine Weltreise begeben wollen, in Indien Yoga machen, die „Selbstheilungskräfte des Körpers stärken", erzählt Ballweg dem Gesellschaftsmagazin „Focus" auf einem Spaziergang durch den Stuttgarter Norden. Mit dabei der kroatische Schäferhund Didi, den er aus dem Tierheim geholt hat. Das spirituelle Empowerment hat dann der Lockdown im Frühjahr 2020 verhindert und in ihm die Erkenntnis geweckt, dass die wichtigsten Elemente der Demokratie, die Meinungsfreiheit und das Versammlungsrecht, „sehr stark eingeschränkt" seien. Und das hat ihm keine Ruhe gelassen in seinem Bungalow in Stuttgart-Freiberg.

Aus dem unpolitischen Unternehmer wird ein Agitator, dem eigentlich alle Talente dafür fehlen. Er wirkt eher schüchtern, spricht leise, liest vom Blatt ab und mäandert durch seine Themen, die ihm vom Bauchgefühl, seiner zentralen Deutungsinstanz, her sagen, dass sie zwischen Frieden, Freiheit, Liebe, Gerechtigkeit, Wahrheit und Gleichheit angesiedelt sein müssen. Er gründet „Querdenken 711" (nach der Stuttgarter Telefonvorwahl) als geradezu geniale Marke, die bundesweit variierbar ist und zu einer Empörungsmaschine wird, die Zehntausende auf die Straße treibt. Bis auf die Stufen des Reichstags.

Im April 2020 fängt Ballweg in Stuttgart mit ersten „Mahnwachen für das Grundgesetz" an. Zunächst sind es nur wenige, die mitwachen wollen. Sie tragen Schilder mit sich herum, auf denen „Wahrheit, Liebe, Freiheit" steht. Einen Monat später, im sonnigen Schlossgarten, werden die Parolen konkreter, fordern einen „Stopp der Corona-Diktatur" beziehungsweise „Merkel-Diktatur", befeuert vom Wirbel indianischer Trommeln und einem Sprecher von „Querdenken 711", der seinen Weg als „Sonnentänzer, Wassergießer, Trancecoach und Trommelbauer" empfiehlt. Dieser Sprecher ist Stephan Bergmann, er wird zum Schorndorfer Reichsbürgerverein „Primus inter pares" gezählt, den der Verfassungsschutz als rechtsextrem einstuft.[1]

Wie rechts der Meister selber denkt, ist schwer zu ergründen. Die Stuttgarter „Kontext:Wochenzeitung", die sich dem Phänomen Ballweg & Co. von Beginn an widmet, erkennt „keine fundamentalen Systemkritiker". Stattdessen seien es Personen, die an die Funktionstüchtigkeit der alten Ordnung glaubten, deren Probleme aber

---

1 Einmal Reichsbürger, immer Reichsbürger? Was Querdenken 711-Sprecher Stephan Bergmann mit den Rechtsextremen vor dem Reichstag in Berlin verbindet, in: Zeitungsverlag Waiblingen (ZVW), 3. 9. 2020, https://www.zvw.de/rems-murr-kreis/einmal-reichsb%C3%BCrger-immer-reichsb%C3%BCrger-was-querdenken-711-sprecher-stephan-bergmann-mit-den-rechts_arid-238637. – Die Weblinks in diesem Beitrag wurden zuletzt am 20. 9. 2021 abgerufen und geprüft.

nicht strukturell seien, sondern auf „individuellem Fehlverhalten" von Politikern, die nur abgewählt werden müssten, „um die Welt wieder in Ordnung zu bringen", beruhten. Also Merkel weg. Ballweg ist für das Online-Magazin ein „Kryptokonformist".[2]

Seinen Weg säumen nun Figuren wie Ken Jebsen, einer der Topstars unter den deutschen Verschwörungsideologen. Der frühere Moderator des Rundfunks Berlin-Brandenburg ist bereits im Mai 2020 nach Stuttgart gekommen, um auf dem Cannstatter Wasen seine Botschaft zu verkünden. Das Ehepaar Gates, sagt er vor Tausenden, die aus ganz Baden-Württemberg angereist sind, habe sich über die Weltgesundheitsorganisation WHO die „deutsche Demokratie gekapert". In der Tat ist die Bill & Melinda Gates Foundation eine der größten Sponsoren der WHO. Ihre Milliarden erwirtschaftet sie durch Beteiligungen an Konzernen wie Coca Cola, Anheuser-Busch, Unilever, Kraft-Heinz, Pfizer, Novartis, Roche, deren Profite wiederum der WHO zugute kommen. Kritiker dieser Konstruktion verweisen zu Recht auf diese Abhängigkeit und die Fixierung auf Big Pharma. Eine Machtübernahme in Berlin haben sie noch nicht prophezeit.

Am Ende seiner Rede umarmt Jebsen Ballweg, lobt die Menschen, gerade in Stuttgart, für ihren Mut und ist dann ganz schnell weg. Geschützt von einer Decke, die ihm hilfreiche Geister über den Kopf halten, und mit einer Maske über Mund und Nase, verlässt er den Wasen, der normalerweise ein großes Bierlager ist.

Einen solchen Influencer auf die Bühne zu kriegen, eine quasi messianische Gestalt in der wachsenden Bewegung aus seinem Studio KenFM zu locken, aus dem er für Millionen sendet, das ist für Ballweg der Ritterschlag. Fortan suchen Neurechte seine Nähe, und der Gesuchte ist stolz, die Bühnengeilheit ist das einigende Band. Das sind:

2   Der Kryptokonformist, in: Kontext:Wochenzeitung, 9. 9. 2020, https://www.kontextwochenzeitung.de/gesellschaft/493/der-kryptokonformist-6983.html.

- Jürgen Elsässer, Chefredakteur der rechtsextremen Zeitschrift „Compact", des Propagandaorgans für die AfD, das der Verfassungsschutz als Verdachtsfall führt. Der gebürtige Pforzheimer hat sich vom Links- zum Rechtsradikalen gewandelt.
- Attila Hildmann, Koch und personifiziertes Sinnbild sämtlicher Verschwörungsmythen, teilt seinen Followern stolz mit, er habe mit Ballweg alle offenen Fragen geklärt, und verspricht „volle Unterstützung für Querdenken ab sofort". Später taucht er in der Türkei unter.
- Bodo Schiffmann, Sinsheimer Mediziner, ist eine der Führungsfiguren in der Corona-Leugner-Szene und Mitbegründer der Partei „Widerstand 2020". Bei der Hochwasserkatastrophe im Ahrtal ist er mit einem „Querdenken"-Bus zur Stelle. In Kenia will er jetzt Safaritouren anbieten, die Anreise soll mit „maskenfreien Flügen" erfolgen.
- Thomas Berthold, ehemaliger Fußballnationalspieler, tritt bei Ballweg als gern gesehener Redner auf. Er bekennt sich zu zwei Kernthesen der „Reichsbürger": Deutschland habe keinen Friedensvertrag und sei kein souveräner Staat. Die Corona-Maßnahmen interpretiert er als „parlamentarischen Faschismus", die Regierung als Handlanger des Großkapitals.
- Peter Fitzek, selbsternannter „König von Deutschland", wird von Ballweg als Strategieberater gesehen, ausweislich eines geheimen Treffens, das am 15. November 2020 im thüringischen Saalfeld mit 80 Gästen stattfindet. Die Polizei löst die Versammlung auf, fortan werden die „Querdenker" in Baden-Württemberg vom Verfassungsschutz beobachtet.

Ort der Zusammenkunft in Saalfeld war das Restaurant „Hacienda Mexicana", ein Lokal von „Reichsbürgern", das „Zugehörigen des Königreiches Deutschland" offensteht. Auch Alice Weidel (AfD) ist dort schon aufgetreten. Das Treffen mit Fitzek löst in der „Querdenken"-Szene heftigen Streit aus. Ballweg wird vorgeworfen, sich mit Rechtsextremen gemein zu machen und die Bewegung so dem

Verfassungsschutz auszuliefern. Dessen baden-württembergische Niederlassung kommt zu dem Ergebnis, dass sich hier eine „unheilvolle Allianz" mit „Reichsbürgern" und Rechtsextremisten bildet. „Epizentrum des Phänomens" sei die Initiative „Querdenken 711".

Kurz danach findet sich in Christian Kreiß, Jahrgang 1962, Wirtschaftsprofessor an der Hochschule Aalen, einer der ersten Aussteiger, die mit Ballweg öffentlich abrechnen. Er habe die Sache der „Querdenker" lange nach außen vertreten, schreibt der Ex-Investment-Banker, stete Kritik an der Unverhältnismäßigkeit der Corona-Maßnahmen und an der Aushebelung vieler Grundrechte geübt, aber sich mit einem „König von Deutschland" und „Reichsbürgern" zu treffen, sei für ihn „Idiotie". Sein Fazit: „Da bin ich sauber hereingefallen. Querdenken ist für mich jetzt tot."

Kreiß ist keiner, den man als Spinner abtun könnte. Er kommt von links, seine Bücher tragen Titel wie „Profitwahn", „Werbung nein danke", „Gekaufte Forschung", er gutachtet im Bundestag für Grüne, Linke und die SPD. Wenn er von der „Querdenken"-Bühne sprach, hatte er Lehrer, Rechtsanwälte, Ärzte vor sich, aber auch Deutschlandfahnenschwenker, Donald-Trump-Fans, schwäbische Schamanen, bibeltreue Christen, hartleibige Anthroposophen, trommelnde Esoteriker und Impfgegner, die ein Zitat von Sophie Scholl hochhalten: „Die größte Gefahr ist die schweigende Mehrheit."

Beobachter dieses höchst unübersichtlichen Gemenges kommen nun gerne zu dem Schluss, dass es kein Zufall sei, dass diese Querdenkerei ursprünglich und schwerpunktmäßig im Schwäbischen vorzufinden sei. Sie schauen dabei mehr als ein halbes Jahrtausend zurück und verweisen auf den „Armen Konrad", eine Bewegung von Bauern, die 1514 gegen Herzog Ulrich von Württemberg zu Felde zogen, weil er sie wie eine Zitrone auspresste. Für viele endete der Aufstand auf den Marktplätzen von Tübingen und Stuttgart, wo sie der luxuriös lebende Herzog öffentlichkeitswirksam köpfen ließ. Daraus könne man folgern, mutmaßen Landeshistoriker, dass der Schwabe nicht aufbegehrt, wenn es sich für ihn lohnt, sondern wenn das Maß voll ist.

Der zweite retrospektive Erklärungsansatz bezieht sich auf den württembergischen Pietismus, der sich auch gegen jede Form von materiellem Luxus und Vergnüglichkeit wandte. In den Himmel konnte nur kommen, wer sich auf den schmalen, also beschwerlichen Weg begab, der breite, also lustbehaftete Weg führte in die andere Richtung. Auf dieser Straße wandelte der herrschende Adel.

Die spätere Revolutionsgeschichte in Württemberg gibt dann nicht mehr viel her für den Tatbestand besonderer Aufmüpfigkeit. Friedrich Hecker, Anführer der 1848-Erhebung gegen die Monarchie, war Badener und begeisternder Redner: „Wenn die Leute fragen, lebt der Hecker noch, / dann könnt ihr ihnen sagen, ja, er lebt noch, / Er hängt an keinem Baume und er hängt an keinem Strick, / er hängt an seinem Traume von der freien Republik."

Und Hecker war wohl einer derjenigen, den der legendäre Stuttgarter Schriftsteller Thaddäus Troll meinte, wenn er die Relativierung des schwäbischen Rebellentums anmahnte: „Es gab zwar viele Revolutionäre und Reformer im Lande, aber ihre Ideen waren Exportartikel. Das Land, das neben allzu viel Ordentlichem auch das Außerordentliche hervorbrachte, hat seinen außerordentlichen Kindern wenig Heimatrecht geboten, hat es ihnen schwer gemacht, sie in die Flucht getrieben und ihnen manchmal sogar das Leben genommen."

Heckers Ansinnen, den badischen Großherzog in Karlsruhe zu entmachten und von dort aus die Republik auszurufen, blieb unvollendet. Sein „Hecker-Zug" aus 800 Freischärlern wurde vernichtend geschlagen. Ihm blieben nur noch die Flucht in die USA und der Mythos.

Doch halt, vergessen wir zwei aktuellere Zeitgenossen nicht: Zunächst Georg Elser, den Schreiner aus Königsbronn bei Heidenheim, der 1939 im Münchner Bürgerbräukeller ein Sprengstoffattentat auf Adolf Hitler verübte und nur knapp scheiterte. Ein viel zu spät geehrter Widerstandskämpfer in Württemberg. Dann Helmut Palmer, den Remstal-Rebellen. Der Gemüsehändler aus Geradstetten, Bürgerrechtler und unermüdlicher Kämpfer gegen die Obrigkeit, die er mit 289 Bürgermeisterkandidaturen quälte, verkörperte den schwäbischen Dickschädel par excellence. Staatsdiener an der Krawatte zu ziehen war ihm eine Lust, lieber ging er in den Knast, als 1000 Euro Geldstrafe für eine Beamtenbeleidigung („Welche Nazi-Muttermilch hast Du gesoffen?") zu zahlen. Palmer starb 2004, drei Jahre später wurde sein Sohn Boris Oberbürgermeister von Tübingen und setzte in mancherlei Hinsicht die Tradition des Papas fort.

Vor dem Hintergrund des „Immer-dagegen"-Seins, das die taz den Schwaben bescheinigt, erscheint der österreichische Philosoph Rudolf Steiner allerdings als Person von großflächigerer Wirkungsmacht. Der Begründer der Anthroposophie und Erfinder der Waldorfpädagogik hat Stuttgart zum Nabel der „Waldi"-Welt gemacht. Hier hat er 1919 die erste Schule eröffnet, hier hat der grüne Ministerpräsident eine Festrede zum Hundertjährigen gehalten, von hier aus ist eine esoterische Großmacht entstanden, die weltweit mehr als 1200 Schulen umfasst, Arztpraxen, Krankenhäuser, Demeter-Höfe, Drogeriemärkte, Kosmetikfirmen und Seifensieder. Seitdem gilt Stuttgart als Hauptstadt der eurythmischen Bewegung, als Heimstatt eines Bürgertums, das eine anhaltende Liaison mit Steiners Esoterik eingegangen ist, fest verankert im akademischen grünen Milieu – und unwillig, den Corona-Maßnahmen zu folgen.[3]

In Steiners mystischer Welt ist eine Krankheit nichts Schlimmes, im Gegenteil, sie hat im ewigen Kreislauf von Geburt und Wiedergeburt einen erzieherischen Sinn, sie kann karmischer Ausgleich für Fehlverhalten im letzten Leben sein. Auf „Querdenken"-Demonstrationen in Stuttgart hört man Waldorf-Kindergärtnerinnen sagen, Krankheit habe doch oft etwas mit Schicksal zu tun, „das Annehmen von Tod" zum Beispiel. Andere halten Schilder hoch, auf denen sie „Kinderlachen statt Maskenfolter" fordern, denn: „Masken verhindern Glücksgefühle".

Der anthroposophische Vordenker und Lehrerausbilder Christoph Hueck wettert auf „Querdenken"-Kundgebungen gegen

---

3   Wir können alles außer impfen, in: Kontext:Wochenzeitung, 8.7.2020, https://www.kontextwochenzeitung.de/debatte/484/wir-koennen-alles-ausser-impfen-6853.html [20.9.2020].

„Gehirnwäsche und diktatorisches Regierungshandeln", behauptet, einem guten Immunsystem könne das Corona-Virus nichts anhaben. Er wolle auch „kein Versuchskaninchen" für diese „smarten neuen Impfstoffe" sein. Bill Gates darf nicht fehlen. In der waldorfeigenen Hauszeitschrift „Erziehungskunst" schreibt die Kinderärztin Michaela Glöckler, dass „über eine Ansteckung nicht das Virus" entscheide, „sondern die Empfänglichkeit und oder die Immunkompetenz des Organismus". Eine Stärkung derselben gelinge durch positive Gefühle, gesundes Selbstbewusstsein und eine befriedigende Weltanschauung und Lebensperspektive. Angst dagegen sei „ansteckungsfördernd". Ken Jebsen war auch Waldorf-Schüler.

In der „Zeit" wird auf die internen Schulkonflikte hingewiesen. Auf Lehrer mit Häkelmasken, eine hohe Anzahl maskenbefreiter Schüler, obsolete Abstandsregeln. Eltern, die sich verantwortungsvoll verhalten und ihre Kinder von der Notwendigkeit der Hygiene- und Schutzmaßnahmen überzeugen, schreibt das Blatt, sähen sich plötzlich Menschen gegenüber, die ihnen mit einer kruden Mischung aus „esoterischer Wissenschaftsfeindlichkeit, anthroposophischem Karmadenken, Biologismus und rechtsaffinen Verschwörungserzählungen" begegnen. Eine frühere Schülerin, die Politikwissenschaftlerin Fiona Hauke, hat jetzt eine Petition gegen rechte Verschwörungsmythen und „menschenverachtende Gesinnung" gestartet und schon 5000 Unterschriften gesammelt. In der „Waldi"-Welt, die sich dem Wahren, Schönen und Guten verpflichtet fühlt, passt das ganz schlecht zum eigenen Selbstbild.[4]

Nach dem Streifzug durch die tiefen Täler der Anthroposophie darf eine Chiffre nicht fehlen, die auch immer mit ihr in Zusammenhang gebracht wird: der „Wutbürger". Und wo ist er schon einmal in Massen aufgetreten? Beim Protest gegen Stuttgart 21. Den Begriff hat der „Spiegel"-Journalist Dirk Kurbjuweit erfunden, als sich alle

4   Abgrenzungsprobleme, in: Zeit Online, 10. 4. 2021, https://www.zeit.
     de/2021/15/waldorfschulen-corona-umgang-maskenpflicht-corona-
     impfung [20. 9. 2021]

Welt über das renitente Schwabenvolk wunderte, über eine Stadt, die so wohlhabend wie behäbig erschien und in der Kehrwoche ihre ordnungspolitische Erfüllung zu finden glaubte. In der Hamburger Perspektive trat eine etwas unterbelichtete Figur aus dem saturierten Establishment ans Tageslicht, welche der Politik lautstark und ausdauernd die Gefolgschaft verweigerte, weil sie sich von ihr hinter die Fichte geführt fühlte.

Zehn Jahre später, als Stuttgart durch Ballwegs „Querdenker" wieder in die bundesweiten Schlagzeilen geriet, machten sich die professionellen Ferndiagnostiker erneut daran, diesen Kampfbegriff auf seine Tauglichkeit hin abzuklopfen. War der „Wutbürger" von S 21 auferstanden, hat er nur neue Parolen auf die Schilder gemalt, die im Keller darauf warteten, hervorgeholt zu werden? Die Antworten fallen uneinheitlich aus. Der „Spiegel" bleibt dabei, spricht vom „Jahrzehnt des Wutbürgers", der damals gegen S 21 demonstriert habe und heute gegen die Corona-Politik Sturm laufe. Der Soziologe Oliver Nachtwey führt 25 Prozent AfD-Sympathisanten im „Querdenker"-Feld an, eine Quote, die beim aufgeklärten Protestpublikum undenkbar war. Klaus Gebhard, einer der Väter des S-21-Widerstands, macht es „sprachlos, wütend und traurig", wenn seine Bewegung mit Leuten in Verbindung gebracht wird, die an eine „weltweit orchestrierte Fake-Pandemie" glauben. Der Kampf gegen den Tiefbahnhof war (und ist) Wissenschaft, wenn kritische Ingenieure über Brandschutz und Gleisneigungen, Geologen über Gipskeuper und Grundwasser, Biologen über Juchtenkäfer und Mauereidechsen dozierten. Sie haben sich alle als „Mutbürger" verstanden, im Sinne von Immanuel Kant, dem Philosophen der Aufklärung: „Habe den Mut, dich deines eigenen Verstandes zu bedienen."

Insoweit war und ist, wir sind inzwischen bei der 580. Montagsdemo (Stand September 2021) angelangt, der S-21-Widerstand eine konstruktive, solidarische Bewegung, die „Deutschlands dümmstes Großprojekt" (Süddeutsche Zeitung) mit rationalen Argumenten bekämpft hat. Und Zug um Zug bestätigt wird, wenn es um Kosten, Nutzen und Risiken geht. Rechtsradikale, „Reichsbürger",

Reibachmacher hatten daran nie ihren Anteil. Das unterscheidet den S-21-Protest von der Ballweg-Blase, die, bei allem Bohei, eigentlich nur eines im Blick hat: den eigenen Bauchnabel.

Am Karsamstag, den 3. April 2021, ist es wieder so weit. Die baden-württembergische Landesregierung fordert ihre Bürgerinnen und Bürger auf, über Ostern zu Hause zu bleiben. Ausflüge zu beliebten Reisezielen könnten „fatale Folgen" haben, warnt der Tourismusminister, die deutschen Schiffe am Bodensee bleiben in den Häfen. Die Sieben-Tage-Inzidenzen liegen bei 130, es gibt Ausgangsbeschränkungen zwischen 21 Uhr abends und fünf Uhr morgens, Gruppensport im Freien ist verboten, nur maximal fünf Menschen aus zwei Haushalten dürfen sich treffen.

In Stuttgart ziehen 15 000 „Querdenker" mit Kind und Kegel durch die Innenstadt. Ohne Masken und ohne Abstand.

Der Ton ist inzwischen rauer geworden, „Friede und Freiheit" werden nicht mehr so häufig bemüht, jetzt heißt es „Steckt euch eure Impfungen in den Arsch". Wahlweise soll auch „eure Weltordnung" anal eingeführt werden. Manche wollen „lieber stehend sterben als kniend leben", Christen im Widerstand versprechen: „Jesus macht euch frei", Journalisten werden geohrfeigt und mit Gegenständen beworfen. Eingereiht haben sich Hooligan-Gruppen, die rechtsextreme Identitäre Bewegung und die Jungen Nationalisten von der NPD. Auch der Mitbegründer der AfD, Heinrich Fiechtner, mittlerweile ausgetreten und zum rechtsradikalen Hetzer („Reichsführerin SS Merkel") geworden, ist unter ihnen. Der Onkologe trägt eine stilisierte Hakenkreuzbinde als Maske unterm Kinn, scherzt mit Polizisten, denen er erzählt, der Landtagsdirektor sei eine „antidemokratische Ratte". Als notorischer Pöbler ist Fiechtner des Öfteren aus dem Parlament getragen worden. Herzhaft lachend verabschiedet man sich mit guten Wünschen. „Frohe Ostern". Weniger freundlich begegnen die Hüter der Ordnung einem antifaschistischen Fahrradkorso. Die sauber maskierten Demonstranten werden eingekesselt und mit Platzverweisen belegt, weil sie eine „erhebliche Gefahr für die öffentliche Sicherheit und Ordnung" darstellen.

In der Stadt, die, wie eingangs erwähnt, sehr demonstrationser-fahren ist, erhebt sich nun eine Diskussion darüber, wie es so weit kom-men konnte. Man erinnert sich, wie Schüler aus den Bäumen gespritzt wurden, an jenem 30. September 2010, der als „Schwarzer Donners-tag" in die Stadtgeschichte eingegangen ist. Die S-21-Demonstran-ten hatten keine Regeln missachtet, nur den Befehl der Polizei, sich augenblicklich aus dem Schlossgarten zu entfernen. Elf Jahre später lärmt eine vom Verfassungsschutz beobachtete Karawane durch die Straßen, 15 000 Menschen stark und gegen sämtliche Corona-Regeln verstoßend, und wird durchgewunken. Das verstehe, wer will.

Im Rathaus wiederum wundern sich die Spitzenkräfte, warum sich Menschen darüber wundern. Der neue Ordnungsbürgermeis-ter Clemens Maier, der zuvor in der Mundharmonika-Metropole Trossingen gewirkt hat, sagt, sie hätten „das Beste daraus gemacht". Auch der neue Oberbürgermeister Frank Nopper (ebenfalls CDU), der zuvor im Städtchen Backnang amtiert hat, scheint die Komple-xität des Problems noch nicht durchdrungen zu haben. „Hinterher ist man immer schlauer", antwortete er auf die Frage, ob es nicht gescheiter gewesen wäre, die Demo zu verbieten. Nopper war im November 2020 gewählt worden, nachdem der Grüne Fritz Kuhn keine Lust mehr auf eine zweite Amtszeit hatte. Michael Ballweg war gegen ihn angetreten, erhielt jedoch nur 1,2 Prozent der Stimmen, obwohl er angekündigt hatte, jeden Monat 10 000 Euro von seinem Gehalt an soziale Projekte zu spenden.

Jetzt also noch der Philanthrop Ballweg. Ausgerechnet der Mann, der zu Schenkungen und Spenden aufruft, die offenbar nur einen Adressaten haben: ihn selbst. Wie das funktioniert, haben Jan Böhmermann vom ZDF-Magazin Royale und das Blog „Netzpolitik. Org" unter der Überschrift „Der geschäftige Herr Ballweg" vorbild-lich aufgeschlüsselt.[5]

---

5   Der geschäftige Herr Ballweg, in: netzpolitik, org, 18. 12. 2020, https://netzpolitik.org/2020/querdenken-der-geschaeftige-herr-ballweg/ [20. 9. 202]

Seine Initiative „Querdenken 711" kennt keine Rechtsform, keinen eingetragenen Verein, keine Firma, keine Stiftung, nur Michael Ballweg. Sie listet 69 Produkte in ihrem Onlineshop auf, T-Shirts, Jacken, Aufkleber, und verrät nicht, bei wem die Einnahmen landen. Bekannt geworden ist ein Vertrag mit dem wundersamen Multimillionär Thomas Hornauer, der sich „Seine königliche Heiligkeit" nennt und sein Vermögen mit Sex-Hotlines und Esoterik-TV gemacht hat. Für einen Tanz auf Ballwegs Bühne, im weißen Gewand hinter einer afrikanischen Trommel, soll er 5000 Euro in Rechnung gestellt bekommen haben. Drei weitere sollten es werden. Die hat Hornauer nach eigenen Angaben nicht mehr bezahlt. Er sei auf Distanz zu der Initiative gegangen, sagt seine Heiligkeit.

CHRISTOPH SEIDLER · GUNDEL SEIDLER · WOLFGANG BENZ

Nicht angekommen?
Ist Demokratieverdrossenheit ein
besonderes Problem der Ostdeutschen?

Ein Gespräch

Der Psychoanalytiker Christoph Seidler, Facharzt für Neurologie und Psychiatrie und Dozent an der Humboldt-Universität, leitete in der DDR das Institut für Psychotherapie und Neurosenforschung im Haus der Gesundheit in Berlin. Seine Frau Gundel Seidler arbeitete als Psychotherapeutin. Das Gespräch fand am 3. August 2021 in Berlin statt. Die Fragen stellte Wolfgang Benz.

Zur Staatsdoktrin der DDR gehörte das Dogma, der Faschismus sei mit Stumpf und Stiel ausgerottet worden. Wie konnte der Osten nach der Wende zum Tummelplatz für Neonazis und andere Rechtsextremisten werden, wenn das so war? Von dem einstmals in der DDR lebenden und arbeitenden Psychoanalytiker würde ich gerne wissen: Was ist an den Thesen dran, dass es in diesem Landstrich besondere Mentalitäten oder eine besondere Sozialisation oder sonst irgendetwas geben muss, dass die AfD heute im Osten solche Erfolge hat, dass Pegida sich in Dresden etablierte und nicht in Köln oder in Buxtehude. Ob es einen vernünftigen Erklärungsversuch gibt, warum die Situation heute so ist, dass der Zug in den ostdeutschen Bundesländern weit nach rechts abgefahren ist?

Ich hatte nie einen Rechtsradikalen als Patienten. Ich hatte Rechtsradikale unter Kollegen, aber nie als Patienten. Ich habe tieferes Verständnis solcher Prozesse über meine Patientengeschichten gewonnen. Über den Rechtsradikalismus kann ich aus dieser Perspektive nichts sagen. Ich spreche von meinen persönlichen Erfahrungen als Bürger.

Auf die Wende folgte, nach einer kurzen Euphorie mit Vorlauf vielleicht seit Mai 1989 oder vielleicht auch ein bisschen früher, eine Aufbruchstimmung. Wir hatten eine Demonstration am 4. November 1989 in Berlin, an die ich noch heute mit Freudentränen denke.

Wann schlug die Stimmung um?

Schon nach kurzer Zeit, nach der Wahl im März 1990 war die Aufbruchstimmung vorbei. Plötzlich war alles glasklar. Der Westen kommt mit all den Gesetzen, und jetzt wird also alles Westen. Viele Utopien waren erst einmal weg. Das war auch enttäuschend, natürlich, deprimierend, dass wir in einen vorgeformten Staat kommen würden. De Maizière hatte gesagt, das Grundgesetz der BRD sei eine bewährte Verfassung, es wäre ja blöd, wenn wir eine neue Verfassung machen würden, die habe sich ja bewährt in harten Zeiten, wir nehmen die und keine andere.

Fanden Sie das gut?

Es war pragmatisch. Ich fand das nicht gut, weil die Idee …

Hat die Enttäuschung darüber, dass es so gegangen ist, in den Folgejahren etwas bewirkt in den Gemütern der Menschen?

Ja natürlich, natürlich.

Das ist ja unser Thema. Also waren, wie es manche gerne sagten, die Ossis so zurückgeblieben oder einfach zu dumm für alles, dass man sie dauernd am Ohr ziehen und sagen musste: „Hier geht's lang!" Oder waren die Sinne der Ostdeutschen durch 40 Jahre Sozialismus so verdunkelt, dass es gar keine andere Möglichkeit gab? Ist dieses Dunkel dann irgendwann aufgebrochen und in die blühende rechtsextreme

Kultur übergegangen, unter denen vernünftige Menschen heute leiden? Ist eine Saat aufgegangen, die lange Zeit im Boden lag?

Es begann mit der Enttäuschung der friedlichen Revolutionäre. Die Enttäuschung am Wahlabend war extrem. Der schnurgerade Gang in die Einheit war schon demotivierend. Aber jetzt komme ich zu dem anderen Thema. Es wurde dramatisch, als die Treuhand aktiv wurde und als plötzlich alles nichts mehr galt, alles.

Was hatte das für Wirkungen auf die Gemüter der Menschen?

Das kann man sich unschwer vorstellen. Ein Beispiel ist mein Schwager. Er war 55, als die Wende kam. Mein Schwager hat am Aufbau einer Pumpenfabrik mitgearbeitet, er war Ingenieur und wesentlich daran beteiligt, dass die Fabrik fertig wurde. Dann kam ein Investor, der die Fabrik erstmal stillgelegt hat. Mein Schwager wurde in den Vorruhestand geschickt und saß da. Er hat erzählt, er sei morgens früh wach geworden mit dem Gedanken, ich muss doch arbeiten gehen, ich muss doch arbeiten gehen. Und dann lag er nachts wach. Mein Onkel aus Bayern, der Bruder meiner Mutter, sagte ihm, wer arbeiten will, kann arbeiten, wer Arbeit will, kann arbeiten. Diese Demütigung nach dem Unglück, in das mein Schwager geraten ist, hat ihn existenziell getroffen. Er sei selbst daran schuld, wurde ihm unterstellt, und es dauerte nicht lange, bis er sich die Schuld auch selbst gab. Diese Bedrückung, dieses Schuldhafte und das darunter reflektorische Ausbrechen daraus war kein Einzelschicksal, sondern typisch.

Hat die Sozialisation der DDR-Bürgerin oder des DDR-Bürgers eine Rolle gespielt in der Entwicklung zur heutigen politischen Situation? Sie waren eine stringente Obrigkeit gewöhnt, hatten dafür aber auch die absolute materielle Sicherheit, Arbeitslosigkeit ist kein Thema gewesen. Der Wohlfahrtsstaat DDR hat von seinen Bürgern zwar Untertanengeist verlangt, dafür aber auch Wohlstand garantiert?

Nein.

Nicht?

Nein, nein, nein, nein. Also mit dem Untertanengeist, das ist viel zu laut.

Ich behaupte nicht, dass alle Bürger von Untertanengeist beseelt waren. Ich spreche von der Erwartung des Systems. Eine Doktrin lautete doch „Die Partei hat immer recht". Dann sind die Überzeugung und der Willen des Individuums nicht so schrecklich viel wert. Das wollte ich mit „Erwartung von Untertanengeist" umschreiben.

Also die Verheißung des Kommunismus war ja die Befreiung. Natürlich gab es Untertanen, Hierarchien knochentrocken und unveränderbar, aber es gab immer die Verheißung, die Befreiung des Menschen aus seiner Knechtschaft, und viele haben diese Verheißung auch ein Stück weit ernst genommen. Von daher ist es komplizierter. Was aber stimmt und was man wirklich diskutieren müsste, das sind die kollektiven Strukturen. Die extrafamiliären kollektiven Strukturen, die fand ich in dieser vaterlosen Gesellschaft (ich und viele meiner Kollegen sind vaterlos und vertrieben) eine gute Idee. Die Brigade, die einem auch im Leben außerhalb der Arbeitszeit viel Spaß bereitete. Es wurde zusammen gefeiert, gemeinsame Kino- und Theaterbesuche gab es, Ausflüge, Reisen in Schwesterkliniken. Ich glaube, das war das Wichtigere, das war das Lebendigere, auch wenn man nicht in der Partei war. Untertanengeist ist mir zu schlicht.

Es muss Ihnen ja auch bitter aufstoßen, wenn da ein Wessi kommt und von Untertanen und Obrigkeit spricht. Ich unterstelle nicht, dass jeder einen Untertanengeist hatte. Ich spreche als Politologe, als Historiker von der Erwartung des Staates an seinen Bürger. Und ich habe das Wort Wohlfahrtsstaat gebraucht, ich habe nicht von Unrechtsstaat gesprochen. Die DDR war ein Wohlfahrtsstaat, sie hat dafür aber ein lineares Denken derer, die die Wohlfahrt genossen, erwartet, hat konsequent verlangt, dass es einen gemeinsamen Klassenfeind gab, dass man der Überzeugung war, dass das, was in der Bundesrepublik geschah, mindestens faschistoid, wenn nicht faschistisch war. Mit der Freiheit kontrastiert doch, dass Republikflucht mit dem Tod durch Erschießen verhindert wurde. Mich interessiert die damalige Wirklichkeit, und was bedeutet die Wirklichkeit für die heutige Situation? Und da lautet die Frage doch: Hat der Staat DDR etwas mit den Menschen gemacht, dass sie heute so reagieren auf Staat, auf Obrigkeit, auf Fremde, auf Ausländer, so wie viele derzeit nun leider reagieren? Wie erklärt sich die Pegida-Bewegung, eine regionale …

Nein, nicht regional, die gab's ja überall.

Vorübergehend gab es überall Ableger, das waren aber wenige, die wieder verschwunden sind. Pegida bleibt mit Dresden verbunden.

Ich gerate jetzt in die Position, dass ich die Leute rechtfertige. Ich habe theoretisch sogar Erklärungen dafür. Fremde bewirken beim Gegenüber sowohl Angst als auch Faszination, und das Attraktive und das Angsthaben gehören bei der Begegnung mit Fremden zusammen. Wenn die Gesellschaft sich hochtolerant gibt, dann ist jeder andere, der sagt „Was sollen Fremde hier auf dem Dorf" ein Außenseiter, ein Marginalisierter. In der Gruppenanalyse gibt es den Begriff der Marginalisierung. Wenn eine Gruppe gestresst wird oder sehr viel Konfliktmaterial da ist, dann passiert es häufig, dass jemand sozusagen als Sündenbock aus der Gruppe ausgestoßen wird. Wenn es nicht ganz so schlimm ist, gibt es die Marginalisierung. Der Prügelknabe gehört in die Gruppe, der muss drin sein, und nur, wo der Prügelknabe ist, kann das Zentrum der Gruppe sich wohlfühlen, weil wir ja die Besseren sind. Wenn ich mir das von dorther ansehe, dann ist Pegida eine Bewegung, die einen auch ekelt. Der Ekel macht deutlich: Die gehören zu uns. Der Ekel hat so etwas Fundamentales, die vertreten also irgendwas, das uns auch bewegt. Ich glaube, das spielte dort eine große Rolle bei der Pegida-Bewegung. Bei Pegida sind auch Einzelne rumgelaufen mit Plakaten gegen die Gebühreneinzugszentrale. Das ist ja auch vom demokratischen Standpunkt ein Unding, dass jeder bezahlen muss, ob er ein Radio hat oder nicht. Und dann kommt eben dazu die Stimmung: „Jetzt sind wir wer!" Dieser Trotz und das Gefühl: „Wir halten zusammen! Und die im Westen, die können uns mal." Das macht die Bewegung attraktiv. Zur Abwehr gegen diese Protestierer gehören die eigenen Argumente, die gegen die Regierung gerichtet sind, die diskutiert werden müssten. Stattdessen gibt es Verordnungen und Ministerpräsidentenkonferenzen, das Parlament wird nicht gefragt, und das hat alles keine guten Folgen.

Man darf ja auch dagegen protestieren, wenn man die Regeln einhält. Das ist aber der entscheidende Punkt. Querdenker, Aufsässige, Rechtsradikale wollen ja die Regeln nicht einhalten.

Ja, ja, ja, ja, aber der Anfang war anders, der Anfang war anders. Marginalisierung beginnt damit, dass die Opposition mit der Kritik an den Maßnahmen sozusagen auf die Straße wandert. Es gibt aber keine Opposition. Alle haben zugestimmt bei der Ministerpräsidentenkonferenz, und mit dem Zeigen auf die Marginalisierten nehmen die sich natürlich auch die ganzen Rechte raus. Das ist alles so ein Teufelskreis.

Ja, und jetzt kommt wieder die Frage aus dem Westen: Gibt es da einen Nachholbedarf in Dresden z. B. bei Pegida, dass man jetzt auf die Straße geht und die Regierung beleidigt und schmäht, weil man das früher nicht durfte?

Das könnte man denken.

Wir suchen ja nach Anhaltspunkten, warum bestimmte Erscheinungen, die es auch im Westen gibt, die zum Teil aus dem Westen kommen, auf dem Nährboden des einstigen Territoriums der DDR so gedeihen, Höcke ist ja nun ein Wessi, aber den Erfolg hat er in Thüringen.

Rechte gibt es ja auch im Westen.

Ja, selbstverständlich, aber den Erfolg hat Höcke nicht in Castrop-Rauxel, sondern den hat er in Erfurt und in Weimar. Das zu erklären ist doch unsere Absicht. Warum ist Cottbus so ein explosives Pflaster, warum Chemnitz? Auch, wenn der rechtslastige ehemalige Verfassungsschützer Maaßen tausendmal sagt, es habe keine Ausländerhetze gegeben, es gab sie. Also das ist die Frage, auf die es keine schnellfertigen und platten Antworten gibt nach dem Motto: „Weil der Ulbricht so war, deshalb müssen die heute immer noch so sein." Aufgrund welcher Parameter ist die politische Stimmung im Osten heute so demokratieskeptisch und verdrossen?

Ich bleibe mal bei dem Modell der Marginalisierung. Ich glaube, mit dem kann man ein bisschen was erklären. Es gab die Demütigung durch die Treuhand, sozusagen der Nachweis, alles, was ihr gemacht habt, war Schrott. Wir fangen jetzt ganz neu an, wir zeigen euch mal, wie es geht. Das ist eine Kränkung, die sitzt drin und die gibt sich per transgenerationellem Prozess auch weiter.

Wie lange?

Nach meinen Erfahrungen mit Kriegskindern auf jeden Fall bis ins dritte Glied.

Also drei Generationen.

Ja, auf jeden Fall. In der dritten sind sie immer noch spürbar, die Kriegstraumata. Sie hinterlassen immer noch Spuren. Das, glaube ich, ist die eine Geschichte. Und die Tatsache, dass die jungen Frauen nach der Wende in den Westen abgehauen sind, die gebildeten flexiblen Frauen, die sich Arbeit gesucht haben im Westen, dass da die Männer zurückblieben, das ist, glaube ich, eine Kränkung, die bei den Zurückgebliebenen nur durch irgendeine Art von nationalem

Größenwahn kompensiert werden konnte. Die neu aufpolierten menschenleeren Städte im Osten wie das wunderschön wiederhergerichtete Görlitz machen ein komisches Gefühl einer gewissen Hohlheit des Scheins, und darin ist viel zu wenig Sein. Das ist das, was ich mehrfach auch so erlebt habe in Dörfern in der Uckermark. Dass die Politik, die Aufbaupolitik des Bundes für den Osten mit Soli usw. zwar gewirkt hat, aber dass die Wirklichkeit brutaler Kapitalismus war. Das ist die Diskrepanz, glaube ich, die deutlich zu spüren ist.

An dieser Stelle schaltet sich Gundel Seidler, die als Gastgeberin zunächst nur zuhören wollte, in das Gespräch ein.

Gundel Seidler: Sämtliche bis dahin noch so festgefügten staatlich beschlossenen Leit- und Ordnungslinien waren 1989 quasi über Nacht weggebrochen, was von den meisten DDR-Bürgern zuerst nur als: „Endlich Freiheit, endlich reisen können …!!" erlebt wurde. Da diese eigentlich nur „verhassten" Gesetze und Regeln öffentlichen Zusammenlebens in der DDR bei den meisten ausschließlich als „Einschränkungen der persönlichen Entwicklung" bzw. als „Gängelei durch Bonzen" erlebt worden waren und die meisten ziemlich unkritisch und naiv mit offenen Armen und idealisierten Vorstellungen in den Westen liefen, sich als lange vermisste Schwestern und Brüder so schnell wie möglich als gute Gesamtdeutsche integrieren wollten, merkten viele erst spät, dass manche von den schnell weggebrochenen Strukturen, die zu DDR-Zeiten als persönliche Beschränkungen und Kontrollmöglichkeiten erlebt worden waren, doch über Jahre auch Halt und Orientierung gegeben hatten.

Sie haben in der DDR erst als Lehrerin, dann als Psychotherapeutin gearbeitet. Ihre Berufsbezeichnung war im Westen unbekannt, seit der Wende gibt es den Begriff Soziotherapeutin nicht mehr. Können Sie Gründe nennen, warum so viele ehemalige DDR-Bürger und deren Kinder heute demokratiemüde geworden sind oder gar demokratiefeindlich? Waren die Menschen in der Wendezeit überfordert?

Gundel Seidler: Die um die Wende „Erwachsenen" waren voll-
auf beschäftigt damit, sich in ihr neues Leben hineinzufinden. Da
warteten Lehrgänge in „West-Städten", vom Arbeitsamt finanzierte
Weiterbildungen, von denen man zu DDR-Zeiten nicht zu träumen
gewagt hätte. Wie oft erlebten sich wohl auch schon am Anfang der
neunziger Jahre DDR-Sozialisierte als ungeschickt und unerfahren,
wären aber nicht auf die Idee gekommen, das den BRD-Sozialisierten
anzulasten, weil sie selbst sich weniger als „Revolutionäre", sondern
als die, die viel zu lange geduldig im DDR-System ausgeharrt hatten,
vorkamen. Aus meiner Sicht waren es sogar oft die Westdeutschen,
die Ostdeutsche darauf aufmerksam machten, wie viele „Heuschre-
cken" in die ehemalige DDR eingefallen waren und Grundstücke,
Häuser, Betriebe etc. aufkauften bzw. dass die neuen Leitungskader
aus dem Westen (in Betrieben, Kliniken, Theatern usw.) bei Weitem
nicht die erwünschten Profis waren, die man erhofft hatte, sondern
dass es oft gerade die waren, die im Westen niemals Leitungschancen
bekommen hätten.

Wann verflog die Euphorie über die neue Zeit?

Gundel Seidler: Es dauerte länger, als die Veränderungen über das
kleine ehemalige DDR-Ländle hinweggerollt waren, bis viele nachzudenken begannen und feststellten: „So hatte ich mir das nicht
gedacht!" Viele begannen zu begreifen, dass die tollen Weiterbildungen nicht obligatorisch zu neuen Arbeitsplätzen geführt hatten,
obwohl sie mit Feuereifer darauf zugegangen waren – und derart
mit all den neuen Möglichkeiten und behördlichen Beantragungen
beschäftigt waren, dass sie ihre heranwachsenden Kinder sich selbst
überlassen hatten. Das wieder ließ sich nicht schnell wieder gut-
machen, weil nach erstmaliger Arbeitslosigkeit nun endlich wieder
eine neue Stelle gefunden werden musste. Wenn nicht schon früher,
setzte spätestens jetzt Scham darüber ein, was „man mit sich hatte
machen lassen", und die Furcht, was mit den fast erwachsenen Kindern nun werden solle. Scham und Schuld sind schwer zu ertragen,

aber gut zu verdrängen. Oft waren es aus meinen Erfahrungen gerade die Leute, die zuerst nach der Wiedervereinigung gerufen hatten und nun plötzlich die DDR zurückhaben wollten. Wenn eine schambehaftete Person in einer ihr fremden Umgebung lebt und, wenn sie Glück hat, nach Zeiten von Arbeitslosigkeit eine Stelle bekommt, die weit unter ihren Möglichkeiten liegt, wird sie nicht vor Selbstbewusstsein strotzen. Kommen dann Leute auf sie zu, die dieser Person neue Bedeutung geben, zu denen sie sich dann zugehörig fühlen kann, ist die Gefahr nicht gering, einer neuen Ideologie aufzusitzen.

Können Sie daraus Erklärungen für die gegenwärtige Situation ableiten?

Gundel Seidler: Wenn jetzt die Fragen laut werden, warum gerade in Städten der ehemaligen DDR, dem Staat, der von sich behauptete, er habe den Faschismus mit Stumpf und Stiel ausgerottet, sich nun Bewegungen wie Pegida, Identitäre ausbreiten, warum die AfD dort die meisten Stimmen bekommt, gibt es für meine Begriffe keine einfachen Antworten, aber auf jeden Fall spielen individuelle Erlebnisse eine Rolle: Die damals jungen Erwachsenen waren – alleingelassen von den Eltern in einer Zeit, in der sie zur Abgrenzung, Auseinandersetzung mit ihren Kindern hätten zur Verfügung stehen müssen – ein gutes Futter für rechts-ideologische Heilbringer. Die kamen vorwiegend aus dem ehemaligen Westen (Weidel, Höcke, Gauland …). Lange hatten sich DDR-Bürger geschämt, zu den „Jammer-Ossis" zu gehören, es gerne verheimlicht … Plötzlich waren sie wieder gefragt, taugen für nicht weniger als den propagierten „Umsturz". Ich höre einen doppelt enttäuschten ehemaligen Ostler sagen: „Was soll ich jetzt, nach all meinen schlechten Erfahrungen vom angeblich demokratischen Westen mit dem ganzen Demokratie-Gerede anfangen? Das stimmt doch wieder hinten und vorne nicht! Habe mir lange genug auch jetzt wieder was vormachen lassen, nun reicht's …!"

*Was haben wir – im Westen wie im Osten – falsch gemacht nach der
Wende, das sich heute rächt, Herr Seidler?*

Also wenn ich mir vorstelle, solche Gespräche wie dieses hätten viel
früher stattfinden müssen. Stattdessen gab es Indoktrination und
Besserwisserei.

*Könnte es sein, dass es Gefühle der Scham gibt, DDR-Bürger gewesen
zu sein? Dass man sich seiner Herkunft schämt, dass das in Aggression gegen Fremde, gegen die westdeutsche Besatzungsmacht ausgelebt
wurde oder immer noch ausgelebt wird? Könnte das ein Stück Erklärung sein dafür, dass in Sachsen-Anhalt die CDU darum kämpfen
musste, stärkste Partei zu bleiben, weil die Menschen die Provoka-
tionsbewegung AfD so attraktiv finden?*

Das kann sein. Wer lange beschämt wird, schämt sich. Es gibt diesen
Satz von Theodor Lessing über den Selbsthass der Juden. Emanuel
Todd, ein Kulturanthropologe, fand heraus, dass der sogenannte
Selbsthass der Juden nur da existiert, wo sie gehasst werden. Wo man
beschämt wird, schämt man sich auch selbst. Auch die Identifikation
mit dem Aggressor gehört hierher. Sich zu unterwerfen und sich in
der Unterwerfung elend fühlen, aber es nicht besser zu können, ist
ein Thema, das wir aus der Entwicklungspsychologie kennen. Kinder
unterwerfen sich den schlimmsten Eltern. Je blöder diese sind, desto
mehr unterwerfen sie sich, das ist die Identifikation mit dem Aggressor, und das spielt eine Rolle. Scham ist ein so schreckliches Gefühl,
das platzt immer aus allen Nähten.

*Aber wie erklären wir vor dem Hintergrund dieser Scham die Aufsässig-
keit gegen staatliche Institutionen? Warum versuchen dann Menschen
den Reichstag zu erstürmen, um es den Politikern zu zeigen?*

Mit dem Konzept der marginalisierenden Störung lässt sich beschreiben, wie außerparlamentarische Oppositionsgruppen entstehen und

wie sie radikalisiert werden: Es herrscht Krise im Land. Die Menschen reagieren verunsichert, erregen sich hilflos. Dem Erfahren einer schlimmen Krankheitsprognose folgt zunächst das Nicht-Wahrhaben-Wollen. Es äußert sich bei Corona-Leugnern, Impf-Gegnern, Masken-Verweigerern und ihrer Gefolgschaft. Die Regierung muss handeln. Sie muss eine Seuchengesetzgebung ausrufen. Die Demokratie nimmt zentralistische Züge an. Die Mehrheit folgt dem, es entsteht eine „Mehrheitsdemokratie". Bundeskanzleramt und Länderchefs treffen sich zu stundenlangen Diskussionen – offensichtlich gibt es heftigste Emotionen, von denen nur Bruchstücke und Gerüchte nach außen dringen. Irgendwie ist der Ruf nach einer einheitlichen Regelung für ganz Deutschland entstanden, besonders betont von den Länderchefs, in deren Land es schlecht aussieht. Eine Regelung verspricht Gewissheit, Zuversicht, „Planungssicherheit". Die parlamentarische Opposition trägt die Entscheidungen der Regierung mit, die „vernünftige" Mehrheit der Bevölkerung zähneknirschend auch. Eine außerparlamentarische Opposition entsteht. Die kritischen Argumente sind während der Pandemie in eine Art Gegenöffentlichkeit abgewandert. Dort werden die Unsicherheiten, Ambivalenzen und Widersprüche diskutiert. Es versammeln sich rationale Kritiker mit bösartigen Demokratiegegnern, irrationalen Paranoikern, Impfgegnern in abstrusen Glaubenskongregationen und bemächtigen sich des schönen Wortes „Querdenker".

Was haben Kritiker der Hygienegesetzgebung mit einer Sekte von Impfgegnern zu tun oder mit Antisemiten? Hier reinigt sich kollusiv das Zentrum von seinen Zweifeln, und das Verhängnis nimmt seinen Lauf: Die Etikettierung der Opposition wird ostentativer – und der kollusive Prozess der Marginalisierung rollt. Das Zentrum fühlt sich so weit wohl. Es macht ja, was gesagt wird. Die Realität scheint ihm auch recht zu geben. Je lauter die Marginalisierten werden und für das Zentrum unangenehmer, desto mehr werden sie undifferenziert in einen Topf geworfen, und dieser Topf bekommt dann das Etikett der unangenehmsten Strömungen, sodass man sich abwenden muss; „Reichsbürger" (eine absurde Minderheit, die sich

von der Regierung nichts sagen lassen will) oder „Verschwörungstheoretiker", die aber die Ungereimtheiten der Krise (z. B.: Wer ver-
dient an der Krise, welche Widersprüche, Spaltungen, Unzulänglich-
keiten und neue Ungerechtigkeiten werden in der Gesellschaft sichtbar?) ins Paranoid-Absurde übersteigern und sie damit verschleiern.
Wenn alles nichts nützt, wird der Joker der jüdischen Weltverschwörung gezogen.

*Es ist nicht mehr zwangsläufig die „jüdische Weltverschwörung". Die
Querdenker haben auch andere „Schuldige" im Visier.*

Na ja, aber der Joker wird auch gezogen. Beide Seiten gehören zusammen, wie sehr, ist an den Gefühlen Ekel oder Abscheu zu spüren.
Diese Gefühle verraten, dass die Ekligen auch etwas von den Ange-
ekelten vertreten.

Mit Zentrum meinen Sie die bürgerliche Mitte?

Nein. „Bürgerliche Mitte", finde ich, ist ein Begriff, der auch etwas
anderes ist als Zivilgesellschaft. „Bürgerliche Mitte" ist ein Begriff,
der es in sich hat, weil er einen Herrschaftsanspruch deutlich macht:
„Wir von der bürgerlichen Mitte". Das ist mein Gefühl.

*Ich fühle mich als Mitglied der „bürgerlichen Mitte", das würde ich
ohne Besitzanspruch als die Solidargemeinschaft der Vernünftigen
definieren.*

Das ist etwas anderes. Wenn Sie jetzt sagen, die Vernünftigen oder
Vernunftbegabten, das ist was anderes als die „bürgerliche Mitte".
Der Begriff „bürgerliche Mitte" hat etwas Negatives, der präjudiziert
einen unbürgerlichen Rand.

*Das ist wahrscheinlich der Unterschied unserer Sozialisation. Für mich,
im Westen aufgewachsen, ist der Bürger, im klassischen römischen*

Verständnis der Citoyen, das politische Ideal. Man benimmt sich bürgerlich, das heißt, man benimmt sich anständig, man handelt mit Vernunft. Toleranz, Respekt sind ganz wichtige Begriffe. Ich vermute, in Ihrem Verständnis ist der „Bürger" eher die Verkörperung des Kapitalismus.

Da ist etwas dran. In der Gruppenanalyse sprechen wir vom „Zentrum". Vom Zentrum, das durch interaktionelle Prozesse die Marginalisierten herstellt. Die Marginalisierten gehören dabei genauso dazu. Das Zentrum bringt seine unangenehmen Seiten bei den Marginalisierten unter, und deswegen denke ich, dass auch die „bürgerliche Mitte" in ihrem Selbstverständnis die Randfiguren mit den unangenehmen Seiten von sich selbst ausstattet.

Damit wäre es ja auch eigentlich dasselbe, ob man das Zentrum oder bürgerliche Mitte nennt.

Genau, aber bei „Zentrum" in diesem Sinne sind Dialektik und Reziprozität mit drin.

Eliten-Schelte, Kritik an demokratischen Institutionen und Hetze gegen Amtsträger gehören zu den Merkmalen der Querdenker, definieren rechtsextreme Gesinnung und Organisationen und gehören zu den Methoden der AfD. Sehen Sie die DDR-Vergangenheit als besonders günstigen Nährboden für diese Haltung, als Erbe von Untertanengeist im Obrigkeitsstaat?

Die Kluft zwischen Herrschenden und Bevölkerung vertiefte sich in den letzten DDR-Jahren nach 1976, nach der Biermann-Ausweisung. Ich finde sie in der Verachtung gegenüber den gegenwärtigen gesellschaftlichen Strukturen und – vice versa – auch in der Formulierung des Ostbeauftragten der Bundesregierung wieder: „Die da oben, wir da unten." Und „wir da unten" sind nicht nur im Besitz der Wahrheit, sondern auch der Kraft und des Mutes, die Wahrheit zu sagen.

Die Metapher „dreister Sklave", die Wolf Biermann geprägt hat, war keineswegs ehrenrührig, und sie war damals auch stimmiger als „Untertanengeist" oder „Obrigkeitshörigkeit".

Sie haben ihn bereits erwähnt, den Abgeordneten Marco Wanderwitz, der als Ostbeauftragter der Bundesregierung im Sommer 2021 sein Urteil öffentlich machte, ein Teil der Bevölkerung der ehemaligen DDR habe gefestigte nichtdemokratische Ansichten. Man habe es im Osten mit Menschen zu tun, die teilweise so „diktatursozialisiert" seien, dass sie auch über dreißig Jahre nach der Einheit nicht in der Demokratie angekommen seien.

Diese einseitige Meinung von einem überheblichen Standpunkt aus provoziert bei mir (und vielen anderen) sofort eine Gegenreaktion, z. B. „Dann ist wohl nur Demokrat, wer die CDU wählt?" Oder: „Die Demokratie hat sich im Osten keineswegs von ihren attraktiven Seiten gezeigt!"

Im Deutschlandfunk wurde Wanderwitz' Urteil als zynisch und herzlos bezeichnet. Ist solcher Schlagabtausch hilfreich?

Ein produktiver Dialog entsteht aus diesem „Ping-Pong" nicht. Es darf nicht erwartet werden, dass Projektionen gerade da aufhören, wo sie vorher wie in einem Gewächshaus mit aller staatlichen Unterstützung gezüchtet wurden – in Ost und West! So können die Klischees auf ein reiches Repertoire zurückgreifen, und im Steinbruch Ost liegt genügend Material bereit, mit dem „Geschichte" verbaut und zementiert werden kann. Die Ansicht des Ost-Beauftragten geht immer noch in diese Richtung.

Dresden, einst im „Tal der Ahnungslosen" gelegen, da es außerhalb der Reichweite des Westfernsehens lag, hat nicht nur im Protest der Bürgerbewegung im letzten Jahr der DDR eine Rolle gespielt. Dresden beherbergt auch die rechtsradikale Pegida-Bewegung, und nur dort hat sie sich bis heute gehalten. Hat Dresden einen besonderen Status auch in der Gegenwart?

Ich denke, ja. Der Bombardierung Dresdens wird alljährlich und wie in keiner anderen deutschen Stadt eindrucksvoll gedacht. In der gleichen Nacht vom 13./14. Februar 1945 wurde auch Breslau zerschossen und zerbombt, weil es von den Naziverbrechern zur Festungsstadt erklärt worden war. Davon ist keine Rede mehr. In Dresden lief die Mordmaschine danach immer noch weiter: Die Gestapo spürte noch bis Ende April 1945 akribisch Juden auf, deportierte oder ermordete sie. Und nicht zu vergessen: Die Zerstörung Dresdens begann mit dem Brandanschlag auf die Synagogen in der „Kristallnacht" 1938. Es geht mir nicht darum, Bombenkrieg in irgendeiner Weise zu rechtfertigen, sondern darum, die Instrumentalisierung dieses Bombardements als Opfer der „anglo-amerikanischen" Kriegswut zu verdeutlichen. Dresden war nicht nur eine von Flüchtlingen überfüllte und eigentlich „unschuldige" Stadt, wie es sich fast zum Selbstverständnis der Dresdner entwickelt hat. Das war zu DDR-Zeiten so und wurde nach der Wende noch dramatischer, als alle rechten Parteien Deutschlands – genauer Westdeutschlands – mitfeierten und den Opferstatus der Stadt beschworen: Franz Schönhuber (Republikaner), Udo Voigt (NPD), Gerhard Frey (DVU). Das gehört auch zur Vorgeschichte von Pegida.

Sie haben 2015 ein wichtiges Buch veröffentlicht, in dem Sie unter dem Titel „Psychoanalyse und Gesellschaft" eine kritische Bestandsaufnahme des Lebens und der Erfahrung des DDR-Bürgers vornehmen. Hat diese Bilanz Bestand?

Ja. Zusammenfassen lassen sich die Schieflagen im Vereinigungsprozess in der These der Kollusion, die statt kritischer Annäherung stattfand. Die Wende war ein historischer Glücksfall – zunächst für die Ostdeutschen. Nach der großen glücklichen Zeit '89/'90 zeichneten sich jedoch in Deutschland zwei problematische Prozesse ab: Erstens:

Die ostdeutschen Biografien werden im Zuge der berechtigten Systemkritik mit entwertet – durch die Westdeutschen und durch sich selbst. Zweitens: Die bundesrepublikanische gesellschaftliche Realität wird auf ein Siegerpodest gehoben und verweilt dort zu lange.

Was ist daran problematisch?

Problematisch an diesen Entwicklungen ist, dass sie sich kollusiv bedingen und verstärken: Das Selbstverständnis (Ost) als „Zu-kurz-Gekommene" entlastet moralisch, bringt einen narzisstischen Zugewinn und verstärkt das Siegerselbstverständnis (West). Das wiederum bedingt die Kritiklosigkeit gegenüber der eigenen gesellschaftlichen Realität und die Geringschätzung der Ostler. Andersherum formuliert: Die allgegenwärtige unterwürfige Anpassung der Ostler produziert – immer in reziproker Beziehung – die Hybris der Westdeutschen mit. Das lässt sich besser verstehen, wenn wir den Übergang der DDR-Bevölkerung in die Bundesrepublik Deutschland als Migration betrachten. Dann lässt sich z. B. die Hypothese bilden von der „Third Culture".

Wie meinen Sie das?

Allen Migranten, gleich, aus welcher Kultur sie kommen, gleich, in welche Kultur sie gehen, ist eine dritte Kultur gemeinsam: die Überanpassung. Kultureller Reichtum entsteht aber in der Differenz. Solange das Leben in der DDR radikale Minderschätzung erfährt und malignen Vorurteilen unterworfen ist, gibt es auch die Anpassungsnöte. Von Emigrantenkreisen aus dem Iran wissen wir, dass nach fünfzehn Jahren Emigration die persische Hochkultur mit all ihren Werten wieder ins Bewusstsein rückt. Es besteht also Hoffnung, dass sich auch in Deutschland aus den Differenzen noch Reichtum entfaltet.

In Ihrem Buch haben Sie die Entwertung der Biografien konstatiert: Wurde das Leben in der DDR falsch dargestellt und geschieht dies immer noch?

Vielleicht nicht falsch, aber einseitig. Nach den traumatisierenden historischen Ereignissen von Nazizeit, Krieg, Nachkrieg, nach den Traumatisierungen durch SED-Diktatur und Stasi und nach den Risiken durch das Chaos während der Wendezeit kam ein weiteres Ereignis hinzu: die allgegenwärtige Entwertung der Lebenszeit in der DDR, die für viele, wenn nicht gleich ein Trauma, so doch eine Verletzung darstellt. Das Leben in der DDR wird in der Presse, in der Kunst und in Filmen immer wieder so dargestellt, als sei es eine einzige Stasihölle gewesen, in der die Menschen entweder zu den Schergen dazugehören mussten oder Opfer, besser aber Widerstandskämpfer, zu sein hatten. Inzwischen färben sich die Autobiografien auch schon in dieser Weise ein.

Termini wie „Unrechtsstaat" oder „Totalitärer Staat" lehnen Sie als verletzende flotte Sprüche ab.

Die DDR war eine Diktatur. Sie war keineswegs eine „Diktatur des Proletariats", sondern einer machtbesessenen Parteiobrigkeit, deren Macht von der Sowjetunion geliehen war. Rosa Luxemburg nannte so etwas „Cliquenwirtschaft". Nach dem Ende der Stalinzeit war die DDR-Diktatur nicht mehr totalitär, sagen die Historiker, und sie war kein Rechtsstaat im westlichen Sinne. In keinem Rechtsstaat hätte es „Hausarrest" gegeben wie für Robert Havemann in Grünheide. Umstellt von Stasi, war er ziemlich sicher in seinem kleinen Reich. Er bekam Besuch von Wolf Biermann oder Jürgen Fuchs und Familie. Auch die Ausweisung Biermanns geschah ohne Rechtsgrundlage – bis heute ist unklar, welche persönlichen Animositäten der Familie Honecker den Ausschlag gaben. Stasihaft ohne Gerichtsverfahren beim Verdacht auf politische Dissidenz war ein himmelschreiendes Unrecht. Die Ausweisungen von Werner Fischer und Bärbel Bohley für ein halbes Jahr in den Westen durch die Stasi machen die Absurdität der machtlosen Macht deutlich. Das alles war reine Willkür.

Ist dadurch der Titel „Rechtsstaat" nicht verwirkt?

Andererseits entsprach die Rechtspflege in den nicht-politischen Bereichen durchaus internationalen Maßstäben. Wenn für die DDR solche Begriffe wie „Unrechtsstaat" oder „totalitäres System" verwendet werden, dann ist das eine politische und keine sachliche Formel, und sie ist falsch und auch gefährlich. Hinter diesem anmaßenden Anspruch auf Deutungshoheit muss auch die Tendenz gesehen werden, sich der DDR gleich zusammen mit dem Nazireich entledigen zu wollen. Und das Klischee erledigt die Bürger aus dem Osten gleich mit. Niemand würde auf die Idee kommen, die junge, von Nazis durchsetzte Bundesrepublik Deutschland als „Unrechtsstaat" zu bezeichnen. Stattgefundene Unrechtsakte müssen jeweils für sich bewertet werden. Als die rot-rot-grüne Regierung in Thüringen zustande kommen sollte, wurde „Unrechtsstaat" gar zum Schiboleth: Entweder sagt die Linke, dass die DDR ein Unrechtsstaat war, oder es wird nichts aus der Koalition. Da die Linke regieren wollte, willigte sie eben ein.

Sie nennen es „Defektsyndrom Ost" und weisen entsprechende Deutungsansprüche zurück. Was meinen Sie damit?

Die Tendenz zur Missachtung von Menschen aus dem Osten wurde so populär, dass ihr selbst verdienstvolle, hochgeachtete Persönlichkeiten verfielen. Der Literaturnobelpreisträger Imre Kertész z. B. schrieb 1993 nach einem Spaziergang durch den Ostteil Berlins, es sei fantastisch und erschreckend, was das Honecker-Regime hinterlassen habe. „Und nicht nur die Häuser, auch die Menschen sind Ruinen." Wie verletzend solche Zeilen auf Menschen wirken müssen, die in der DDR lebten, wird er beim Schreiben nicht bedacht haben.

Sehen Sie das als Missachtung ostdeutscher Erfahrung?

Fraglos stellt die ostdeutsche Erfahrung einen wichtigen Beitrag zur deutschen Geschichte dar. Geschichte schreiben aber immer die Sieger. Zunächst. Ein aktuelles Beispiel dafür lieferte der Historiker

Hans-Ulrich Wehler, als er schrieb, das „Intermezzo der ostdeutschen Satrapie" müsse nicht durch eine ausführliche Analyse aufgewertet werden! Fatal ist dabei, dass Wehler mit dieser Haltung einer politischen Tendenz in West und Ost die Möglichkeit eröffnete, sich selbstgerecht zurückzulehnen. Er hätte auch untersuchen können, unter wie viel Satrapie die BRD zu leiden hat. Dann wären die Eröffnungen von Snowden weniger überraschend gekommen, die im Herbst 2013 darin gipfelten, dass auch die Bundeskanzlerin von der US-amerikanischen National Security Agency abgehört wurde.

Ist das die Sicht des ostdeutschen Psychoanalytikers?

Nicht nur, es ist auch die Sicht eines verletzten Ossis. In jener Zeit begann unter dieser Stimmung eine breit angelegte – auch psychoanalytische – Forschung über die historischen Ursachen der Fremdenfeindlichkeit in den neuen Bundesländern. Der Hannoveraner Kriminologe Christian Pfeiffer brach mit seinem vulgär-psychoanalytischen „Töpfchenstreit" 1999 eine breite Debatte vom Zaun, wobei seine Aussage, die autoritären Erziehungsmuster der DDR-Kinderbetreuung seien mitverantwortlich für die Bereitschaft, andere auszugrenzen, als Hypothese durchaus berechtigt ist. Aber sie war nicht als Hypothese, sondern als Deutung angelegt und hat immerhin so viel Publizität erreicht, dass Christian Pfeiffer danach Justizminister von Niedersachsen wurde.

Ob das den Ausschlag für das Ministeramt bedeutet hat, wollen wir dahingestellt sein lassen.

Die ganze Frage der Kollektiverziehung wurde unter ausschließlich defektologischem Ansatz durchdacht. Dadurch werden manche wichtige Forschungsergebnisse letzten Endes wissenschaftlich gar nicht brauchbar, wohl aber propagandistisch für Eiferer wie Christian Pfeiffer. So half er paradoxerweise mit, dass Fremdenfeindlichkeit und Rechtsradikalität zu Berühmtheit gelangten und zu Exportschlagern des Ostens wurden. Unter soviel Beachtung gedeiht der Rechtsradikalismus umso besser, das Leben scheint wieder einen Sinn zu haben, wenn auch eher Abersinn.

Oder: Den Rausch des Befreiungsgefühls nach dem Ende der DDR kennen viele. Aber das ist jetzt mehr als 30 Jahre her. Die Vorstellung, so frei zu sein, wie Joachim Gauck das proklamierte, macht den Freiheitsbegriff zu einer Phrase. Er liebe die Freiheit, damit sei er aber allein im Osten, schrieb er im Frühjahr 2019. Wenn Gauck sich so über seine Landsleute aus dem Osten erhebt, ist das nicht hilfreich, sondern missachtend. Und es hat den Beigeschmack neuer Identifizierungen mit der herrschenden Moral. Seine Antrittsrede als Bundespräsident begann Gauck mit dem Satz „Was für ein schöner Sonntag" nach dem gleichnamigen Roman von Jorge Semprún, in dem er sein Überleben im KZ Buchenwald schildert. Diesen Vergleich finde ich geschmacklos, und er ist auch unrichtig. Die Öffnung der Mauer ist nicht mit der Befreiung aus dem KZ gleichzusetzen!

Sehen Sie in diesen Beispielen eine persönliche Kränkung oder verweisen sie auf ein fundamentales Problem?

Beides! So wird DDR-Geschichte nur als Diktatur- und Stasigeschichte geschrieben – wiederum sehr gefällig für die Sieger der Geschichte. Eine lebendige Geschichtsschreibung unterbleibt. Das Label Ost als Defektsyndrom wird dadurch fixiert, und das verletzt. Die gebetsmühlenartig vorgetragene Phrase von der Freiheit macht die Demokratie nicht freier, sondern müder. Aber Demokratie ist ein immerwährender Prozess und kein Ist-Zustand!

Nach der Wende begann auch unter uns psychotherapeutischen Kollegen eine Art Wettbewerb, Defektsyndrome-Ost aufzuspüren und zu beschreiben. Wir gingen davon aus, dass nach zwei Diktaturen die Seelen der Menschen deformiert sein müssten. Selbstwertstörungen, mangelnde Eigeninitiative, autoritäre Charakterzüge usw. fanden sich wie selbst versteckte Ostereier. Wenn wir uns diesen Problemkreisen „wissenschaftlich" zuwandten, hatte es ganz sicher auch damit zu tun, dass wir unsere eigenen ungeliebten Seiten markierten und per projectionem abwehrten.

Wie hat sich die Sicht auf die DDR verändert?

Wolfgang Thierse ist einer der wenigen, der einen differenzierten Blick auf den untergegangenen Staat fordert, der eben mehr war als SED und Stasi. Seit 2015 gibt es zunehmend mehr Öffentlichkeit für die Zumutungen der Wende an die DDR-Bürger, bis hin zu den traumatisierenden Ereignissen und deren Folgen. Die friedliche Revolution gab es. Unstrittig. Und es gab viele Utopien von einem neuen demokratischen Gesamtdeutschland. Doch dann entschied sich die Mehrheit der Ostdeutschen für einen raschen Anschluss. Nun zerplatzten die Utopien, Anpassungsprozesse wurden verlangt.

Zur Zeit der Pandemie beobachten wir eine erschreckende Zunahme von Unzufriedenheit, Verweigerung, Aufsässigkeit besonders in den neuen Bundesländern.

Bis 2015, als ich mein Buch „Psychoanalyse und Gesellschaft" publizierte, schien es zu reichen, der bankrotten DDR die Schuld an den traumatischen Nebenwirkungen der Wende zuzuschieben. Vielleicht ging es nicht anders – das Zeitfenster war nicht lange offen –, aber das Fehlen der öffentlichen Diskussion konservierte den Verdruss, das Misstrauen und die latente Feindseligkeit. So rumorte 25 Jahre im Dunkeln, was den Ossis im Namen von Demokratie und Freiheit zugemutet wurde. Die aktuelle Demokratieverachtung in Gruppierungen wie Pegida und AfD seit der Flüchtlingskrise und nun gerade während der Coronazeit kann sich problemlos auf diese traumatische Zeit beziehen und demagogisch mit „Vollende die Wende!" hetzen. Für die Psychoanalyse ist es gewiss, dass Verdrängtes immer wiederkehren wird, dass die Untoten und Zombies der Vergangenheit solange ihr Unwesen treiben werden, bis Geschichte gerecht erzählt wird.

THOMAS PFEIFFER

Der „Impfrebell"

Die Pandemie aus Sicht rechtsextremistischer Videoblogger

Das Spektrum der Querdenker, Pandemieleugner und Impfgegner ist eine heterogene Szenerie, Schnittmengen mit dem Rechtsextremismus sind deutlich erkennbar. Rechtsextremisten haben den Protest gegen staatliche Maßnahmen schon im Frühjahr 2020, bald nach dem Ausbruch der Pandemie, als Chance gesehen, Anschluss zu finden an Positionen und Bauchgefühle außerhalb der eigenen Reihen. Entgrenzungstendenzen des Rechtsextremismus sind nicht neu, auf dem weiten Feld der Querdenker und Pandemieleugner entfalten sie sich besonders deutlich. Über Unterschiede hinweg führen die gemeinsame Frontstellung gegen eine Pandemie, die keine sei, gegen Maßnahmen, hinter denen sich angeblich finstere Ziele und Kräfte verbergen, zusammen und zu einer bizarren Melange auf Kundgebungen und Demonstrationen. Solche Entgrenzungen finden in der Regel zunächst im Netz und erst dann auf der Straße statt, insbesondere in sozialen Netzwerken verschwimmen Grenzen.

Als Fallbeispiel rechtsextremistischer Social-Media-Aktivisten steht in diesem Beitrag der Rheinländer Frank Kraemer im Blickpunkt, politisch langjährig in vielen Teilbereichen des Rechtsextremismus zu Hause, Betreiber des Videoblogs „Der Dritte Blickwinkel", dem Selbstverständnis nach „YouTuber, Musiker, Buchautor, Nationalist und Freidenker".[1] Covid-19 ist zu einem Herzblut-

---

1 About Frank Kraemer, www.patreon.com/frankkraemer. – Die Weblinks in diesem Beitrag wurden zuletzt am 2. 9. 2021 abgerufen und geprüft.

thema seiner Internetaktivitäten geworden, Anfang 2021 lancierte er die Kampagne „Impfrebell", die den Protest auch musikalisch ins Netz trägt.

Die Pandemie als „Türöffner"-Thema im Rechtsextremismus

Seit Langem bemühen sich rechtsextremistische Gruppen, Themen aufzugreifen, die die Schlagzeilen prägen, und Botschaften zu setzen, die an Einstellungen in weiten Teilen der Bevölkerung anschlussfähig sind. Dies geschah zunächst beispielsweise mit Parolen zur sozialen Frage („Arbeitsplätze zuerst für Deutsche"), Themen wie Globalisierung und Kindesmissbrauch („Todesstrafe für Kinderschänder"). Ein Autor der NPD-Zeitung „Deutsche Stimme" hat diese Strategie vor gut zehn Jahren auf Begriffe gebracht: Es gehe um „Türöffner"- oder „Eisbrecher"-Themen für „taktisch denkende Nationalisten".[2] Konkret gemeint war seinerzeit das Thema einer angeblichen „Islamisierung" Deutschlands, das in den folgenden Jahren die rechtsextremistische Agitation maßgeblich bestimmte, seit 2015 in Verbindung mit geflüchteten Menschen als zentralem Feindbild.

Die staatlichen Maßnahmen zur Eindämmung der Corona-Pandemie sind seit dem Frühjahr 2020 das „Türöffner"-Thema Nummer eins. Das zeigt sich auch in Nordrhein-Westfalen. Die allermeisten rechtsextremistischen Gruppierungen – von der neonazistischen Kleinpartei „Die Rechte" bis zum rechtsextremistischen „Flügel" der AfD – versuchten das Thema zu besetzen und die Ablehnung der staatlichen Maßnahmen mit einer Distanz zur liberalen Demokratie zu unterlegen. Manche, wie die NPD und „Die Rechte", hatten sich zunächst für Schutzmaßnahmen gegen die Pandemie ausgesprochen, änderten aber wenig später ihre Strategie. In der Folge gab „Die

---

2 Axel Herold, Niemals deutsches Land in Moslem-Hand! Auf den Punkt gebracht: Inhaltliche und taktische Gründe für den Kampf gegen die Islamisierung, in: Deutsche Stimme, Nr. 2/2010, S. 11.

Rechte" die Parole aus: „Mittendrin statt nur dabei – die Corona-Proteste aktiv mitgestalten!" Ein Sonderbericht des Innenministeriums NRW kommt zu dem Schluss, Demonstrationen und andere Aktionen der Pandemieleugner[3] seien von Rechtsextremisten „besucht und beeinflusst" worden, die Distanzierungsbemühungen aus der Pandemieleugner-Szene blieben demnach „oft vage und unglaubwürdig".[4] Die Düsseldorfer Politikwissenschaftler Fabian Virchow und Alexander Häusler kamen ein halbes Jahr zuvor zu ähnlichen Ergebnissen. Sie betonen den instrumentellen Zugang rechtsextremistischer Gruppierungen zum Thema: Nicht die Frage der tatsächlichen Gefährlichkeit einer Erkrankung sei zentral, sondern die Möglichkeit, eigene Positionen, „beispielsweise Anti-Immigration, Souveränität, Nationalismus/Anti-Globalisierung", öffentlich aufzurufen, bei Veranstaltungen neue Anhängerinnen und Anhänger zu gewinnen und die Proteste im eigenen Sinne zu politisieren. Als Kitt des heterogenen Protestgeschehens sehen die Autoren Verschwörungsmythen, die vielfach antisemitische Deutungsmuster enthielten.[5]

Die aktuellste Variante dieses Protests ist die Agitation gegen Covid-19-Impfungen. Der Kreis der Akteure ist auch hier breit, Rechtsextremisten sind weiterhin beteiligt. Das Institute for Strategic Dialogue, das entsprechende Desinformationskampagnen in Social Media untersucht hat, stellt fest, dass die Mitgliederzahl der Gruppen und Kanäle, in denen solche Behauptungen kursieren, wachse –

---

3 Ich schließe mich dem Vorschlag von Fabian Virchow und Alexander Häusler an, von Pandemieleugnung, nicht von Corona-Leugnung zu sprechen, da in der Regel nicht die Existenz des Virus, sondern die spezifischen Gefahren der Pandemie bestritten werden; vgl. Fabian Virchow/ Alexander Häusler, Pandemie-Leugnung und extreme Rechte in Nordrhein-Westfalen (im Auftrag des Ministeriums für Kultur und Wissenschaft des Landes Nordrhein-Westfalen), Düsseldorf 2020, S. 3.

4 Ministerium des Innern des Landes Nordrhein-Westfalen (Hrsg.), Sonderbericht zu Verschwörungsmythen und „Corona-Leugnern", Düsseldorf 2021, S. 102.

5 Virchow/Häusler, Pandemie-Leugnung, S. 36 f.

gleichzeitig sei eine zunehmende „Vernetzung der führenden Köpfe"
erkennbar, „von ‚Querdenkern' bis zu Rechtsextremen, die sich auf
ihren Seiten gegenseitig referenzieren und dadurch eine Illusion von
Wissenschaftlichkeit erzeugen". Zudem zeige sich ein Prozess des
„Mainstreaming": Positionen, die vielfach auf Falschinformationen
beruhten, würden zunehmend „normalisiert".[6]

Videoblogger im Medienmix des Rechtsextremismus

Medien sind seit Langem ein zentrales Handlungsfeld im Rechtsextremismus. Sie sind das informationelle Kapillarsystem, das
diese Szene braucht, um gemeinsam aktions- und strategiefähig
zu bleiben. Medien transportieren ideologische Elemente, aktuelle
Kampagnenthemen und Begriffe in die vielfältigen Verästelungen
der rechtsextremistischen Netzwerke. Sie halten die Szene auf dem
Laufenden und binden die Anhängerinnen und Anhänger ein.

Der Medienmix des Rechtsextremismus ist dynamisch. Neue
Medien und deren Vernetzungspotenziale hat sich diese Szene stets
zügig und konsequent erschlossen. Internetangebote, vor allem in
Social Media, nehmen heute den zentralen Platz ein, Printmedien
verlieren an Bedeutung.[7] Allerdings bleibt auch der rechtsextremistische Pressemarkt in Bewegung, teilweise verschmelzen Online-
und Offlineangebote: Neu entstanden ist etwa die Zeitschrift „N.S.
Heute" (Nationaler Sozialismus Heute), die seit März 2017 in Dortmund erscheint, bis Sommer 2021 in 25 Ausgaben. Im Umfeld der

6   Vgl. Hannah Winter/Lea Gerster/Joschua Helmer/Till Baaken, Über-
    dosis Desinformation: Die Vertrauenskrise. Impfskepsis und Impfgeg-
    nerschaft in der COVID-19-Pandemie. Hrsg. vom Institute for Strategic
    Dialogue, Berlin 2021, S. 7.
7   Vgl. Thomas Pfeiffer, Das Kapillarsystem – Geschichte und Entwicklung
    der rechtsextremistischen Presse, in: Texte der Bundeszentrale für poli-
    tische Bildung, 19. 12. 2016, www.bpb.de/politik/extremismus/rechtsex
    tremismus/239223/geschichte-der-rechtsextremen-presse.

Partei „Die Rechte" ist 2016 auch die Zeitschrift „Reconquista" neu entstanden.[8] Das „Compact-Magazin" ist seit 2010 am Markt und verbreitet seitdem zunehmend rechtsextremistische Positionen. Inzwischen stellt es sich multimedial auf, spiegelt Verschwörungsmythen der Neuen Rechten und inszeniert sich „als Sprachrohr des ‚Widerstands'" gegen die Maßnahmen zur Eindämmung der Corona-Pandemie.[9] In der Neuen Rechten, im Umfeld der „Identitären Bewegung", erschien seit 2017 auch das „Arcadi-Magazin", das zuvor ausschließlich online abrufbar war,[10] allerdings wurde es 2021 wieder eingestellt. Die erste Ausgabe eines neuen Rechtsrock-Magazins ist im April 2021 erschienen: „Rock Hate". Das semiprofessionell produzierte Heft mit Musikrezensionen und Bandinterviews ist aus einem gleichnamigen Telegram-Kanal hervorgegangen.

Onlinevideos sind einerseits ein Mittel, um junge Zielgruppen für den Rechtsextremismus zu erreichen. Sie sind ein Schaufenster der Aktivitäten, insbesondere der Musik dieser Szene. Wie auch andere rechtsextremistische Internetangebote, die auf junge Menschen zielen, changieren sie in ihren Darstellungsformen. „Entweder betont harmlos: Die rechtsextreme Ausrichtung versteckt hinter einem durchgestylten Auftritt. Oder besonders radikal: mit offen menschenverachtender Hetze und Aufrufen zu Gewalt."[11] Allerdings richten sich die Betreiberinnen und Betreiber rechtsextremistischer Videoblogs an ein Publikum, das hinsichtlich des Alters nicht eng begrenzt ist, in gewissem Maße auch an Zielgruppen am Rand oder

---

8   Vgl. Ministerium des Innern des Landes Nordrhein-Westfalen (Hrsg.), Verfassungsschutzbericht des Landes Nordrhein-Westfalen, Düsseldorf 2021, S. 134 ff.

9   Vgl. Bundesministerium des Innern, für Bau und Heimat (Hrsg.), Verfassungsschutzbericht 2020, Berlin 2021, S. 80. Das Bundesamt für Verfassungsschutz stuft das „Compact-Magazin" als rechtsextremistischen Verdachtsfall ein.

10 Vgl. Ministerium des Innern des Landes Nordrhein-Westfalen, Verfassungsschutzbericht, S. 137.

11 Vgl. jugendschutz.net, Vernetzter Hass. Wie Rechtsextreme im Social Web Jugendliche umwerben, Mainz 2017, S. 8.

jenseits des Rechtsextremismus. Sie sind eine Informationsdreh-scheibe und verteilen Kampagnenthemen, Agitations- und Aktions-muster, Veranstaltungshinweise und -berichte sowie Feindzuschrei-bungen periodisch in Wort und Bild. Darüber hinaus tragen Vlogs zur Vernetzung des Rechtsextremismus bei: Die Betreiber laden ein-ander regelmäßig zu Gesprächen in ihre jeweiligen Angebote ein und stellen damit Bühnen für andere Aktivisten bereit. Zu den aktivsten Videobloggern im deutschsprachigen Rechtsextremismus zählen der Kopf der „Identitären Bewegung" in Österreich, Martin Sellner, der unter dem Pseudonym „Der Volkslehrer" agierende Nikolai Nerling (Berlin), der bayerische NPD-Funktionär Patrick Schröder („FSN – The Revolution") und Frank Kraemer.

Diese Videoblogger werden auch als rechtsextremistische Influ-encer verstanden – tatsächlich ähneln die Formen ihrer Selbstprä-sentation vielen unpolitischen oder politisch nicht rechtsextremis-tischen Online-Akteuren: Sie nutzen Social Media, um „Produkte oder Ideen zielgruppengerecht zu verbreiten",[12] produzieren Videos oft im privaten Ambiente und stellen so eine Atmosphäre von Authentizität und Intimität her, sprechen ihr Publikum persönlich an, rufen sich durch einen kurzen Takt neuer Videos regelmäßig in Erinnerung. Status bemisst sich an Klick- und Abonnentenzahlen. Im Internet erzielte Einnahmen bilden mitunter das Haupteinkom-men, daher spielen kommerzielle Interessen eine wichtige Rolle: Erreichen sie hohe Klickzahlen, so werden sie je nach Videoplatt-form an den Werbeeinnahmen beteiligt, die Vlogs sind außerdem ein Marktplatz ihrer Produkte, ihrer Versandhandlungen und von Aufrufen, für ihre Arbeit zu spenden.[13]

Große Portale wie Facebook und YouTube schließen Anbieter, die gegen die Community-Richtlinien verstoßen, inzwischen häufiger

---

12   Institut für Demokratie und Zivilgesellschaft, Rechtsextremes Influen-certum, 2000, S. 1, www.idz-jena.de/fileadmin/user_upload/Hate_not_found/WEB_Factsheets_Rechtsextreme-Influencer.pdf.
13   Vgl. ebenda.

als in der Vergangenheit von ihren Plattformen aus. In Deutschland ist dieses Deplatforming etwa seit 2019 deutlicher erkennbar, es trifft nicht zuletzt rechtsextremistische Videobloggerinnen und -blogger. Das Maßnahmenrepertoire reicht von der Möglichkeit, die Monetarisierungsfunktion zu deaktivieren (Vlogger werden dann nicht mehr an Werbeeinnahmen beteiligt), bis zur vollständigen Löschung oder Sperrung der Accounts von Nutzerinnen und Nutzern. Viele rechtsextremistische Anbieter weichen in solchen Fällen auf andere Plattformen wie Telegram oder BitChute aus und bleiben dadurch online erreichbar. Allerdings zeigt eine Untersuchung des Instituts für Demokratie und Zivilgesellschaft (Jena), dass Deplatforming ihre Reichweite erheblich einschränken kann. Das Beispiel Martin Sellners macht dies besonders deutlich: „Den rund 144 000 Abonnent*innen auf Sellners gesperrtem YouTube-Kanal stehen etwa 16 900 Abonnent*innen auf der alternativen Videoplattform BitChute und 6300 Abonnent*innen auf der Streaming-Plattform DLive gegenüber."[14] Soweit rechtsextremistische Videobloggerinnen und -blogger noch über Kanäle auf etablierten Plattformen verfügen, hängt eine gewisse verbale Zurückhaltung auch mit dem drohenden Deplatforming zusammen, andererseits speisen solche Akteure ihre Inhalte meist vorsorglich über mehrere Anbieter ein, darunter solche, von denen restriktive Maßnahmen nicht zu erwarten sind (sog. alternative Plattformen).

Frank Kraemer

Betrachtet man den Rechtsextremismus als eine neue soziale Bewegung, ist Frank Kraemer ein Bewegungsunternehmer, der auf eine langjährige Beteiligung an unterschiedlichen Teilbereichen des

---

14 Maik Fielitz/Karolin Schwarz/Jana Hitziger, Hate not found?! Das Deplatforming der extremen Rechten und seine Folgen. Hrsg. vom Institut für Demokratie und Zivilgesellschaft, Jena 2020, S. 36.

deutschen Rechtsextremismus zurückblickt. Nach eigenen Angaben ist der 1977 in Köln geborene Kraemer seit seinem 14. Lebensjahr „in verschiedenen nationalistischen Organisationen aktiv". Demnach war er nicht Mitglied, aber Aktivist der 1995 verbotenen neonazistischen „Freiheitlichen Deutschen Arbeiterpartei" (FAP). Er schloss sich der NPD-Jugendorganisation „Junge Nationaldemokraten" (2018 umbenannt in „Junge Nationalisten") an, trat 1999 in die NPD ein und im Dezember 2017 aus ihr aus. Fortan agiert er als „parteiunabhängiger Einzelaktivist".[15] Er ist auch einer der Protagonisten der Gruppierung „Freundeskreis Rhein-Sieg", die ursprünglich aus der vermutlich 2013 gegründeten „Identitären Bewegung Rheinland" hervorgegangen ist. Diese hatte sich 2014 mit der Bundesführung der „Identitären Bewegung" überworfen und in „Identitäre Aktion" umbenannt, 2016 dann in „Freundeskreis Rhein-Sieg".[16]

Kraemer war zunächst vorwiegend als rechtsextremistischer Musiker aktiv: 1995 gründete er mit Daniel Giese (auch „Gigi und die braunen Stadtmusikanten") die Band „Stahlgewitter", die stilistisch im ursprünglichen und durch den rechtsextremistischen Teil der Skinhead-Szene geprägten Rechtsrock angesiedelt ist. 1996 veröffentlichte sie ihr erstes Album „Das eiserne Gebet".[17] Die

15   Frank Kraemer, Werde unsterblich. Rechte Metapolitik als Lebensphilosophie, Berlin 2018, S. 141; vgl. auch Der Dritte Blickwinkel – Folge 63: Im Gespräch mit Alex von KdN, 21. 3. 2021, https://gegenstimme. tv/videos/watch/23467088-56f8-4e32-80d9-01c66f15adf4?start=2s (ab Min. 29:42). Kraemer soll zeitweise auch im Gau Rheinland der „Deutschen Heidnischen Front" aktiv gewesen sein; vgl. Christian Dornbusch (d. i. Martin Langebach)/Jan Raabe (Hrsg.), RechtsRock. Bestandsaufnahme und Gegenstrategien, Münster 2002, S. 303.

16   Vgl. Antwort der Landesregierung Nordrhein-Westfalens vom 18. 9. 2020 auf die Große Anfrage Nr. 22, Drucksache 17/11081, S. 37, www.landtag. nrw.de/portal/WWW/dokumentenarchiv/Dokument/MMD17-11081.pdf.

17   Vgl. Sascha A. Roßmüller, Im Gespräch mit Frank Kraemer: „Freiheit bedeutet, sein Potential entwickeln zu dürfen", 28. 9. 2018, https://deutsche-stimme.de/im-gespraech-mit-frank-kraemer-freiheit-bedeutet-sein-potential-entwickeln-zu-duerfen.

Bundesprüfstelle für jugendgefährdende Medien (seit Mai 2021: Bundeszentrale für Kinder- und Jugendmedienschutz) indizierte dieses Album wie auch fünf weitere eigene Alben der Band, darüber hinaus mehrere Sampler mit ihrer Beteiligung. Aufgrund des „Stahlgewitter"-Lieds „Im Krieg gegen ein Scheißsystem" stufte das Amtsgericht Halle/Saale die erste gratis verteilte Rechtsrock-CD (Projekt Schulhof) im August 2004 als „offenkundig schwer jugendgefährdend" ein und untersagte die Verbreitung. „Stahlgewitter" sollen einmal auch unter dem Pseudonym „Goldhagens willige Speichellecker" firmiert haben und unter diesem Namen 1998 mit einem Beitrag auf dem Sampler „Die Deutschen kommen 1" vertreten gewesen sein.[18] Ab 1998 beteiligte sich Kraemer zudem als Gitarrist an der Band „Halgadom", die er selbst den Genres Pagan Metal und Neofolk zuordnet.[19] Später war er auch als Balladensänger ohne Band aktiv, auf seiner Website bietet er sich zudem als Veranstaltungsredner an. Wie die Neue Zürcher Zeitung berichtet, war er beispielsweise einer der Redner des „Völkischen Forums", zu dem im November 2019 Rechtsextremisten aus unterschiedlichen Gruppierungen, darunter Blood & Honour, in der Schweiz zusammenkamen.[20] Als weiterer Redner war der „Volkslehrer" Nikolai Nerling beteiligt. Auch „Stahlgewitter" trat auf solchen konspirativ organisierten Veranstaltungen auf. Dies setzt eine enge Einbindung in neonazistische Netzwerke voraus.[21]

Intensiv vernetzt ist der Vlogger in jüngsten Jahren auch im rechtsextremistischen Bereich des Kampfsports, der Sportler, umfasst, die „sich als Elite einer gesamteuropäischen Bewegung

18   Vgl. Dornbusch/Raabe, RechtsRock, S. 452.
19   Vgl. Kraemer, Werde unsterblich, S. 88.
20   Vgl. Reto Flury, Deutsche treffen sich mit Schweizer Neonazis in Galgenen, die Schwyzer Kantonspolizei beobachtet, in Neue Zürcher Zeitung, 7. 12. 2019, www.nzz.ch/schweiz/rechtsextreme-treffen-sich-in-galgenen-die-schwyzer-kantonspolizei-beobachtet-ld.1526993.
21   Vgl. Dornbusch/Raabe, RechtsRock, S. 153.

inszenier[en]".[22] Zeitweise die größte rechtsextremistische Kampf-
sportveranstaltung in Europa war der „Kampf der Nibelungen".
Hauptorganisator ist der Dortmunder Aktivist Alexander Deptolla.
Die Veranstaltung wird von einem Unterstützer- und Sponsoren-
netzwerk, der „Kampfgemeinschaft", getragen. Ihr gehören wech-
selnde Akteure an, im Sommer 2021 waren es das französische
Kampfsportlabel „Pride France", die Kampfsport- und NS-Straight-
Edge-Gruppierung „Wardon" (Thüringen), die Labels „Resistend"
(Chemnitz), „Black Legion" (Cottbus) und „Sport-Frei!" (Bremen)
sowie Kraemers „Sonnenkreuz"-Versand (Eitorf, NRW).

Metapolitischer Ansatz

Seit den 1970er-Jahren ist auch in Deutschland ein heterogenes
Geflecht rechtsextremistischer Gruppen und Verlage mit intellek-
tuellem Anspruch entstanden, die strategisch neue Akzente setzen:
Mit dem Versuch, gesellschaftliche Diskurse zu prägen und Begriffe
zu besetzen oder umzudeuten – das heißt: die „kulturelle Hegemo-
nie" zu erringen –, greift diese Neue Rechte auf den italienischen
Marxisten Antonio Gramsci zurück. Gramsci ging davon aus, dass
es unter den Bedingungen entwickelter kapitalistischer Staaten nicht
erfolgversprechend sei, Revolution allein als staatsstreichartigen
Griff nach der Macht zu denken. Anders als im agrarisch geprägten Russland zur Zeit der Oktoberrevolution bestehe in diesen eine
zivilgesellschaftliche Sphäre, die Vereine, Gewerkschaften oder Kirchen umfasst, die die politische Kultur präge und den Staat stütze,
solange sie ihn für legitim hält. Revolution sei nicht möglich, ohne
zuvor den systembejahenden Konsens der Zivilgesellschaft zu untergraben. Die Voraussetzung für weitreichende Veränderung ist also
zunächst ein langfristiges Ringen um Deutungshoheit und somit ein

---

22   Robert Claus, Ihr Kampf. Wie Europas extreme Rechte für den Umsturz
     trainiert, 2. Aufl., Bielefeld 2021, S. 18.

schleichender Prozess. Einer der Hauptvertreter der Neuen Rechten, der Franzose Alain de Benoist, verband den Rückgriff auf Gramsci in den 1980er-Jahren mit den Begriffen Metapolitik und „Kulturrevolution von rechts".[23]

Spätestens seit seinem Buch „Werde unsterblich. Rechte Metapolitik als Lebensphilosophie" (2018) umgibt Kraemer seine Medienaktivitäten mit dem Begriff der Metapolitik, der bei ihm wenig unterfüttert ist und eher zu einer intellektuellen Attitüde beiträgt. Zudem ist Kraemers Werdegang sehr viel enger mit dem Neonazismus verknüpft als mit modernisierten, intellektuell geprägten Erscheinungsformen des Rechtsextremismus. Metapolitik verbindet er mit dem Begriff der „Gegenöffentlichkeit", der einen jahrzehntelangen Vorlauf im gesamten Rechtextremismus, in der Alten wie der Neuen Rechten, besitzt und von der Linken übernommen wurde. Der Begriff trat seine Karriere in der Studentenbewegung ab 1968 an, benannte den Gegenpol zur „Manipulation" der „bürgerlichen" Presse und drückte sich in einer vielfältigen Landschaft der „Alternativpresse" aus. Die rechtsextremistische Vorstellung von Gegenöffentlichkeit umfasst jenes normativ-emanzipatorische Moment allenfalls in rudimentärer Form, an das ihn vorangegangene neue soziale Bewegungen untrennbar gebunden hatten. Der Begriff bezeichnet auch hier eine Abkehr von formal-hierarchischen Diskursen zugunsten loser Vernetzung, die sich in Onlinewelten besonders gut verwirklichen lässt.[24]

Bei Kraemer changiert „Gegenöffentlichkeit" zwischen Gegenpol zum Mainstream und Camouflage des Mainstreams. „Wir kommen als Dissidenten und Systemkritiker nicht drumherum,

---

23 Vgl. Alain de Benoist, Kulturrevolution von rechts. Gramsci und die Nouvelle Droite, Bonn 1985, z. B. S. 40.

24 Vgl. Thomas Pfeiffer, Gegenöffentlichkeit und Aufbruch im Netz. Welche strategischen Funktionen erfüllen Websites und Angebote im Web 2.0 für den deutschen Rechtsextremismus?, in: Stephan Braun/Alexander Geisler/Martin Gerster (Hrsg.), Strategien der extremen Rechten. Hintergründe – Analysen – Antworten, 2. Aufl., Wiesbaden 2016, S. 259–286, hier S. 264 ff.

alternative Medien zum scheinbar alles beherrschenden Mainstream zu schaffen",[25] schreibt er einerseits, warnt andererseits davor, „dem Bild der Feindpresse vom rechten Schreihals [zu] entsprechen". Man müsse „seriös, authentisch und beherrscht" auftreten, „Beleidigungen und plumpe Ausdrücke"[26] sowie „übertriebene emotionale Ausbrüche"[27] seien zu unterlassen. Aussagen müssten mit Quellenangaben versehen werden und Veröffentlichungen sich im „Bereich des Sagbaren bewegen". Provokation sei zwar wichtig, aber ohne das Strafrecht zu verletzen.[28] Aus diesem Grund habe „Stahlgewitter" vor der Veröffentlichung neuer Alben zeitweise bis zu drei Anwälte beauftragt, um Texte auf strafrechtliche Relevanz zu prüfen.[29]

Gegenöffentlichkeit wird an das strategische Interesse der Breitenwirkung geknüpft und instrumentell verstanden. Dies gilt auch für Musik: Es gehe darum, mit „effektiven Werkzeugen, einer Weltanschauung die nötige Reichweite zu liefern" – Subkulturen wie die Skinheads seien dazu nicht in der Lage, daher sei es notwendig, auch musikalisch über sie hinauszugehen. Musik ist hier nicht authentischer kreativer Ausdruck, sondern Mittel zum Zweck: „Bei der Propaganda ist es wie beim Angeln. Der Köder muß dem Fisch schmecken und nicht dem Angler."[30]

Zentrale ideologische Muster

Kursorisch soll das Framing verdeutlicht werden, in dem Kraemers Internetprojekte stehen. Er selbst weist den Begriff Ideologie für sich zurück und spricht von Weltanschauung. Dies dürfte auch

---

25 Kraemer, Werde unsterblich, S. 42.
26 Ebenda, S. 53.
27 Ebenda, S. 48.
28 Ebenda, S. 44.
29 Vgl. ebenda, S. 45.
30 Ebenda, S. 88.

diskurstaktisch motiviert sein, da Ideologie im allgemeinen Sprachgebrauch negativ belegt ist. Explizites Unterscheidungskriterium ist die Achtung von „Naturgesetze[n]" und der „natürlichen Ordnung", die für die Weltanschauung gelte, für die Ideologie nicht.[31] Der Diskurs ist insofern apodiktisch: Abweichende Sichtweisen leugnen die Natur des Menschen.

Offensichtlich sind Unterschiede der aktuellen Äußerungen zu den offen neonazistischen, insbesondere antisemitischen Aussagen in Texten von „Stahlgewitter".[32] Auf diese Texte angesprochen, weicht Kraemer später aus. Da der betreffende Tonträger indiziert sei, könne er sich „leider" nicht dazu äußern.[33] Heute sind seine Veröffentlichungen vom Diskurs des Ethnopluralismus geprägt. Dieser behauptet explizit nicht, dass eine ethnische Gruppe höherwertig sei als andere, sondern dass Qualität und Bestand des Gemeinwesens gefährdet seien, wenn sich ethnische Gruppen mischen. Das Credo ist die Fiktion der ethnischen Homogenität innerhalb eines Raumes. Dieser Diskurs kann explizit mit dem Mythos der Rasse verknüpft sein, muss es aber nicht, er ist flexibel und von der Neuen Rechten bis zum Neonazismus anschlussfähig.[34] Bei Kraemer verbindet er sich mit biologistischem Rassismus. Demnach ist „natürliche Ungleichheit" für Menschen prägend; die Annahme, dass es keine Rassen gebe, zähle zu den „irrwitzigsten Ideen"; vielmehr sei „die natürliche Mannigfaltigkeit in Form von Völkern, Rassen und Geschlechtern

31 Ebenda, S. 105.
32 Vgl. für Textbeispiele Dornbusch/Raabe, RechtsRock, S. 113 ff.
33 Vgl. Kraemer, Werde unsterblich, S. 70. An dieser Stelle gibt der Autor die ungekürzte Fassung eines Interviews wieder, das Studierende der Hochschule für Musik, Theater und Medien in Hannover 2011 für die Zeitschrift „Saitensprung" mit ihm führten.
34 Vgl. Thomas Pfeiffer, „Wir lieben das Fremde – in der Fremde". Ethnopluralismus als Diskursmuster und -strategie im Rechtsextremismus, in: Jennifer Schellhöh/Jo Reichertz/Volker M. Heins/Armin Flender (Hrsg.), Großerzählungen des Extremen. Neue Rechte, Populismus, Islamismus, War on Terror, Bielefeld 2018, S. 35–55, hier S. 51.

[…] Ausdruck göttlicher Ordnung".[35] Zuwanderung ist gleichbedeutend mit „Massenvergewaltigungen, Terroranschläge[n], Morde[n] und [der] Auslöschung der indigenen Europäer".[36] Mit Zugewanderten werde es, bis auf wenige Ausnahmen, „kein friedliches Zusammenleben geben können".[37] Entsprechend beschreibt Kraemer die multiethnische Realität in Kriegsmetaphern.

Eine antisemitische Basis ist erkennbar, auch wenn sie in Chiffren zum Ausdruck kommt, etwa in der Rede von der „Hochfinanz als kleine, asoziale, aber machtvolle Randgruppe".[38] Wenn Kraemer raunt: „Wir wissen, wer die Völker der Welt gegeneinander aufhetzt",[39] ist die Nähe zur Wortwahl Hitlers auffallend, für rechtsextremistische Leserinnen und Leser dürfte kein Zweifel bestehen, dass Juden gemeint sind.

Die Internetaktivitäten Kraemers laufen auf der Website derdritteblickwinkel.com zusammen, von dort verweist er auf Inhalte, die über teils mehrere Profile oder Kanäle auf BitTube, BitChute, YouTube, Twitter, Telegram, Instagram, Facebook und Patreon eingespeist werden. Dies geschieht auch, um im Fall eines Deplatforming Alternativen vorzuhalten. YouTube hatte seinen Kanal 2019 zeitweise gesperrt und einige seiner frühen Podcasts gelöscht. Heute

---

35   Kraemer, Werde unsterblich, S. 104 f.
36   Ebenda, S. 51.
37   Ebenda, S. 55.
38   Ebenda, S. 58.
39   Ebenda. In der sogenannten Siemensrede Hitlers vom 10. November 1933 heißt es, auf Juden bezogen: „Es ist ein kleine wurzellose internationale Clique, die die Völker gegeneinander hetzt, die nicht will, daß sie zur Ruhe kommen. Es sind das die Menschen, die überall und nirgends zuhause sind, sondern die heute in Berlin leben, morgen genauso in Brüssel sein können, übermorgen in Paris und dann wieder in Prag oder Wien oder in London, und die sich überall zu Hause fühlen." Zit. nach Deutsches Filminstitut/filmarchives online, www.filmarchives-online.eu/viewDetailForm?FilmworkID=aaa546b529f11070db80581 1df326094.

nehme er daher „jede Plattform, so lange es geht, eben mit",[40] als
Ausweichmöglichkeiten für Videos dienen ihm auch die Plattformen
Veezee und Gegenstimme.tv.

Das zentrale Projekt startet im Jahr 2010: Unter dem Titel „Der
Dritte Blickwinkel" (D3B) geht zunächst ein Blog auf der Plattform
Wordpress.com ans Netz, 2016 entsteht daraus ein Videoblog. Dem
Titel gibt er eine elitäre Wendung: Gemeint sei eine Perspektive, die
der dritten Seite einer Münze entspreche, ihrem schmalen Rand.
Es gehe nicht um „einseitige Stimmungsmache" etwa zum Thema
Migration, der Feind sei nicht „der Ausländer", sondern das System,
das diesen „als Werkzeug gebraucht, um die eigene Agenda durchzu-
peitschen". Diese Perspektive müsse „den wankelmütigen und unbe-
darften Außenstehenden" vor Augen geführt werden.[41] Das Logo des
Vlogs, ein stilisiertes Auge, löste offenbar szeneinterne Kritik aus, da
dieses Symbol durch die Freimaurer besetzt sei, Kraemer weist den
Vorwurf zurück.

Den Umstieg vom Textblog zum Videoblog 2016 begründet er
einerseits mit geänderten Rezeptionsgewohnheiten des Publikums,
als Impuls nennt er auch den Kontakt zu Nana Domena, einem Köl-
ner Vlogger und Sohn ghanaischer Einwanderer, den er im Januar
2016 zufällig am Rande einer Pegida-Demonstration in Köln ken-
nengelernt habe.[42] Beide produzieren fortan gemeinsame Videos
unter dem Titel „Multikulti trifft Nationalismus". Es liegt nahe,
dass die Kooperation mit dem Schwarzen Deutschen dazu beitragen
soll, den Rassismus-Vorwurf von sich abzuleiten, einen Gestus des
offenen Diskurses zu zeigen und durch den scheinbaren Gegensatz
Aufmerksamkeit zu erzeugen: Gemessen an den YouTube-Klick-
zahlen übersteigt die Reichweite dieses Formats die der D3B-Videos

---

40 Der Dritte Blickwinkel – Folge 66: Im Gespräch mit Lilly Thüringen,
    25. 6. 2021, www.youtube.com/watch?time_continue=121&v=SmMTuO
    R6fQs&feature=emb_logo (ab Min. 52:42).
41 Kraemer, Werde unsterblich, S. 58.
42 Vgl. ebenda, S. 93.

deutlich. Letztere liegen mitunter im dreistelligen, gehen überwiegend nicht über den niedrigen vierstelligen Bereich hinaus.[43] Die Klickzahlen von „Multikulti trifft Nationalismus" schwanken und liegen im Maximum bei 267 702 Aufrufen (Folge 5 vom 9. 8. 2016).[44]

Darüber hinaus betreibt Kraemer im Netz den „Sonnenkreuz Versand", der unter anderem Musik und Merchandising von „Halgadom", weitere Textilien sowie Bücher anbietet. Einen Schwerpunkt des Programms bilden Nahrungsergänzungsmittel für den Kraftsport. Die naheliegende Vermutung, „Sonnenkreuz" sei als eine Anspielung auf das Hakenkreuz zu verstehen, weist Kraemer zurück. Gemeint sei ein Sonnensymbol, das „seit Tausenden von Jahren Verwendung findet". Es „auf zwölf Jahre zu reduzieren" offenbare ein „komplexbehaftetes Gewissen".[45]

Die optische Selbstpräsentation unterscheidet sich in den aktuellen Medien Kraemers – auch im Portal „Impfrebell" – deutlich von früheren Inszenierungen, mit denen etwa „Stahlgewitter" auf den Plan trat. Auf deren Covern sind symbolische Verweise auf den Nationalsozialismus prägend. In den Internetangeboten ist das nicht der Fall, im Vordergrund steht die Inszenierung der Person. In ca. 20-sekündigen Trailern zum Podcast präsentiert er sich im Stil eines Late-Night-Entertainers: in grauem Hemd und mit Weste, unterlegt von verzerrten E-Gitarren, im Hintergrund ist eine nächtliche urbane Szenerie aus der Vogelperspektive und im Zeitraffer zu sehen. In den etwas kürzeren Trailern in Videos schwebt das D3B-

---

43 Eine Ausnahme bildet die unter dem Titel „Sprachnachrichten zum mutmaßlichen Amoklauf von Hanau" eingestellte O-Ton-Collage vom 22. 2. 2020 mit 17 172 Aufrufen. Überleitungslos fügt sie Sprachnachrichten zusammen, die im Kontext des Anschlags von Hanau am 19. Februar 2020 ins Netz gestellt wurden. Sie legen nahe, der rassistische Hintergrund der Tat sei fraglich und aus politischen Motiven konstruiert, dies führt Kraemer auch in dem Beitrag „Cui bono, Hanau?" vom 23. Februar 2020 aus.

44 Stand: 23. 8. 2021.

45 Kraemer, Werde unsterblich, S. 63.

Logo wie ein Stern funkelnd und von einer Art Tusch untermalt im Weltall ein. Den Rubriken der Website geht jeweils ein großflächiges Symbolfoto voran – in der Rubrik „Geist & Materie", die überwiegend Buchrezensionen enthält, ist Kraemer im Jackett vor einer Bücherwand zu sehen, gedankenversunken betrachtet er eine weiße Schachfigur. In den Videos selbst zeigt er sich meist sportlich und leger, häufig trägt er Produkte aus dem Programm des Sonnenkreuz Versands wie die Merchandising-T-Shirts „Impfrebell" oder „D3B" sowie mit Aufdrucken wie „Weltanschauung" oder „Kämpfertum".

Kampagne „Impfrebell"

Die Kampagne „Impfrebell" wird als „eine Initiative des alternativen Medienprojektes Der Dritte Blickwinkel"[46] eingeführt und ist in die Website des Vlogs eingebettet. Die Formulierung lässt ahnen, dass der rechtsextremistische Hintergrund der Kampagne nicht offen erkennbar sein soll. Der Website zufolge startete sie am 9. Januar 2021, also kurz nachdem am 27. Dezember die Impfungen gegen das Coronavirus bundesweit offiziell begonnen hatten. Die Kampagne umfasst sieben Elemente – den Text der Website, einen Flyer, eine Liste von Links, die als Belege der Textaussagen firmieren, ein Mobilisierungsvideo, ein Musikvideo mit dem Lied „Impfrebell", eine Bildergalerie, die Aktionen von Userinnen und Usern dokumentiert, sowie Kampagnen-Merchandising im Sonnenkreuz Versand (T-Hemden, Tassen, Aufkleber).

Den Wiedererkennungswert sollen eine Textmarke und eine Bildmarke steigern: der Schriftzug „Impfrebell – Mein Körper, meine Entscheidung!" sowie das Logo aus einem roten Totenkopf im Graffiti-Style und zwei gekreuzten Spritzen anstelle der in Totenkopf-Darstellungen häufigen gekreuzten Knochen, alternativ zum Totenkopf

---

46 Impfrebell – Mein Körper, meine Entscheidung!, 26. 1. 2021, www.youtube.com/watch?v=-2JPLSqEXCU.

kommt auch ein Megafon vor. Weder Text- noch Bildmarke geben einen Hinweis auf einen rechten politischen Hintergrund der Kampagne, zumal die Textmarke dem linken Diskurs entlehnt ist, den Kampagnen gegen die Strafbarkeit des Schwangerschaftsabbruchs.

Aller Erfahrung nach ziehen im Netz vor allem (audio-)visuelle Angebote Aufmerksamkeit auf sich und tragen dazu bei, dass Inhalte viral gehen können, insofern sind die beiden Videos die Hauptträger der Kampagne. Das 1:47-minütige Mobilisierungsvideo verbindet zunächst Schlagworte mit Symbolbildern, unterlegt von stakkato-artiger Musik, als dramaturgischer Höhepunkt von einer tickenden Uhr, die Dringlichkeit signalisiert. Textlich steigern sich die Aussagen zu einem auf die Impfung bezogenen Szenario: „Währungs- und Wirtschaftskollaps, Enteignung der Sparer, Arbeitsplatzvernichtung, der gläserne Mensch, Transhumanismus – wie weit werden die Eliten gehen?" Damit verbunden ist der Appell, gegen „Unterdrückung und Repressalien Widerstand [zu] leisten, dem Machtmissbrauch die Stirn [zu] bieten". Zur letzten Zeile „Wir erleben das Ende der Geduld …" wird ein Uhrwerk in Makroaufnahme eingeblendet, das Schlusswort „… jetzt!" begleitet von einem Gongschlag.[47] Im 3:58-minütigen Musikvideo trägt Kraemer das Lied „Impfrebell" zur akustischen Gitarre im Liedermacherstil vor. Das Video enthält nur ein Standbild des Sängers. Das Lied hat einen leichteren Ton als das Mobilisierungsvideo – es ist eher ironisch als dramatisch, der Gestus ist hier lässig und will dem Gegner – „Mainstream und Politiker" und der „Lobbyisten-Schar" des Impfens – überlegen sein.[48] In der Bildergalerie fordert Kraemer dazu auf, „Bilder Deiner Flugblattaktionen oder kreativen Aktionen" zur Kampagne einzusenden. Im Sommer 2021 enthält sie 16 Bilder eher wenig ambitionierter Aktionen, darunter das Transparent „Impfrebell. Sei Teil der Rebellion!", das Foto einer Person mit dem Flyer oder des Flyers im Regal eines Lebensmittelgeschäfts.

47   Ebenda.
48   Frank Kraemer – Impfrebell (Das Lied), 9. 6. 2021, www.youtube.com/watch?v=H1Tps01M4B4&t=2s.

Die Diskurse der Kampagne „Impfrebell" sind ein Spiegelbild der sechs Hauptnarrative, die das Institute for Strategic Dialogue bei Desinformationsaktivitäten zur Covid-19-Impfung in Online-Communities herauskristallisiert hat: „Impftote", „AstraZeneca", „Impfschäden", „Impfpflicht", „Diskreditierung von Experten" und „Verschwörungsmythen". Auch der appellative Charakter und die Aufforderung zum „Widerstand" seien typisch, in der „Impfrebell"-Kampagne ist beides deutlich erkennbar. Dies spricht dafür, dass ihre Inhalte und ihr Ton auch unter Impfgegnern und -skeptikern auf breiter Basis anschlussfähig sind, die nicht zum Rechtsextremismus zählen.

Den Kampagnenmedien zufolge sind schwerwiegende Schäden durch die Impfung zu erwarten. Im Liedtext werden Lähmung und Thrombose konkret genannt, eine genauere Einordnung des Risikos wird nicht vorgenommen. Tod wird als drohende Folge holprig angedeutet: „Lieber ohne Impfung leben / Als dass mit ihr war's gewesen". Die Kampagne fokussiert nicht auf bestimmte Impfstoffe wie Astra-Zeneca, sondern stellt diese unter Generalverdacht, erhebliche Gefahren, insbesondere Langzeitschäden, nach sich zu ziehen. Das zentrale Motiv ist die vehemente Ablehnung einer angeblich bevorstehenden Impfpflicht. Gerade dieser Diskurs verbindet sich mit aggressiver und pauschaler Diskreditierung all jener, die für Impfungen werben. Im Flyer heißt es: „Dieses künstlich aufgebaute Szenario soll uns alle in die Arme impfwütiger Ärzte und geldgieriger Pharmalobbyisten treiben – auf Kosten von Menschenleben."[49] Zudem ist von „arroganten Politdarstellern" die Rede, im Lied konkret genannt werden der Virologe Christian Drosten, Gesundheitsminister Jens Spahn und der Wirtschaftswissenschaftler, Gründer und Vorstandsvorsitzende des Weltwirtschaftsforums Klaus Schwab.

Angedeutete Verschwörungsmythen kommen in allen Kampagnenmedien vor, sie behaupten weitergehende Ziele, die hinter den Maßnahmen zur Eindämmung der Pandemie stünden, im Kampagnenvideo etwa in Form der rhetorischen Frage: „Geht es den

---

49   Flyer: www.sonnenkreuz.net/media/pdf/12/ef/fe/Flyer_Impfrebell.pdf.

Eliten um Menschenleben oder um etwa anderes?" „Totalkontrolle"
steht im Liedtext für die wahre Absicht, die hinter den Kulissen
einer Pandemie verfolgt werde. In dem für dieses Kampagnenme-
dium typischen saloppen Ton heißt es: „Doch sie brauchen was zum
Tarnen / Zum Beispiel vor 'nem Virus warnen." Konkret verbindet
das Lied dieses Narrativ mit dem Begriff des „Great Reset". Er ist
in den verschwörungsmythischen Welten des Internets in ein ver-
zweigtes Geflecht von Erzählungen eingebunden. Der Great Reset
kann hier etwa dafür stehen, dass „Impfungen das Verhalten des
Menschen ändern und im ‚Transhumanismus' münden würden."[50]
Im Mobilisierungsvideo klingt der Begriff raunend an: „Der gläserne
Mensch, Transhumanismus – wie weit werden die Eliten gehen?"
Die Formulierung „The Great Reset" geht auf den Titel des 2020
erschienenen Buches von Klaus Schwab und Thierry Malleret zurück
„Covid-19: The Great Reset" (deutscher Titel: „Covid-19: Der große
Umbruch"). Dem eigenen Anspruch nach zeigen die Autoren darin
Perspektiven auf grundlegende Veränderungen im Hinblick auf eine
„integrativere, robustere und nachhaltigere Welt" (Klappentext) nach
der Pandemie. Verschwörungsmythisch wurde das Buch als Fanal
einer „Neuen Weltordnung" und einer Weltregierung gedeutet, die
gewachsene Strukturen zerstöre. In bestimmten Varianten sind diese
Mythen antisemitisch aufgeladen.[51] Der Appell zum Handeln ist im
Mobilisierungsfilm besonders deutlich, der dramaturgisch im Aufruf zum Widerstand gipfelt. In diese Richtung weist auch das Transparent „Impfrebell. Sei Teil der Rebellion!" in der Bildergalerie.

Diese Rhetorik steht im Widerspruch zu einem vermeintlichen
Rationalitätsdiskurs, der die Kampagnenmedien in Teilen prägt. Auf
der Website heißt es: „Wir wissen, daß dieses Thema stark emotional
aufgeladen ist und ein Dialog oft nicht möglich. Eine Versachlichung

---

50 Winter u. a., Überdosis Desinformation, S. 32.
51 Vgl. Anna Klühspies/Elisabeth Kagermeier: #Faktenfuchs: Die Ver-
    schwörungstheorie zu „The Great Reset", in: br24, 21. 5. 2021, www.br.de/
    nachrichten/deutschland-welt/faktenfuchs-die-verschwoerungstheorie-
    the-great-reset,SY2OK1r.

ist daher umso wichtiger und diese Kampagne ist unser Beitrag dazu.“[52] Der Gegenseite wird im Flyer vorgeworfen, durch Zahlen „Panik zu schüren“. Spiegelbildlich gibt die Kampagne vor, aus einer Position des besonnenen, unvoreingenommenen Abwägens und „gewissenhaften“ Agierens zu mobilisieren. Wiederum im Gegensatz hierzu implementiere die Politik Maßnahmen ohne jedes Augenmaß, „Maßnahmen gegen ein Virus“, die „mehr Leid verursachen, als das Virus selbst“. Mit diesen „dubiosen und überzogenen Maßnahmen vernichten die politisch Verantwortlichen unzählige Existenzen und Leben. […] Mit jedem weiteren von der Bundesregierung verhängten Lockdown werden immer mehr Arbeitsplätze, ja ganze Berufszweige zerstört. Egal, ob Gastronomie, Hotelgewerbe oder die Tourismus-branche, hunderttausende Menschen verlieren ihre Arbeit und somit ihre Existenz. Der Wahnsinn muß enden!“ Auch wenn die Existenz des Virus ausdrücklich nicht infrage gestellt wird, verbindet sich eine äußerst geringe Risikoeinschätzung hinsichtlich der Verbreitung und durch das Virus ausgelöster Erkrankungen mit einer dramatisieren-den Darstellung der Folgen der Eindämmungsmaßnahmen.

Einerseits nimmt die Kampagne in Anspruch, in ihrem Zen-trum stehe das „Recht auf freie Selbstbestimmung“. Ein Impfzwang sei zu bekämpfen, die individuelle Entscheidung zu respektieren. Im Lied heißt es: „Denn mein Körper gehört mir / So wie Deiner, der ist Dir / Lass Dich impfen, lebe schnell / Da bleib ich lieber Impfrebell“. Andererseits signalisiert die Kampagne, dass eine vernünftige Ent-scheidung ausschließlich in eine Richtung weisen könne: „Doch die Zahlen sprechen für sich / Rechtfertigen keinen Stich“. Insofern prägt ein suggestiver Zahlendiskurs weite Teile der Kampagne, etwa die Zahl 0,00132 Prozent. Dies sei in der Gruppe der „Hauptberufstätigen (35–59 Jahre)“ laut Robert-Koch-Institut mit Stand vom 24. 12. 2020

---

52 Wie in den Veröffentlichungen Kraemers üblich, wird hier die Schreib-weise vor der Rechtschreibreform von 1996 beibehalten. Die Reform wurde in der Neuen Rechten massiv abgelehnt und auch als ein „Tür-öffner“-Thema verstanden.

der Anteil der im Zusammenhang mit Covid-19 verstorbenen 1095 Menschen an der Gesamtbevölkerung. Angesichts einer solchen verschwindend geringen Zahl, so die implizite Botschaft, seien einschneidende Maßnahmen abwegig (und offenbar anders als durch eine faktische Gefahrenlage motiviert). Die Argumentation berücksichtigt nicht, dass eben diese Eindämmungsmaßnahmen dazu beitragen sollten, die Zahl der Verstorbenen zu begrenzen; zudem nannten Bundes- und Landesregierungen vor allem die Risiken einer ungebremsten Ausweitungsdynamik der Pandemie als Begründung für Kontaktbeschränkungen. Mehrfach wird die Formulierung der „an oder mit" Corona Verstorbenen ironisch herangezogen, um das Bild einer besorgniserregenden Pandemie ad absurdum zu führen. Faktisch falsch ist die Aussage im Flyer, eine mit Covid-19 infizierte Person, die bei einem Autounfall ums Leben gekommen sei, werde durch das RKI stets zu den „an oder mit" Corona Verstorbenen gezählt.[53]

Verknüpft sind in den Kampagnenmedien die Mittel der Insinuation und der suggestiven Frage. „Wie gefährlich ist ein Virus, wenn derart manipuliert und verfälscht werden muß, um ein Schreckensszenario aufzubauen?", heißt es im Flyer, gestützt auf die oben genannte Falschaussage. Die Antwort liegt auf der Hand: Eine Gefahr werde durch Täuschung inszeniert, um anderweitige Ziele hinter der Fassade zu verfolgen. An anderer Stelle wird die Behauptung, der PCR-Test liefere keine aussagekräftigen Ergebnisse, mit einem Verweis auf den Berliner Senat untermauert. Nahegelegt wird, die Regierung sei sich bewusst, dass die Zahlen, mit denen die Maßnahmen legitimiert werden, substanzlos seien.

53 Laut RKI entscheidet das örtliche Gesundheitsamt, ob ein Todesfall zu den „an oder mit" Covid-19 Verstorbenen gezählt wird. Bei einem Autounfall ist das nicht der Fall, soweit nicht ausnahmsweise ein Zusammenhang zur Infektion erkennbar ist. Vgl. Bernd Oswald/Janina Lückoff: #Faktenfuchs: Wer wird als Corona-Toter gezählt und wer nicht?, 20. 11. 2020, in: br24, www.br.de/nachrichten/wissen/faktenfuchs-wer-wird-als-corona-toter-gezaehlt-und-wer-nicht,SGsKpEe.

In der Linkliste am Ende der Website ist unter der Überschrift
„Fakten über den PCR-Test" ein Schriftstück des Berliner Senats enthalten, das Antwort auf eine Kleine Anfrage zum Thema „Rechtliche
und tatsächliche Voraussetzungen der sogenannten ‚Corona-Ver-
ordnungen'" gibt. Darin bestätigt der Senat, dass der Test nicht zwischen „vermehrungsfähigen" und „nicht-vermehrungsfähigen" Viren
unterscheide. Die folgende Erläuterung, dass mit dem Test das Vor-
handensein von SARS-CoV-2 Viren nachgewiesen werde, dieses wiederum mit einer Infektion mit den Viren korreliere, der Test mithin
eine tragfähige Grundlage für den Infektionsschutz sei, ist im Flyer
nicht enthalten. Die Linkliste stützt den Rationalitätsdiskurs und
einen wissenschaftlichen Anschein der Argumentation. Sie vermittelt
den Eindruck einer Fülle belastbarer Belege der zuvor getätigten Aussagen. Tatsächlich ist allenfalls den Zwischenüberschriften nach grob
erkennbar, welche Aussage durch welchen Verweis belegt werden soll.

Überlappungen mit rechtsextremistischen Mustern

Explizit rechtsextremistische Positionen oder Fahnenwörter wie
„Rasse" kommen in den Kampagnenmedien nicht vor. Im Sinne
eines „Türöffner"-Diskurses ist das konsequent, da sie die Anschlussfähigkeit an Kreise, die über den Rechtsextremismus hinausreichen,
mindern würden. Vorhaltungen gegen „die Politiker", „die Eliten",
„die Herrschenden", „den Mainstream", auch gegen die „staatstreuen" und „systemtreuen" Medien[54] lassen allerdings weiten Spiel-
raum, Aussagen im Sinne einer fundamentalen Ablehnung der freiheitlichen Demokratie, ihrer Institutionen und Repräsentanten aus-
zudeuten. Angesichts der neonazistischen Karriere Kraemers liegt
dies nahe – innerhalb des Rechtsextremismus dürfte er ohne Weiteres so verstanden werden, ohne sich expliziter zu äußern. In der

---

54 Der Kampagnenflyer spricht von „systemtreuen GEZ-Medien" und
„staatstreuen Mainstream-Medien".

weiteren Pandemieleugner-Szene ist nicht zwingend dieselbe demo-
kratiefeindliche Interpretation notwendig, um sich der Ablehnung
eines mit diesen Begriffen bezeichneten Establishments anzuschließen – schließlich ist die Anti-Mainstream- und Anti-Establishment-
Haltung der Selbstinszenierung als Querdenker immanent.

Darüber hinaus öffnet die Linkliste der Kampagne Zugänge zu
weitergehenden verschwörungsmythischen und/oder rechtsextremistischen Inhalten – insbesondere in der Rubrik „Corona-Pandemie
als Hebel zur Weltregierung?". Sie schließt an Mythen um den „Great
Reset" an, der explizit nur einmal im Musikvideo kurz vorkommt,
aber offenbar auch aus Sicht des Verfassers wesentlich zum Framing
der Kampagne beiträgt. Hier finden sich unter anderem drei Ausgaben des Podcasts „Der Dritte Blickwinkel". Darin ist Kraemer über
den „Great Reset" im Gespräch mit „Peter Steinborn" – laut Verfassungsschutz Brandenburg einem „zentrale[n] Akteur des rechtsextremistischen Verlags- und Blogprojekts ‚Metapol / Gegenstrom', einem
selbst ernannten Think-Tank der ‚Neuen Rechten'". Die Person hinter
dem Pseudonym Steinborn lässt demnach „auf einen altbekannten
brandenburgischen Rechtsextremisten aus dem ehemaligen Füh-
rungszirkel der Jungen Nationalisten schließen". Zu seinen Schwer-
punktthemen zählt die Kapitalismuskritik von rechts.[55]

Kommentare der Userinnen und User, die am Ende der Bildergalerie eingegeben werden können, formulieren rechtsextremistische
Bezüge zum Teil unmissverständlich: So schreibt User „Hubert":
„Ziviler Ungehorsam ist jetzt die Pflicht gegen die Umvolkung und
Zwangsimpfung!", User „Fernoptik wilde Jagd" betont, er oder sie sei
seit über 30 Jahren im Nationalen Widerstand aktiv, „aber so düster
wie jetzt, war meine Stimmung noch nie, trotz aller Schikanen und
Niederlagen in der Vergangenheit! Unsere Deutsche Volksgemein-
schaft hat einfach durch die permanente Umerziehung und dauer-
berieselung durch Feindpropaganda einen unheibaren Schaden

---

55 Ministerium des Innern und für Kommunales des Landes Branden-
    burg (Hrsg.), Verfassungsschutzbericht des Landes Brandenburg 2020.
    Pressefassung, Potsdam 2021, S. 44.

davongetragen".[56] User „Geistig gesund bleiben" übernimmt, bezogen auf die zeitweise geltende nächtliche Ausgangssperre, von einer anderen Website die offensichtlich antisemitische Aussage „Wenn dann noch eine gewisse Macht ins Spiel kommt, kommt so etwas dabei raus." Noch deutlicher werden Kommentare, die auf YouTube zum Kampagnenvideo eingestellt wurden und einen szeneinternen Austausch über Adolf Hitler auslösen, angestoßen durch den Post des Users „Horst Maier": „Wir bräuchten eine Impfung gegen satanische Eliten und nicht gegen Corona. So eine Impfung gab es schon mal und hieß A.H. und erblickte das Licht der Welt in Braunau! A.H. bei der Impfung samma dabei!"[57]

Schlussfolgerungen

Videoblogs sind mehr als eine vergleichsweise neue Facette im Medienmix des Rechtsextremismus: Sie sind zu einem eigenständigen Aktionsfeld geworden und Vlogger zu einem eigenen Aktivistentypus. Um sie herum entwickeln sich Netzwerke, die oft quer zu den Kreisen der Anhängerinnen und Anhänger bestimmter Organisationen oder Parteien liegen. Untereinander sind viele von ihnen durch gemeinsame Video-Produktionen verbunden: Sie sind Netzwerk, Schaufenster, Marktplatz und Informationsdrehscheibe im Rechtsextremismus. Ihre Reichweite schwankt, manche binden ein Publikum ein, das über die in der Realwelt aktive Szene und über die üblichen Auflagen der rechtsextremistischen Presse deutlich hinausgeht. Videobloggerinnen und -blogger tragen auch zu einem moderneren und attraktiveren Appeal des Rechtsextremismus bei: Kumpelhaft plaudern sie aus dem eigenen Wohn- oder Arbeitszimmer und gelegentlich mit einer sympathisch wirkenden technischen

---

56 Kommentare: www.derdritteblickwinkel.com/projekte/mein-krper-meine-entscheidung-impfrebell (Fehler im Org.)
57 Kommentare: www.youtube.com/watch?v=-2JPLSqEXCU.

Unbeholfenheit über Hobbys, Musik, Sport, „Rasse" und Nation, im Stil sind sie vielen anderen Vloggern und Influencern ähnlich.

In der Kampagne „Impfrebell" auf der Plattform „Der Dritte Blickwinkel" des langjährig ausgewiesenen Rechtsextremisten Frank Kraemer zeigen sich Diskursmuster, die das Potenzial haben, Türen zu öffnen und Allianzen zu fördern – insbesondere zu und mit Zielgruppen, die sich einer offen rechtsextremistischen Agitation verschließen könnten, hier der Querdenker-, Pandemieleugner- und Impfgegner-Szenerie. Im Kern kristallisieren sich drei Muster heraus, die den Brückenschlag unterstützen: erstens der bewusste Verzicht auf Symbolik oder Fahnenwörter, die offensichtlich rechtsextremistisch besetzt sind, zweitens der vertraute Umgang mit dem Standardrepertoire der Narrative und Mythen in der angesprochenen Community am Rande oder jenseits des Rechtsextremismus und drittens – gerade in Kreisen, die Minderheitenpositionen mit elitärem Anspruch artikulieren – der Pauschalangriff auf das verhasste Establishment und den Mainstream. Um auch die eigenen, rechtsextremistischen Reihen zu erreichen, kommt es zudem darauf an, Schlüsselbegriffe fallen und Mythen anklingen zu lassen (hier vor allem den „Great Reset"), die Szenegänger ohne Weiteres für sich näher ausbuchstabieren können. Die Verve, in der der „Impfrebell" Kraemer das Thema aufgreift, spricht dafür, dass das hier nicht allein instrumentell besetzt wird, er vielmehr Rechtsextremist und authentischer Impfgegner zugleich ist.

Dass ein Abflauen der Pandemie diese Tendenzen der Entgrenzung nahezu von selbst zu einem Ende bringen wird, ist unwahrscheinlich. Lange vor Corona haben sich „Türöffner"-Themen als erfolgversprechend erwiesen. Dass bestimmte Positionen des Rechtsextremismus in Teilen der „Mitte" anschlussfähig sind, ist vielfältig empirisch belegt. Darüber hinaus ist ganz offensichtlich ein Resonanzraum vorhanden, in dem den Repräsentanten der liberalen Demokratie zutiefst misstraut wird und Offenheit besteht für grundlegend andere Verhältnisse – seien sie demokratisch oder auch nicht.

ANDREAS SPEIT

Antimoderner Reflex mit langer Tradition

Querdenken und Corona-Leugnen als Strömung der Lebensreformbewegung

Am Tag nach dem Wochenende des 28. und 29. August 2021 dominierte auf den Startseiten der Onlineportale das TV-Triell um das Kanzleramt zwischen Armin Laschet (CDU), Olaf Scholz (SPD) und Annalena Baerbock (Grüne). Die Aktionen der Querdenken- und Corona-Leugnungs-Bewegungen vom gleichen Wochenende dagegen finden sich in der Frankfurter Allgemeinen Zeitung, dem Spiegel, der Tagesschau, der Süddeutschen Zeitung oder der taz kaum, noch nicht einmal im Inland-Ressort, obwohl in der Bundeshauptstadt bei angemeldeten Kundgebungen und spontanen Aufzügen mehrere Tausend Protestierende gegen die staatlichen Pandemiemaßnahmen auf der Straße waren. An diesem Samstag und Sonntag dürfte sichtbar geworden sein, dass die Bewegung ihren Höhepunkt mit Großaktionen, auch wegen Verboten, überschritten hat. Die Bewegung löst sich aber nicht auf. Sie etabliert und radikalisiert sich.

„Frieden, Freiheit, keine Diktatur" skandierten Demonstrierende in den Berliner Bezirken Mitte und Prenzlauer Berg. Am Sonntag waren allein hier 5000 Querdenkende und Corona-Leugnende zusammen auf der Straße, strebten Richtung Innenstadt. Trotz polizeilicher Verbote von dreizehn Versammlungen hatte die Bewegung weiter über ihre Telegram-Kanäle nach Berlin mobilisiert. Ohne Masken, ohne Abstand zogen sie durch die Danziger Straße, sangen Reinhard Meys „Über den Wolken". Der Liedermacher selbst unterstützt diese Bewegung nicht. Im Gegenteil: Er engagierte sich bei der Aktion des Bundesministeriums für Gesundheit „WIRBLEI-BENZUHAUSE". In Querdenken- und Corona-Leugnungs-Bewegungen werden gern Zitate oder Werke von liberalen und linken Künstlerinnen und Publizisten ohne Kontext aufgegriffen. Solche Rekurse sollen Intellektualität suggerieren und täuschen vor, selbst nicht auf der rechten Seite des politischen Spektrums zu stehen. Dass die Zitierten jedoch kaum als Kronzeugen für die Bewegung die Bewegung dienen können, wird ignoriert. Am Sonntag passt denn auch der Refrain von Mey: „Über den Wolken muss die Freiheit wohl grenzenlos sein. Alle Ängste, alle Sorgen, sagt man, blieben darunter verborgen. Und dann würde, was uns groß und wichtig erscheint, plötzlich nichtig und klein" so als Statement gegen die vermeintliche Corona- oder Hygiene-Diktatur.

Am Freitag (27. August 2021) hatte das Verwaltungsgericht Berlin einem Eilantrag gegen das Verbot der Demonstration stattgegeben. In einer angemeldeten Versammlung der Partei „dieBasis" für Samstag und Sonntag sah dessen Erste Kammer keine „mittelbare Gefahr für die öffentliche Sicherheit". Die „pauschale Begründung des Antragsgegners, Corona-Kritiker würden Hygieneschutzmaßnahmen generell nicht beachten, stelle keinen ausreichend konkreten Bezug zu dieser Versammlung her", erklärte das Gericht. Denn bei den Organisatoren seien anders als bei den Antragstellern aus der „Querdenker"-Szene „in der Vergangenheit angemeldete Veranstaltungen" weitgehend „ohne Beanstandungen verlaufen".[1]

Die Bewegung „Querdenken 711" um Michael Ballweg reagierte auf die Verbote mit einem Aufruf. Mit der ersten Veranstaltung am 1. April 2020 in der Landeshauptstadt von Baden-Württemberg hatte Ballweg das Label für die Bewegung geschaffen. In anderen Städten waren zuvor schon „Hygiene"-Demonstrationen von

---

1   Beschluss der 1. Kammer vom 27. August 2021: https://www.berlin.de/gerichte/verwaltungsgericht/presse/pressemitteilungen/2021/pressemitteilung.1120574.php. – Die Weblinks in diesem Beitrag wurden zuletzt am 18. 8. 2021 abgerufen und geprüft.

Kundgebungen bis Meditationen gelaufen. Nach dem Verbot prangte vor dem Wochenende im August 2021 auf der Webseite der ersten „Querdenken"-Gruppe nun die Parole „Keine Demo, keine Kundgebung – nur wir". Mit einem sehr kurzen Video, in dem ein Herz in Umrissen mit hellem Licht auf dunklem Grund leuchtete und „Berlin 28./29.08.21" erschien, mobilisierten die Veranstalter weiter in die Bundeshauptstadt.

Mit Erfolg: Schon am Samstag formierten Protestierende mehrere kleinere Aufzüge im gesamten Stadtgebiet. Auf dem Potsdamer Platz tanzten sie Polonaise. An Straßen rund um das weiträumig abgesperrte Regierungsviertel kam es zu Auseinandersetzungen zwischen Polizeikräften und Demonstrierenden. An der Lessingbrücke setzte die Polizei Pfefferspray ein, um ein Durchbrechen der Sperrungen zu verhindern. Vor der Charité skandierten Demonstrierende „Drosten raus". Seit Beginn der Pandemie ist der Leiter des Instituts für Virologie an der Charité, Christian Drosten, eine der meistgehassten Personen der Bewegung, er erhielt bereits Morddrohungen.[2] Bei einer Spontandemonstration kamen etwa 4000 Personen zusammen. Am Ende des Tages standen noch bis zu 2500 Protestierende am Leipziger Platz, sagte eine Polizeisprecherin. An dem Wochenende nahm die Polizei 575 Querdenkende und Corona-Leugnende fest. Gezielt seien „Rädelsführer" und „Aufrufer" festgenommen worden, um Aufzüge zu unterbinden, so die Sprecherin.

Datum und Ort waren an diesem Augustwochenende bewusst gewählt. Schon ein Jahr zuvor hatte die „Querdenken"- und Corona-Leugnungs-Bewegung zur Demonstration in Berlin aufgerufen. Als „Tage der Freiheit" fasste die Redaktion von „Compact – Magazin für Souveränität" um Jürgen Elsässer in einer „Compact"-Edition im September 2020 die Demonstrationen vom 1. und 29. August

---

2　Virologe Drosten: Erhalte Morddrohungen, 27. 4. 2020, https://www.aerzteblatt.de/nachrichten/112358/Virologe-Drosten-Erhalte-Morddrohungen.

zusammen.[3] In den vergangenen zehn Jahren hat sich das Magazin zu einem „Zentralorgan für Verschwörungserzählungen" entwickelt, schreiben Katharina Nocun und Pia Lamberty.[4] Es wird seit 2020 vom Bundesamt für Verfassungsschutz als Verdachtsfall „rechtsextremistisch" geführt. Der Titel der „Compact"-Ausgabe spielt auf das Motto von „Querdenken 711" bei der ersten Demonstration in der Bundeshauptstadt an. Redaktion und Organisatoren eint die Interpretation der bestehenden Verhältnisse als einer Diktatur, in einem ersten Schritt müsse daher die „Freiheit" wiederhergestellt werden.

Bis zu 20 000 Menschen sollen laut Polizei am 1. August 2020 auf den Straßen gewesen sein. Vier Wochen später, am 29. August, waren es an die 38 000. An diesem Tag stürmten Querdenkende die Treppen des Reichstags. In ihren Reihen: Mitglieder der NPD, Reichsideologie-Bewegte, Holocaustleugner und Kameradschaftsanhänger. Mitglieder der AfD waren auch auf der Straße. An jenem Samstag 2020 flatterten Regenbogenfarben neben Reichsfahnen im Wind, und so kamen in dem Zug unter dem Motto „Love, Peace and Happiness" keine negativen Vibrationen auf. Den Anstoß, sich zum Reichstagsgebäude zu begeben, hatte Tamara Kirschbaum mit einer kurzen Rede gegeben, in der die Heilpraktikerin erwähnte, dass Donald Trump, damals noch US-Präsident, sich in Berlin aufhalte. Schon lange schätzte das Milieu Trump wegen seiner durchweg ähnlichen Positionen. Das sichtbare Zusammenwirken von „Querdenken" mit einer Redaktion, die am rechten Rand des politischen Spektrums steht, hat bisher zu keiner wahrnehmbaren Kritik aus der Bewegung geführt.

3   Compact Edition, Tage der Freiheit – Die großen Querdenker-Demos: Reden, Interviews, Fotos, September 2020.
4   Katharina Nocun/Pia Lamberty, Fake Facts. Wie Verschwörungstheorien unser Denken bestimmen, Köln 2020, S. 225.

„Freiheitsvirus" – Lebensreformbewegung III

Bei den Aktionen der Querdenker und Corona-Leugner weisen Habitus, Rhetorik und Modemarken auf ihren kulturellen und sozio-ökonomischen Hintergrund hin: Aus einem bildungsfernem Milieu kommen sie sicherlich nicht. Nicht jede und jeder zitiert Reinhard Mey, und nicht alle praktizieren Yoga. Sie gehören einem alternativen Milieu in der Mitte der Gesellschaft an, sind es gewohnt, gegen Atomenergie zu protestieren und Kurse zur Selbstfindung zu besuchen.

Diese neue Bewegung mit verschiedenen politischen Ausrichtungen könnte als neue – dritte – Lebensreformbewegung eingeordnet werden. Aus Herzensliebe wollten sie den „Freiheitsvirus" verbreiten, wie Ballweg gern betont.[5] Der Geschäftsführer einer Stuttgarter Software-Firma hatte vor Beginn der Pandemie geplant, ein Sabbatical zu nehmen, um durch Indien und Japan zu reisen, Yoga-Kurse zu belegen und die Geheimisse des Ostens zu erkunden.

Bereits in den Jahren vor der Corona-Pandemie war in der Bundesrepublik als Reflex auf die ökonomischen Krisen eine Gegen-Bewegung aufgekommen, beginnend mit der globalen Finanzkrise 2008 und den ökologischen Folgen des anhaltenden Wachstums von Markt und Waren. Die Globalisierung ohne staatliche Regulierung löst in weiten Teilen der Gesellschaft Abwehrreaktionen aus.[6] Im öffentlichen Diskurs ist – wie zuvor lange nicht – intensiv über die Lebens- und Produktionsweise der westlichen Industriestaaten gesprochen und geschrieben worden. Ein „Weiter so" in der Waren- und Finanzwelt, in der Besitz und Dinge den Kern des Lebens ausmachen, stößt mehr und mehr auf Ablehnung. Das ewige Wachstum sehen selbst Ökonomen, die dem Kapitalismus wohlwollend gegenüberstehen, an ein Ende gekommen,. „Der Markt" werde den Klima-

---

5   Michael Ballweg, Das Freiheitsvirus hat Berlin erreicht, in: Compact Edition: Tage der Freiheit, S. 26 f.

6   Siehe Dietmar Loch/Wilhelm Heitmeyer (Hrsg.), Schattenseiten der Globalisierung, Frankfurt a. M. 2001.

wandel nicht stoppen, betonte die Ökonomin Ann Pettifor. Der menschengemachte Klimawandel mit seinen schon länger erkennbaren Folgen treibt die Menschen zur Umkehr. Dass die Klimakrise „eine reale Bedrohung für die menschliche Zivilisation" ist, betont längst nicht mehr allein „Fridays for Future". Stimmen – auch aus der Politik –, die prophezeien, dass „die Bewältigung der Klimakrise [...] die Hauptaufgabe des 21. Jahrhunderts"[7] sei, sind kaum mehr zu überhören.

Die Aktivisten dieser Gedanken reden aber nicht bloß – sie wollen nicht mehr warten. Sie suchen nach alternativen Wegen und gehen sie auch: Nachhaltigkeit, Recyceln, Aufarbeiten und Sharen sind im Trend. Rad statt Auto, vegan statt Fleisch, Öko-Bekleidung statt Billigware, handgemacht statt industriell, regional und saisonal statt global und permanent, Öko- statt Atomstrom. Die neuen Lebensreformer stellen ihr eigenes Leben um, fordern aber auch von den politisch Verantwortlichen Maßnahmen: Post Wachstum, Degrowth, die Verringerung von Konsum und Produktion, lauten die Losungen. Eine Umkehr für alle, die es sich leisten können, das Privileg einer Bio-Bohème.

Der Klimawandel sorgt für ein Gefühl der Dringlichkeit und eine Endzeitstimmung, die die Bewegung antreibt. Die Flutkatastrophe vom 14. und 15. Juli 2021 in Rheinland-Pfalz und Nordrhein-Westfalen mit 182 Toten[8] befeuert die Sorge. Die neue industrielle Revolution zu Beginn des 21. Jahrhunderts, die immer schnellere Digitalisierung der Lebens- und Arbeitswelt wecken zudem eine Sehnsucht nach Entschleunigung und Einfachheit. Es dürfte kein Zufall sein, dass ab dem Jahr 2014 die Zahl der Eheschließungen stetig gestiegen ist: Familien als kleinste Einheit erscheinen in der offenen weiten Welt als Zuflucht- und Rückzugsort.[9] Die

---

7   https://fridaysforfuture.de.
8   https://www.tagesschau.de/inland/innenpolitik/deutschland-hoch wasser-opfer-staatsakt-101.html.
9   Daten siehe: https://de.statista.com/statistik/daten/studie/227/umfrage/ anzahl-der-eheschliessungen-in-deutschland/.

Abwanderungen von den Städten aufs Land, in die Natur, sind wohl nicht allein den steigenden Mietkosten geschuldet. Nicht erst die Pandemie hat Häuser mit Gärten begehrenswerter gemacht. Bereits seit 2014 ziehen mehr „Inländer ins Umland" von Groß- städten, stellte eine Studie des Instituts für Wirtschaft 2019 fest.[10] Die Pandemie dürfte das Mensch-Natur-Verhältnis verstärkt in das gesellschaftliche Bewusstsein gebracht haben. Wie eng dieses Ver- hältnis ist, wurde in den westlichen Industriestaaten möglicher- weise zu weitgehend ignoriert. Das Virus offenbart, dass die Natur den Menschen beherrschen kann. Die Stimmung, das Umdenken in der Bevölkerung spiegelte im April 2021 die Aufstellung von Anna- lena Baerbock als erste Kanzlerin-Kandidatin von Bündnis 90/ Die Grünen in der Parteigeschichte. Die Wahlkampfkampagne der Grünen zur Bundestagswahl 2021 griff die atmosphärische Ver- änderung auf: „Bereit, weil Ihr es seid".

Eine der ersten Studien zur Bewegung der Querdenker- und Corona-Leugner vom Dezember 2020 erfasste deren parteipoli- tische Präferenzen. In ihrer Untersuchung „Politische Soziologie der Corona-Proteste" stellten Oliver Nachtwey, Robert Schäfer und Nadine Frei fest, dass die Beteiligten eher von links kämen, aber nach rechts drifteten. Die Befragung erbrachte, dass 23 Prozent dieses Spektrums bei der letzten Bundestagswahl Bündnis 90/Die Grünen gewählt hatten und 18 Prozent Die Linke, 15 Prozent die AfD. Bei der nächsten Bundestagswahl wollten allerdings 27 Pro- zent die AfD auf dem Wahlzettel ankreuzen und 18 Prozent „die- Basis". Einen Link zur Online-Befragung postete das Autorenteam „in Telegram-Gruppen von Corona- Massnahmen-Kritiker:innen und Querdenker:innen". Mehr als 1150 Fragebögen wurden ausge- füllt. Ohne die Aussagekraft der erhobenen Daten überzubetonen, weisen Nachtwey, Schäfer und Frei darauf hin, dass die Rückläufe natürlich nur einen Ausschnitt aus der Gesamtgruppe darstellten:

---

10   IW Kurzbericht 20/2019: Immer mehr Menschen verlassen die Groß- städte wegen Wohnungsknappheit.

„In einigen Telegram-Gruppen wurde explizit vor der Teilnahme an unserer Studie gewarnt."[11]

Dennoch legen auch diese Daten neben Habitus, Rhetorik und Style eine enge Nähe zur Lebensreformbewegung nahe. Die Unterstützung einer Selbsterklärung der „Ärzte für Aufklärung" (ÄfA) deutet erneut auf das alternative Milieu in der Mitte der Gesellschaft hin. Die Bezeichnung der ÄfA ist ein Euphemismus, denn die Ärzte reichern die Fakten permanent mit *Fake News* via Telegram und Reden und Videos an. Im Januar 2021 lancierte ÄfA um Walter Weber und Heiko Schöning eine Erklärung, die über 2000 Personen mit Namen, Berufs- und Ortsangaben unterstützten. 348 Ärzte und fast 60 Heilpraktikerinnen unterschrieben. Unter dem Kürzel HP für Heilpraktik findet die Suchmaschine weitere 250 Männer und Frauen. Viele auf der Liste haben andere medizinische, pädagogische oder therapeutische Berufe angegeben: Hebamme und Krankenschwester, Lehrer und Erzieherin, Psychologe oder Shiatsu-Praktiker.[12]

Im Laufe des über eineinhalbjährigen Protestes wandelte sich die Community: Aus einer „Festgemeinschaft" wurde eine „Leidensgemeinschaft" und aus ihr eine „Widerstandsgemeinschaft", betonen Nachtwey, Schäfer und Frei. Das Love-Peace-Happening erstarrte zu einer Hate-Community, in der mit nackten Füßen und festem Schuhwerk und dem Hinweis „DDR 2.0" oder „New World" gegen die „Merkel"-Diktatur Sturm gelaufen wird. Diese Proteste sehen Nachtwey, Schäfer und Frei nicht alleine als eine Abwehr der staatlichen Pandemiemaßnamen, sie nehmen sie auch als „Ausdruck einer fundamentalen Legitimationskrise der modernen Gesellschaft"

---

11 Oliver Nachtwey/Robert Schäfer/Nadine Frei, Politische Soziologie der Corona-Proteste, Universität Basel, 20. Dezember 2020, https://idw-online.de/de/attachmentdata85376, S. 10 f., 2 f. u. 10. Siehe den Beitrag von Nachtwey, Schäfer und Frei in diesem Band.

12 Andreas Speit, Verqueres Denken. Gefährliche Weltbilder in alternativen Milieus, Berlin, 2021, S. 79 f.

wahr. In dem Milieu, aus dem die Proteste hervorgegangen sind und das sie trägt, hat das „Projekt der Moderne" seine „normative Anziehungskraft eingebüßt". Dessen zentrale Versprechen „Aufstieg durch Leistung, Freiheit durch Demokratie, Gleichheit durch Rechtssicherheit, Wahrheit durch Wissenschaft, steigende Lebenserwartungen durch die Errungenschaften der modernen Schulmedizin" werden hier als nicht eingelöst angesehen.[13]

Schon 1980 mahnte Jürgen Habermas, die „Moderne" sei ein „unvollendetes Projekt". Die Versprechen der Aufklärung, mit Logik und Ratio eine „universelle Grundlage für Moral und Recht" für eine humanistische Welt zu erreichen, seien bislang nicht erfüllt worden.[14] Über 40 Jahre später ist dieses Projekt für die Querdenkenden- und Corona-Leugnenden schlicht gescheitert. „Die Menschheitsgeschichte als Fortschritt im Bewusstsein der Freiheit [...] hat ihre Glaubwürdigkeit verloren." Die Moderne habe sich, schreiben Nachtwey, Schäfer und Frei, auch dadurch legitimiert, dass Kritik ermöglicht worden sei. „Genau dieses Element" sei aus der Sicht der Besorgten und Bewegten verloren gegangen. Die Entfremdung von der industriellen und durchrationalisierten Hypermoderne spiegele sich „nicht nur in der Skepsis gegenüber ihren Institutionen" wie Parteien, Parlamenten oder der Presse, sondern auch in „einer romantisch inspirierten Hinwendung zu ganzheitlichen, anthroposophischen Denkweisen, dem Glauben an die natürlichen Selbstheilungskräfte des Körpers, Forderungen nach mehr spirituellem Denken und dem Wunsch, Schulmedizin und alternative Heilmethoden gleichzustellen".[15] Die der Aufklärung eingeschriebenen Kategorien Ratio und Logik werden alleine für die Industrialisierung und Urbanisierung verantwortlich gemacht. Die philosophische Dimension der Aufklärung verschwindet gegenüber der technischen. Diese

---

13 Nachtwey/Schäfer/Frei, Politische Soziologie, S. 61 f.
14 Jürgen Habermas, Die Moderne – ein unvollendetes Projekt, Leipzig 1990, S. 41 f.
15 Nachtwey/Schäfer/Frei, Politische Soziologie, S. 62.

zutiefst antimodernistische Position ist angesichts der Katastrophen und Konflikte nachvollziehbar, aber dennoch falsch. Sie blendet die Option der Steuerung durch die Aufklärung aus. Der „Entzauberung der Welt" durch „zunehmende Intellektualisierung und Rationalisierung" wird eine Verzauberung der Welt durch Remythologisierung und Respiritualität entgegengesellt. Von der „Erlösung vom Intellektualismus der Wissenschaft, um zur eigenen Natur und damit zur Natur überhaupt zurückzukommen", schrieb Max Weber bereits 1919.[16] Die Sehnsucht nach der Vormoderne trieb schon die erste Lebensreformbewegung an.

„Lichtgebet" – Lebensreformbewegung I

Die Gegenwart wiederholt nicht die Geschichte. Schon die historischen Erfahrungen, die technischen Errungenschaften, die weiterentwickelten Kommunikationstechniken und das kulturelle Fortschreiten lassen einfache In-Beziehung-Setzungen nicht zu. In der Geschichte der Menschheit scheinen Reflexionen über das Verhältnis von Menschen und Natur, ihre Nähe und Entfremdungen jedoch eine immer wiederkehrende Auseinandersetzung zu sein. Seit der Antike, schreibt Jonas Wollenhaupt, sei die „Entfremdung […] Kernthema philosophischer und sozialwissenschaftlicher Analysen und Diagnosen". Eine Theorie von Entfremdung würde „dabei implizit oder explizit stets mit einem Gegenmodell konzipiert". Bereits Aristoteles (384 v. Chr. – 322 v. Chr.) denkt im Kontext der „Muße" über die Entfremdung nach. Arbeit und Muße versteht er als Tätigkeitsformen. Die eine sei mühselig, gebunden an den schwitzenden Unrat der Besorgungen des Lebens, die andere ein Müßiggang der Glückseligkeit hin zur vollkommenen Selbstverwirklichung. „Die theoretische Erkenntnis wird zum Ideal eines nichtentfremdeten

---

16   Max Weber, Wissenschaft als Beruf, in: ders. Schriften zur Wissenschaftslehre, Stuttgart 1993, S. 250 f. u. 254.

Lebens", pointiert Wollenhaupt.[17] Die Arbeit und mit ihr die technologische Entwicklung der Produktion, legte Karl Marx (1818–1883) dar, führe zu einer dreifachen Entfremdung. Die entfremdete Tätigkeit entfremde den Menschen von sich selbst, seiner Gattung und der Natur.[18] Der entfremdete Mensch steht inmitten der entfesselten Moderne. Der Beginn des Durchbruchs der Industrialisierung in Deutschland ab 1835 erfasst jeden und alles. Das Bestehende hat nach und nach keinen Bestand. Die Auswirkungen einer Ratio, allein genutzt für eine kapitalistisch-ökonomische Realität, werden sicht- und spürbar. Der Prozess ging mit Wirtschaftskrisen, inklusive Börsenkrächen, einher.

Die ökonomischen Verunsicherungen begleitete langsam auch ein kulturelles Unbehagen. In der Mitte des 19. Jahrhunderts formierte sich die erste Lebensreformbewegung im Reflexivwerden der Moderne. Anfänglich begrüßte die gehobene Mitte der Gesellschaft noch die „einfache Modernisierung" hin zur „klassischen bürgerlichen Marktgesellschaft". Industrialisierung und Urbanisierung wie auch Inhomogenität und Atomisierung verunsicherten jedoch zunehmend.[19] Diese erste Gegen- und Suchbewegung propagierte die unterschiedlichsten Verzauberungen der entzauberten materialistischen Welt: von alternativen Siedlungen und ökologischer Landwirtschaft über vegetarische Ernährung und ganzheitliche Medizin bis hin zu spirituellen Praktiken und pädagogischen Ideen. Mit dem gesellschaftlichen Wandel erkannte diese heterogene Bewegung, dass der Mensch nach und nach weiter von sich selbst, seinen Mitmenschen und seiner Natur entfremdet wurde. Der Rationalismus war mehr als fragwürdig geworden.

17 Jonas Wollenhaupt, Die Entfremdung des Subjektes – Zur kritischen Theorie des Subjektes nach Pierre Bourdieu und Alfred Lorenzer, Bielefeld, 2018, S. 10 u. 15.
18 Karl Marx, Ökonomisch-philosophische Manuskripte aus dem Jahr 1844, Berlin 1988, S. 88–91.
19 Stefan Breuer, Anatomie der Konservativen Revolution, Darmstadt 1993, S. 17–21.

Ein damaliger Vordenker war Karl Wilhelm Diefenbach (1851–1913). Der Maler und Sozialreformer, als „Urvater der Alternativbewegung" geachtet und als „Kohlrabi-Apostel" belächelt, propagierte das Leben im Einklang mit der Natur. In München prangerte er im Hofbräuhaus barfuß und Kutte tragend den „Verzehr von Tierfetzen" an. Der „Tiermord" war für ihn die Ursache für den „menschenmordenden Krieg". Er kämpfte an der Seite der späteren Friedensnobelpreisträgerin Bertha von Suttner und „propagierte Licht- und Luft-Bäder des nackten Körpers", deren praktische Anwendung ihn vor Gericht brachte, es war der „erste ‚Nudistenprozess' in der deutschen Geschichte". „Lieber sterbe ich, als meine Ideale verleugnen", soll er verkündet haben.[20] Die Exzentrik eines Diefenbach, der zeitweilig in einem verlassenen Steinbruch bei Höllriegelskreuth (Oberbayern) eine kleine Kommune führte, sollte nicht darüber hinwegtäuschen, dass sich gerade auch im Bürgertum ein Unbehagen herausbildete. In der Zeit zwischen 1890 und 1910, als Deutschland sich endgültig vom Agrar- zum Industriestaat wandelte, setzte ein Prozess der Kritik an der Modernisierung ein. Erste Organisationen wie der 1889 gegründete „Deutsche Bund der Vereine für naturgemäße Lebens- und Heilweise" entstanden. „Die Moderne war kaum in Deutschland angekommen, da geriet sie schon in ihre erste Krise", pointiert Volker Weiß und reflektiert sogleich, dass „unter den vielfältigen kulturkritischen Strömungen, die sich damals herausbildeten", gerade die vermeintlich alternative Lebensreform der bekennenden völkischen Bewegung besonders nah war.[21] In der Suche nach dem Guten, dem Natürlichen bestanden Ambivalenzen bis Interferenzen. Differenzen wurden durch eine Hinwendung zu den vermeintlich ureigenen Göttern und arteigenen Lebensweisen nivelliert. Ein

---

20   „Lieber sterben, als meine Ideale verleugnen!" Karl Wilhelm Diefenbach (1851–1913), Ausstellungskatalog, 2. Aufl., Neu-Isenburg 2011, Klappentext.

21   Volker Weiß, Zucht und Boden. Wie rechts war die Lebensreform?, in: ZEIT Geschichte 2/2013, S. 94 ff.

rechter Antimodernismus, der nicht bloß den Materialismus abwehren wollte, sondern gleich auch Liberalismus und Humanität.

Die Sehnsucht der Lebensreformbewegung nach Verwurzelung im Eigenen erfasste auch einen Kommunarden Diefenbachs: den Maler Hugo Höppner (1868–1948). Diefenbach gab seinem Jünger jenen Namen, unter dem er bekannt wurde: Fidus. Nicht nur in dem Bild „Lichtgebet" (1911) verdichtete Fidus, der in deutsch-religiösen Gruppen engagiert war, völkisch-nationale Aspekte visuell, sondern auch in seiner „ausgiebigen Runensymbolik", schreibt Stefanie von Schnurbein.[22] Georg L. Mosse sah ein mögliches Hingleiten zu völkischen Positionen bereits in der Romantik angelegt, und zwar durch „die Tendenz zum Irrationalen und Emotionalen".[23] Alternativ, vegan, spirituell – und rechts.

Das anfängliche Erstaunen in Politik und Medien darüber, wer 2020/21 die Proteste gegen die Pandemiemaßnahmen trägt, ist das eigentlich Überaschende. Denn historisch war in der Lebensreformbewegung diese Tendenz zu weit rechten Personen und Positionen schon virulent. „So bemüht die Lebensreformbewegung war, das Gute im Menschen zum Vorschein zu bringen, so eng verschwistert war sie mit wenig emanzipatorischen Ideen", schreibt Weiß. Zwischen Pazifismus und Vegetarismus, Sonnen- und Frischluftfreudigkeit waberten zugleich „rassistische Überlegenheitsideologien, Antisemitismus, Frauenfeindlichkeit, Nationalismus und eine sozialdarwinistische Verherrlichung der Stärke". Den Protagonisten der Bewegungen war schon vor über 150 Jahren auch die Sehnsucht nach einem „‚ganzheitlichen' Dasein" in einer „‚organischen' Ordnung" gemein.[24] In der radikalsten Kritik erschien die gesamte Moderne als „jüdische Moderne".[25]

22 Stefanie von Schnurbein, Religion als Kulturkritik. Neugermanisches Heidentum im 20. Jahrhundert, Heidelberg 1992, S. 297.
23 Georg L. Mosse, Die Völkische Revolution. Über die Geistigen Wurzeln des Nationalsozialismus, Frankfurt a. M.1991, S. 21–39.
24 Weiß, Zucht und Boden, S. 95.
25 Vgl. Shulamit Volkov, Das jüdische Projekt der Moderne, München 2001.

Was gegenwärtig massiv bewegt, kam schon früh auf. Aus Sorge um die Gesundheit des Einzelnen wie auch des „Volkskörpers" wurde 1886 der „Homöopathische Verein" in Heidenheim an der Brenz aus der Taufe gehoben. Im Zuge des 1874 beschlossenen Reichsimpfgesetzes begründeten Impfgegner erste Organisationen und Publikationen. Einer von ihnen war der Arzt und Naturheilkundler Eugen Bilfinger (1846–1923), der in den 1870er-Jahren als Amtsarzt in Schwäbisch Hall einen Impfgegner-Verein ins Leben gerufen hatte. 1908 gründete er mit Kollegen in Eisenach den überregionalen „Verein impfgegnerischer Ärzte". In seiner Schriftensammlung „Eine ernste Volksgefahr. Aus meinem 30jährigen Kampfe gegen die höchst bedenkliche Impfzwangs-Einrichtung" bestreitet Bilfinger die Existenz von Seuchen wie den Blattern oder den Pocken nicht, doch in der Vorrede führt er – ganz Naturheilkundler – aus: Die „hygienische Wahrheit gipfelt in dem Satze: Nicht Impfungen, sondern nur gesunde Lebensbedingungen und gesunde Lebensgewohnheiten verschaffen und erhalten uns die Gesundheit. Die Natur hat immer Recht." Und ganz programmatisch: Die „Natur" solle nicht gemeistert werden, man habe vielmehr von ihr zu lernen und „ihre Gesetze zu verstehen".[26]

Wenn die Natur es will, soll der Mensch sterben – so könnte man diese Zeilen lesen. Bereits Bilfinger gebrauchte Begriffe wie „offizielle Medizin", „Staatsmedizin" oder „Schulmedizin" mit negativer Markierung. Und auch die Anfeindung der ärztlichen Wissenschaft als „jüdische Medizin" war schon damals verbreitet. In seiner Schriftensammlung greift Bilfinger sie allerdings nicht auf. Doch unter den zwölf impfkritischen Texten, die er am Ende empfiehlt, findet sich ein Werk eines damals deutschlandweit bekannten Impfgegners, Tierrechtlers, Veganers – und Antisemiten: Paul Försters „Pocken und Schutzimpfung nebst Bericht über den Kongress der

---

26 Eugen Karl Heinrich Bilfinger, Eine ernste Volksgefahr. Aus meinem 30jährigen Kampfe gegen die höchst bedenkliche Impfzwangs-Einrichtung, Berlin 1909, S. 5.

Impfgegner i. J. 1899".[27] Eine der vielen Ambivalenzen. Nicht so bei
Förster, der für die antisemitische Deutschsoziale Reformpartei von
1893 bis 1898 im Reichstag saß und dort 1896 die Abschaffung der
Impfpflicht beantragte. Er sah keinen Widerspruch zwischen seinem gesundheits- und tierrechtspolitischem Engagement und seinen völkisch-nationalistischen Aktivitäten. In seinem völkischen
Denkkosmos griff all das ineinander. Hier flackerte die zentrale
Annahme auf, dass die moderne Welt von Industrialisierung und
Urbanisierung eine „jüdische Welt" sei, da sie auf Ratio und Logos
basiere. In seinen politischen wie auch akademischen Schriften
denunziert Förster Humanismus, Rationalismus, Universalismus
und Egalitarismus immer wieder als „fremde Formen", die dem
deutschen Wesen nicht entsprächen. In „Tierschutz in Gegenwart
und Zukunft" machte er diese „Formen" 1898 dafür verantwortlich, dass dem „Menschen mit all seinem Wissen und Können die
Unmittelbarkeit des Gefühls und der Einklang mit der Natur" verloren gegangen sei. Letztlich hätten sie den „künstlichen Menschen
unserer Zeit, für den es nur noch eine verstandesmäßige ‚praktische'
Auffassung der Welt gibt", hervorgebracht, da „alles Ursprüngliche
des Naturtriebes abgelehnt" worden sei.[28] Der schmale Grat einer
antimodernen Kritik hat eine lange Tradition.

„Grüner Adolf" – Lebensreformbewegung II und III

Diese Ambivalenzen und Interferenzen bewegte nicht minder die
zweite Lebensreformbewegung in Deutschland im letzten Drittel
des 20. Jahrhunderts. Die Krisen der 1970er-Jahre ließen erneut
eine Such- und Gegenbewegung entstehen: Der lange Wirtschafts-
boom der Nachkriegszeit ging seinem Ende entgegen, die Debatte
um die Nachrüstung offenbarte die Gefahr eines Atomkriegs,

---

27   Vgl. ebenda, S. 85.
28   Paul Förster, Tierschutz in Gegenwart und Zukunft, Dresden 1898, S. 7 f.

die zerstörerischen Auswirkungen des Raubtierkapitalismus auf Mensch und Natur wurden zunehmend erkannt, Großtechnologien und -produktionen gerieten in die Kritik. An dem mehr oder weniger alten Citroën 2CV („Ente"), dem Kultauto der alternativen Szene, klebte der gelbe runde Sticker mit der roten Sonne und dem Slogan „Atomkraft? Nein, danke". In Wohngemeinschaften hing immer häufiger das Plakat mit dem stilisierten Konterfei eines amerikanischen Ureinwohners und der Mahnung: „Erst wenn der letzte Baum gerodet, der letzte Fluss vergiftet, der letzte Fisch gefangen ist, werdet ihr feststellen, dass man Geld nicht essen kann!" – angeblich eine Weissagung der Cree. Die Band Cochise, benannt nach einem Chihuicahui-Apachen-Häuptling, griff sie im Song „Rauchzeichen" auf und erweiterte sie um Umweltkatastrophen, Krieg und Folter. Zusammen mit anderen Bands lieferte Cochise den Soundtrack für die damalige Gefühlswelt, in der einmal mehr Endzeit- und Aufbruchstimmung eng beieinander lagen.

Industrialisierung und Urbanisierung, Wirtschaftswachstum und Konsum waren in der zweiten Lebensreformbewegung nicht mehr mit Glücksversprechen für den Einzelnen verbunden. Der Ruf nach einem Stopp, einer Umkehr, forciert von der 68er-, der Friedens-, Frauen- und Umweltschutzbewegung, beeinflusste die Stimmung. Das damalige linksalternative Milieu löste nicht bloß ein kritisches Staatsverständnis aus, es trieb auch die Selbstsuche an. Das Ich bekam eine neue Relevanz. „Selbstverwirklichung, Authentizität, Autonomie, Echtheit des Gefühls und Ganzheitlichkeit der Erfahrung" waren die Leitideen, betont Sven Reichardt. Wie der evangelische Theologe Michael Mildenberger Reichardt zufolge seinerzeit betonte, hatten die neu erwachten spirituellen Sehnsüchte auch mit den „betonierten Einbahnstraßen der Gesellschaft" zu tun, „auf denen man der vorprogrammierten Langeweile und Sinnlosigkeit" einer „verwalteten Welt" entgegenfahre. Reichardt weist mit Jürgen Habermas auf mögliche weitere Ursachen einer „neuen Unübersichtlichkeit" hin, zu der es in einer „Gesellschaft pluraler Wissenssysteme" komme, beziehungsweise in dem „Sinnvakuum", das sich „zwischen den Bereichen des spezialisierten Wissens in den alltagsweltlichen Leerräumen auftue".[29] Die von Rudolf Steiner (1861–1925) begründete Anthroposophie, der ihr nahestehende biologisch-dynamische Landbau wie auch die waldorfpädagogischen Einrichtungen fanden immer mehr Interessierte. Als „Partei der Bewegung" gründeten sich die Grünen – mit weit rechts stehenden Akteuren, was in der noch jungen Partei prompt harte Richtungsstreitigkeiten auslöste und mit personellen Konsequenzen endete. Die Bundesversammlung am 22. und 23. März 1980 in Saarbrücken hatte Petra Kelly, Norbert Mann und August Haußleiter zu Parteisprechern gewählt, doch schon im Juni musste Haußleiter, der führend bei der nationalistischen „Aktionsgemeinschaft Unabhängiger Deutscher" (AUD) mitgewirkt hatte, das Amt wieder räumen. Ein ehemaliger AUD-Vorstand hielt ihm vor, 1965 mit der NPD über ein Wahlbündnis verhandelt zu haben.

Zwei Aufnahmen aus dem Jahr 1980 visualisieren, aus welch heterogenen Bewegungen sich deren Mitgliedschaft zusammensetzte: Otto Schily, damals als Anwalt der Rote Armee Fraktion (RAF) bekannt, steht während der Bundesversammlung der Grünen am 21. Juni 1980 in Dortmund in der Veranstaltungshalle. Vor ihm sitzt Herbert Gruhl (1921–1993), ehemaliger CDU-Bundestagsabgeordneter sowie früherer Vorsitzender des Bundes für Umwelt und Naturschutz (BUND) und Gründer der Grüne Aktion Zukunft (GAZ). Neben Schily ist Rudolf Bahro (1935–1997) zu sehen, DDR-Dissident, der mit seinem Buch „Die Alternative" 1977 zu einem der führenden Kritiker des SED-Staates wurde, im Gefängnis saß und nach seiner Freilassung in die Bundesrepublik abgeschoben wurde. Ein anderes Foto zeigt Herbert Gruhl beim Gründungsparteitag der Bundesgrünen am 12./13. Januar 1980 in Karlsruhe im Gespräch mit dem Öko-Landwirt Baldur Springmann (1912–2003).

29 Sven Reichardt, Authentizität und Gemeinschaft. Linksalternatives Leben in den siebziger und frühen achtziger Jahren, Berlin 2014, S. 785 u. 829.

Baldur Springmann und Herbert Gruhl beim Gründungsparteitag der Grünen am 12./13. Januar 1980 in Karlsruhe. | *picture-alliance/ dpa | dpa*

Herbert Gruhl, Rudolf Bahro und Otto Schily bei der Bundesversammlung der Grünen am 21. Juni 1980 in Dortmund. | *picture-alliance / dpa | Roland Scheidemann*

1981 trennten sich Gruhl und Springmann nach anhaltender
Kritik von der Partei. Denn Gruhl dachte Umweltschutz und Immi-
gration in seinem Bestseller „Ein Planet wird geplündert" (1975) ganz
eigen zusammen und schrieb, dass die Einwanderungspolitik der
„europäischen Völker" eine „sagenhafte Dummheit" sei. 1992 warnte
er in seinem Buch „Himmelfahrt ins Nichts" davor, dass „viele Kulturen in einem Raum zusammengemixt werden". Mit „zunehmender
Durchmischung" sinke der Wert des Ganzen. Als ihm daraufhin in
einer RTL-Plus-Fernsehshow am 14. April 1992 vorgehalten wurde,
ob das nicht auf die These vom „unwerten Leben" hinauslaufe, ent-
gegnete er: „Das ist ein Gesetz der Entropie, das wir besonders in
der Ökologie haben, und dieses Gesetz gilt auch für menschliche
Kulturen." Springmann sah in den Grünen nicht minder Verräter
des Vaterlandes und des Bodens, prangerte sie als „Adepten der
Frankfurter Schule" an. Bis heute halten extrem rechte Projekte für
Natur-, Tier-, Heimat- und Volksschutz den Grünen vor, Gruhl und
Springmann aus der Partei gedrängt zu haben. Für dieses Spektrum
sind beide die „Gründungsväter" der ökologischen Bewegung in der
Nachkriegszeit.[30]

Diese geschlossenen Positionen in der Bewegung spiegeln die
Ambivalenzen, aber auch Sentenzen. Das einstige Mitglied der
„Kommune 1", Rainer Langhans, wiederholt im Interview mit der
„Compact" im Dezember 2020, was er schon mehrfach sinngemäß
vorgetragen hat: „Ich sage, der Faschismus war ursprünglich nicht
diese Massenmord-Idee, wie er heute dargestellt wird, sondern er
war ein begeisterter Anlauf zu einer utopischen Gesellschaft. Dass er
damit in diesem Massenmord gelandet ist, ist ein großes Rätsel, das
uns bis heute beschäftigt, beschäftigen sollte."[31] Ein Rätsel, das indes
schon lange und nicht zuletzt durch die Wissenschaft entschlüsselt

---

30 Vgl. Speit, Verqueres Denken, S. 115 f.
31 Erweckung, Erleuchtung und wahre Liebe: Rainer Langhans im
     Gespräch mit Harald Harzheim und Marc Dassen, in: Compact-Spezial,
     Nr. 28/Dezember 2020, S. 79.

ist – die nationalsozialistische Ideologie beruhte schlicht auf eliminatorischen Idealen.

Im Interview zieht Langhans, der in einer Kommune mit mehreren Frauen lebt und Veganer ist, eine Parallele zwischen der 68er-und der NS-Bewegung, die bereits „vielleicht Ähnliches" wie eine „sozial-utopische Befreiung" ersehnt habe. „Aber aufgrund der zeitgeschichtlichen Situation, also ihrer Sozialisationsmuster" habe „sie ihre Ekstasen, ihren Erleuchtungsschub innerhalb der damaligen zeittypischen Prägung von Rassenhass und Sozialdarwinismus gedeutet". Bereits in einem Interview mit der taz vom 12. April 1989 hatte er erklärt, dass für ihn „der Holocaust […] nur die pervertierte Version des an sich richtigen Anliegens, einen neuen Menschen zu schaffen", gewesen sei. Das „wirklich schreckliche am Faschismus ist, daß sich hier ein Volk in einem rauschhaften Amoklauf auf eine Gottsuche gemacht hat, die alles wollte, was nur irgend an Schönem, Lichtem möglich war – und dabei in der tiefsten Hölle landete", fantasierte die einstige Ikone der 68er-Bewegung und betont: „Spiritualität in Deutschland ist Hitler. Und erst wenn du da ein Stück weiter bist, kannst du jenseits davon abkommen, bis dahin aber mußt du das Erbe übernehmen […] nicht im Sinne dieses braven ausgrenzenden Antifaschismus, sondern im Sinne einer Weiterentwicklung dessen, was da von Hitler versucht wurde."

Und auch Rudolf Bahro wollte Hitler anders betrachtet wissen. In seiner „Hamburger Rede" auf der Bundesversammlung der Grünen, die auszugsweise in seinem Buch „Logik der Rettung" von 1987 abgedruckt wurde, führt er aus, dass die „Große Maschine" des Industriekapitalismus nicht reformierbar sei. Um die „Apokalypse" zu verhindern, sei eine „Volkserhebung" notwendig. Das gebiete jedoch, dass die „ökologischen Kreise" nicht „das Erwachen im Volke sogleich als ‚völkisch'" denunzierten. Vielmehr müsse man das Links-Rechts-Schema überwinden, um aus der Minderheitenposition herauszukommen. Das bedeute allerdings auch, dass „der vergangenheitsfixierte feige Antifaschismus" abgelegt werden und auch das Nationale bedient werden müsse. In einem Interview mit

der „Jungen Welt" im Herbst 1990 spitzte er seine Position weiter zu:
„Eigentlich ruft es in der Volkstiefe nach einem grünen Adolf. Und
die Linke hat davor nur Angst, anstatt zu begreifen, daß ein grüner
Adolf ein völlig anderer Adolf wäre als der bekannte." Bahro ver-
ließ die Grünen 1985, bewegte sich aber weiter im linksalternativen
Milieu.[32]

In diesem Kontext war es naheliegend, dass der neurechte Publizist Karlheinz Weißmann 1991 einwarf, dass „völkisch-religiöse Ideologien" durch das „Einsickern einer Mischung grüner, alternativer,
okkulter und neuheidnischer Vorstellungen" Platz greifen könnten.
Der Mitbegründer des neurechten Instituts für Staatspolitik wollte
jedoch keineswegs eine Warnung aussprechen, sondern eher einen
Weg weisen.[33] Folgerichtig, wenn auch viele Jahre später, rief Martin
Sellner, führender Kader der rechtsextremen Identitären Bewegung,
im „Compact"-Magazin im September 2020 „die Patrioten" auf, sich
den „Corona-Rebellen" anzunähern.[34]

In der Querdenken- und Corona-Leugnungs-Bewegung erschallt
vielfach der Spruch, man sei weder links noch rechts. Die Tendenzen zum Spirituellen und Irrationalen gehen aber nicht bloß von
einer Wissenschaftskritik in eine Wissenschaftsfeindlichkeit über.
Sie begründen ebenso Sympathien für Verschwörungsnarrative.
Doch diese Narrative, die auf der Verfälschung, Verkürzung und
Verdrängung der Wirklichkeit beruhen, sind politisch nicht neutral. Sie sind rechtslastig bis antisemitisch. Der den Lebensreform-
bewegungen immanente Antimodernismus kann unreflektiert zu
emotionaler Radikalisierung führen. Die „Conspirituality" forciert
„die Zerstörung der Vernunft". Die „Stellungnahme pro oder contra

---

32 Vgl. Speit, Verqueres Denken, S. 117.
33 Karlheinz Weißmann, Druiden, Goden, Weise Frauen. Zurück zu Euro-
    pas alten Göttern, Freiburg im Breisgau 1991, S. 180.
34 Martin Sellner, Corona-Rebellen und Patrioten: Warum die Rechte jetzt
    nicht verschlafen darf, in: Compact 09/2020, https://www.compact-
    online.de/corona-rebellen-und-patrioten-warum-die-rechte-jetzt-nicht-
    verschlafen-darf-von-martin-sellner/.

Vernunft entscheidet zugleich über das Wesen einer Philosophie als Philosophie", schrieb Georg Lukács schon 1952. Er reflektierte die „ideologischen Vorläufer" des Nationalsozialismus und warnte, dass die Option einer „aggressiven reaktionären Ideologie in jeder philosophischen Regung des Irrationalismus sachlich enthalten ist" – bis hin zu einer „faschistischen".[35] Der Mythos, die Lebensreformbewegung sei per se links-alternativ, verhindert die Reflexion der Ambivalenzen und das Erkennen der Interferenzen.

35   Georg Lukács, Die Zerstörung der Vernunft, Bd. 1: Irrationalismus zwischen den Revolutionen, Darmstadt/Neuwied 1973, S. 10 u. 34.

OLIVER NACHTWEY · NADINE FREI · ROBERT SCHÄFER

Generalverdacht und Kritik als Selbstzweck

Empirische Befunde zu den Corona-Protesten

Im Zuge der Corona-Krise sah sich der Staat veranlasst, in einem in der europäischen Nachkriegsgeschichte unbekannten Maße in die Autonomie der Bürgerinnen und Bürger einzugreifen, die wirtschaftliche Freiheit zeitweilig drastisch einzuschränken und neue Verhaltensnormen (z. B. Masken tragen und Abstand halten) zu bestimmen. Im Kontext dieser unbekannten Krisenlage konnte in vielen Ländern beobachtet werden, dass etablierte Prozesse der Deliberation und Legitimation staatlichen Handelns verkürzt oder umgangen wurden. Aufgrund der pandemischen Lage wurde von der Gesellschaft als Ganzes und von den Bürgerinnen und Bürgern als Einzelne solidarisches Handeln notwendig, um die Verbreitung des Corona-Virus einzudämmen und jene zu schützen, die als Risikogruppen stärker durch eine Erkrankung gefährdet sind. Der Appell an solidarisches Handeln, nicht nur aus staatlicher Perspektive im politischen Diskurs geäußert, wurde flankiert von Debatten über systemrelevante Berufe, zunehmende soziale Ungleichheit oder strukturelle Unterschiede im Homeoffice und Homeschooling. Daraus wurden aber kaum Konsequenzen gezogen, und der Alltag der Betroffenen blieb weitestgehend unsichtbar.[1] So wurde wenig darüber gesprochen, wer aufgrund von Klasse, Ethnizität oder Geschlecht, und den damit verbundenen Berufen

---

1 Vgl. Nicole Mayer-Ahuja/Oliver Nachtwey, Verkannte Leistungsträger:innen. Berichte aus der Klassengesellschaft, Berlin 2021.

und Arbeitswegen, nicht nur einer stärkeren Arbeitsbelastung, sondern auch einem erhöhten Infektionsrisiko ausgesetzt ist. Aktuelle Studien und Medienberichte zeigen zudem deutliche Klassenunterschiede bei den Impfungen gegen Corona. Nicht nur konnten Angehörige der Mittel- und Oberklassen einem erhöhten Infektionsrisiko durch Homeoffice entgehen, sie wurden auch viel schneller geimpft als Angehörige der Arbeiterklasse.

In einer repräsentativen Studie des Wissenschaftszentrums Berlin wurde quer durch die deutsche Bevölkerung nach der Einstellung zu den Corona-Protesten gefragt. In der Untersuchung wird deutlich, dass die Corona-Proteste ein erhebliches und relativ stabiles Mobilisierungspotenzial aufweisen. So äußert jede fünfte befragte Person ein „großes oder gar sehr großes Verständnis"[2] für die Corona-Proteste. Jede zehnte Person wäre bereit, an solch einem Protest teilzunehmen. Die Mehrheit der Protestbefürworterinnen und -befürworter verortet sich selbest in der politischen Mitte. Zudem betont die Studie, dass wirtschaftliche Sorgen nicht das ausschlaggebende Protestmotiv darstellen, sondern „befürchtete Freiheitseinschränkungen".[3] Zunächst unter dem Begriff „Hygienedemos", später vor allem unter dem Label „Querdenken" finden seit April 2020 Demonstrationen in ganz Deutschland statt, wobei es sich um ein Phänomen mit stärkerer „westdeutscher Prägung"[4] handelt. Die Proteste gegen die staatlich initiierten Maßnahmen zur Eindämmung der Pandemie gründen allerdings nicht

---

2 Edgar Grande/Swen Hutter/Sophia Hunger/Eylem Kanol, Alles Covidioten? Politische Potenziale des Corona-Protests in Deutschland. Discussion Paper. ZZ 2021-601, März 2021, S. 3, https://bibliothek.wzb. eu/pdf/2021/zz21-601.pdf. – Alle Weblinks in diesem Beitrag wurden zuletzt am 25. 9. 2021 abgerufen und geprüft.

3 Ebenda, S. 21.

4 Matthias Quent/Christoph Richter, Gegen den „Mainstream". Ost und West im Protest vereint, in: Heike Kleffner/Matthias Meisner (Hrsg.), Fehlender Mindestabstand. Die Coronakrise und die Netzwerke der Demokratiefeinde, Freiburg 2021, S. 292–300, hier S. 299

auf Motiven der sozialen Ungleichheit – weder auf thematischer Ebene, noch nehmen Angehörige der Arbeiterklasse in auffallendem Maße an den Protesten teil. Im Mittelpunkt stehen seit Beginn dieser Protestbewegung Bezugnahmen auf Freiheit, Grundrechte und Selbstbestimmung. Gleichzeitig wird die Gefährlichkeit des Coronavirus bestritten und damit die Existenz einer pandemischen Lage negiert.

Ausgehend von unserer Analyse, dass die Bewegung keine erkennbare weltanschauliche Kohärenz aufweist und die Protestierenden selbst eine Einordnung in ein Links-Rechts-Schema häufig ablehnen, kann von einer „normativen Unordnung"[5] gesprochen werden. Die empirischen Ergebnisse unserer Untersuchung zeigen, dass sich die Protestteilnehmerinnen und Protestteilnehmer zwar darin unterscheiden, wogegen sie sich wenden, und auch darin, was ihren Widerspruch motiviert. Trotz dieser Heterogenität vergemeinschaften sie sich über einen bedeutsamen Aspekt: Wichtig ist ihnen, „dagegen" zu sein. Sie begreifen ihren Protest als notwendigen Widerstand gegen eine Anmaßung der Regierung, die demokratische Freiheitsrechte außer Kraft setzt. Die Gegnerinnen und Gegner der coronabedingten Maßnahmen inszenieren sich als mutige Kritikerinnen und Kritiker. Dies gründet mitunter auf ihrer Vorstellung, dass in der gegenwärtigen Coronakrise Kritik nicht mehr erlaubt sei und sogar zum Schweigen gebracht werde. Ihre Kritik zielt deshalb weniger auf konkrete Maßnahmen, sondern vor allem darauf, dass Kritik als solche nicht mehr möglich und erlaubt sei. Dennoch ist es vor allem eine Maßnahme, die zentral zur Identitätsbildung dieser Protestbewegung beigetragen hat: das Tragen bzw. das Nicht-Tragen eines Mund-Nasen-Schutzes.

Im Folgenden charakterisieren wir die Corona-Protestbewegung basierend auf dem von uns ausgewerteten empirischen Material, das neben einer quantitativen Umfrage in Telegram-Gruppen im

5   Vgl. Oliver Nachtwey, Abstiegsgesellschaft. Über das Aufbegehren in der regressiven Moderne, Berlin 2016, Kap. 5.

Dezember 2020[6] ethnografische Beobachtungen bei Demonstrationen und qualitative Interviews mit Protestteilnehmerinnen und -teilnehmer umfasst. Von besonderem Interesse ist dabei, welche legitimatorische Grundlage die Protestierenden ihrer Kritik geben. Auf eine Formel gebracht: Ihre Kritik wird durch die Tatsache legitimiert, dass es sich um Kritik handelt. Ergänzt wird dies dadurch, dass sich die Protestierenden als Expertinnen und Experten begreifen, was sie zu einem von den staatlichen Maßnahmen abweichenden Urteil über die pandemische Lage geradezu prädestiniere.

Zunächst erfolgt eine Darstellung des sozioökonomischen und politischen Profils der Corona-Kritikerinnen und -Kritiker. Unser Survey unter Mitgliedern von Telegram-Gruppen der Protestbewegung zeigt, dass die Bewegung durch eine tiefe Entfremdung von Kerninstitutionen der liberalen Demokratie gekennzeichnet ist. Der parlamentarischen Politik und den Parteien, der Wissenschaft und den Medien – allen öffentlichen Institutionen schlägt großes Misstrauen entgegen. Einzig die Justiz genießt noch eine schmale Vertrauensbasis. Im Anschluss an die Präsentation der wichtigsten Ergebnisse aus der quantitativen Umfrage werden anhand der ethnografischen Beobachtungen zum einen identitätsstiftende Merkmale dieser Bewegung dargestellt, zum anderen wird das affektuelle Potenzial dieser Proteste beleuchtet. Insbesondere die qualitativen Interviews mit den Protest-Teilnehmerinnen und -Teilnehmern verdeutlichen den erwähnten Umstand, dass Kritik in dieser Bewegung einen Eigenwert bekommt, sie wird zum Hauptzweck. Die Befragten heben hervor, dass alle Meinungen möglich sein sollten und auch alle das Recht haben sollten, angehört zu werden, oder wie es im Jargon heißt: Man soll doch schließlich noch Fragen stellen können. In ihrer

6   Im Folgenden gehen wir vor allem auf Ergebnisse bezogen auf Deutschland ein. Vgl. die österreichische Parallelstudie: Forschungswerkstatt Corona-Proteste (Markus Brunner, Antje Daniel, Florian Knasmüller, Felix Maile, Andreas Schadauer, Verena Stern), Corona-Protest-Report. Narrative – Motive – Einstellungen, 30. Juli 2021, https://doi.org/10.31235/osf.io/25qb3.

Selbstwahrnehmung sehen sie sich als zu Unrecht Marginalisierte und Ungehörte. Sie sehen sich vereint in einem „Generalverdacht" gegen die Politik und Expertinnen sowie Experten. In der Gesamtschau der empirischen Untersuchung wird deutlich, auf welche Weise Kritik und Widerstand an sich die legitimatorische Basis für die Protestbewegung darstellt und warum Dissens als solcher honoriert wird.

Sozioökonomisches und politisches Profil

Zu Beginn des Forschungsprojekts im September 2020 erfolgte die Erarbeitung einer quantitativen Befragung von Teilnehmerinnen und Teilnehmern an Corona-Protesten.[7] Die Auswertung hat gezeigt,

---

7   Ein Teilnahmelink zum Pretest unseres Surveys wurde während unserer ethnografischen Beobachtung am 4.10.2020 in Konstanz verteilt. Erhoben wurden die Daten schließlich über offene Telegram-Kanäle, die der Szene zuzuordnen waren. Dafür wurden Einladungen in Telegram-Chats von Protestorganisatorinnen und -organisatoren in Deutschland und in der Schweiz gepostet. Es handelt sich um ein „convenient" Sample und damit um eine nicht-repräsentative Erhebung. Durch das Verfahren konnten wir jedoch eine hohe Anzahl von Teilnehmenden (3700 Personen haben die erste Seite der Studie angeklickt) erreichen. Es ist allerdings nicht feststellbar, wie viele Personen in den Telegram-Gruppen den Link zum Survey überhaupt wahrgenommen haben. Vielmehr ist davon auszugehen, dass viele den Link nicht gesehen haben, da zahlreiche Gruppen durch ein sehr hohes Volumen an Kommunikation gekennzeichnet sind. Auch wurden wir in einigen – vor allem größeren und professioneller geführten – Gruppen durch Moderatorinnen und Moderatoren bzw. Bots geblockt. Daher ist eine Rücklaufquote nicht befriedigend bestimmbar. Es ist zudem anzunehmen, dass mehrere Faktoren einen Bias hervorgerufen haben. Zum Beispiel besteht in der Protestbewegung eine ausgeprägte Skepsis gegenüber öffentlichen Institutionen und damit auch der Wissenschaft. In einigen Telegram-Gruppen wurde explizit vor der Teilnahme an unserer Studie gewarnt. Ergänzend dazu gehen wir von einem Overcoverage von Personen aus, die die Bewegung der Corona-Kritikerinnen und -Kritiker in ein positives Licht rücken möchten, wie es

dass die Mehrheit der Teilnehmenden zur Mittelschicht gehört. 31 Prozent der Befragten verfügen über Abitur, 34 Prozent haben einen Studienabschluss. Im Vergleich mit der Gesamtbevölkerung (18,5 %) zeigt sich damit ein deutlich höherer Anteil, der über einen Studienabschluss verfügt. Überraschend ist der Anteil Selbstständiger: Mit 25 Prozent ist er deutlich höher als in der deutschen (9,6 %) und Schweizer (13 %) Gesamtbevölkerung. Es handelt sich aus sozioökonomischer Perspektive um eine tendenziell akademische Bewegung. Das Durchschnittsalter der Befragten beträgt 47 Jahre. 75 Prozent von ihnen sind über 38 Jahre alt.

Bezüglich ihres Wahlverhaltens ergab die Untersuchung, dass bei der letzten Bundestagswahl in Deutschland 18 Prozent die Linke und 23 Prozent die Grünen gewählt haben. Der AfD haben 15 Prozent ihre Stimme gegeben, 10 Prozent der CDU, und nur 7 Prozent der FDP bzw. 6 Prozent der SPD. Ein hoher Anteil, 21 Prozent, hat einer anderen Partei ihre Stimme gegeben. Bei der nächsten Bundestagswahl ändert sich die die parteipolitische Präferenz deutlich: 27 Prozent der Befragten würden voraussichtlich die AfD wählen, bis auf die FDP (6 %) bewegen sich die anderen Parteien unter 5 Prozent. Auffallend ist jedoch, dass ein hoher Prozentsatz (61 %) nicht-etablierten Parteien ihre Stimme geben würde. Dieser Befund, verknüpft mit den Ergebnissen aus dem weiteren empirischen Material, untermauert die These, dass für diese neue Bewegung eine starke Entfremdung vom politischen System nicht nur charakteristisch, sondern auch identitäts-

in einzelnen Gruppen auch angekündigt wurde. Da die Teilnahme über Selbstselektion stattgefunden hat, konnte dies nicht gewichtet und korrigiert werden. Insgesamt wurden durch das gewählte Verfahren 1152 ausgefüllte Fragebögen generiert. – Vgl. Oliver Nachtwey/Robert Schäfer/ Nadine Frei, Politische Soziologie der Corona-Proteste, Universität Basel, 20. Dezember 2020 (SocArXiv Papers), https://doi.org/10.31235/osf.io/ zyp3f. Vgl. auch die Befragung von Sebastian Koos, Die „Querdenker". Wer nimmt an den Corona-Protesten teil und warum? Ergebnisse einer Befragung während der „Corona-Proteste" am 4. 10. 2020 in Konstanz, 2021, http://nbn-resolving.de/urn:nbn:de:bsz:352-2-bnrddxo8opad0.

stiftend ist. In der Umfrage zeigt sich eine hohe Unzufriedenheit mit der Demokratie in Deutschland; das Vertrauen innerhalb der Institutionen der liberalen Demokratie fällt sehr unterschiedlich aus:

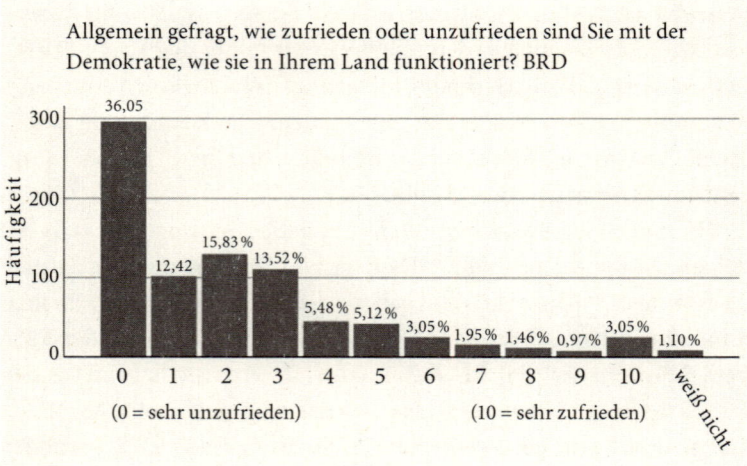

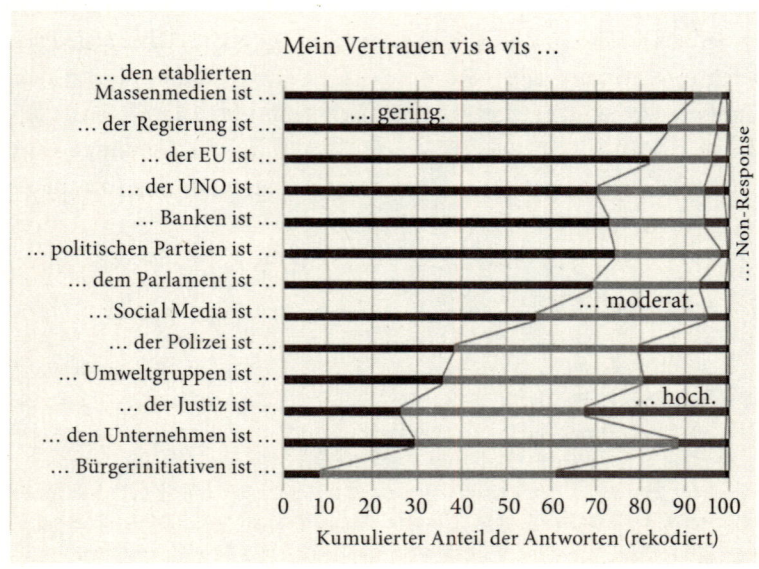

Eine starke Ablehnung schlägt den von den Befragten als „Mainstream" bezeichneten Medien entgegen. Diese würden nicht nur die aus ihrer Sicht „falschen" Expertinnen und Experten zu Wort kommen lassen, sondern darüber hinaus die Proteste gezielt abwerten und verzerrt darstellen. Das politische Profil der Studienteilnehmerinnen und -teilnehmer ergänzt um Einstellungsmerkmale veranlasst zu der Einschätzung, dass es sich um eine Bewegung handelt, die eher von links kommt und nach rechts geht. Sie sind weder ausgesprochen fremden- noch islamfeindlich, auch nicht sozialchauvinistisch. In den Einstellungsmerkmalen finden sich sogar anti-autoritäre Züge: 64 Prozent sagen, man solle Kindern nicht beibringen, Autoritäten zu gehorchen. Allerdings handelt es sich um keine antiautoritäre Bewegung, allein deshalb, weil viele Teilnehmende rechtspopulistische Parteien wählen würden und indifferent gegenüber Rechtsextremen auf den Demonstrationen sind.

Unter den Studienteilnehmenden existiert eine latente Neigung zum Antisemitismus. In der Umfrage wurde das Item, das eine traditionell antisemitische Einstellung exemplifiziert, in einem geringeren Masse abgelehnt als in der Leipziger Autoritarismus-Studie. Wir sprechen von einer latenten Neigung zum Antisemitismus: Gemessen wurde eine antisemitische Einstellung durch die Zustimmung oder Ablehnung zur Aussage „Auch heute noch ist der Einfluss von Juden auf die Politik zu groß". Was zudem auffällig ist: Fast 30 Prozent der Studienteilnehmenden sind bei diesem Item auf „keine Angabe" ausgewichen. Dies könnte ein Hinweis auf sozial erwünschtes Antwortverhalten sein. Dies würde jedoch weiterer Untersuchungen bedürfen. Allerdings existiert in der Protestbewegung eine Anlage zum verschwörungstheoretischen Denken, und dieses weist häufig antisemitische Züge auf.

Ein weiterer zentraler Befund der Umfrage ist der ausgeprägte Bezug auf Natur, Spiritualität und „ganzheitliches Denken". Es besteht eine sehr hohe Quote von Impfgegnerinnen und Impfgegnern (85 %). Der Regierung wird zugeschrieben, eine Impfpflicht und einen Immunitätsausweis einzuführen (90 %). Diese Sichtweise, so unsere Einschätzung, gründet unter anderem auf esoterischen und anthroposophischen Vorstellungen, welche die Reinheit der Natur idealisieren und Komplementärmedizin gegenüber klassischer Medizin stärken möchten.[8]

Bereits zu Beginn unseres empirischen Forschungsprojekts wurde deutlich, dass ein wichtiger gemeinsamer Nenner der Corona-Protestbewegung Kritik als solche darstellt. Das Motiv des „Dagegenseins" markiert trotz der Heterogenität dieser Bewegung einen gemeinsamen Bezugspunkt, der inhaltlich unterschiedlich gefüllt werden kann. Vorzufinden ist eine Kombination verschwörungstheoretischer und esoterischer Vorstellungen, die man mit Ward und Voas als *conspirituality* bezeichnen kann.[9] Im Folgenden gehen wir basierend auf den qualitativen Daten, die wir durch ethnografische Beobachtungen und die Analyse von Interviews generiert haben, einerseits identitätsstiftenden Merkmalen der Corona-Gemeinschaft nach, andererseits analysieren wir, wie die Befragten ihre Kritik legitimieren.

---

8   Vgl. zum Geschlechteraspekt Nadine Frei/Ulrike Nack, Frauen und Corona-Proteste, 15. Juni 2021 (Basler Arbeitspapiere zur Soziologie, Nr. 2), https://doi.org/10.31235/osf.io/bn8vk. Die Impfablehnung entspringt aber nicht ausschließlich anthroposophischen und esoterischen Kreisen, sondern findet sich auch häufig bei Männern, denen weniger eine „Skepsis als eine Überschätzung der eigenen gesundheitlichen Resilienz" (Yasemin El-Menouar, Zwischen individueller Freiheit und Gemeinwohl. Sieben Wertemilieus und ihre Sicht auf Corona, Februar 2021, S. 28, https://www.bertelsmann-stiftung.de/fileadmin/files/BSt/Publikationen/GrauePublikationen/Wertemilieus_2021_final.pdf) eigen ist.

9   Charlotte Ward/David Voas, The Emergence of Conspirituality, in: Journal of Contemporary Religion 26 (2011) 1, S. 103–121. Vgl. aber die wichtige Kritik von Egil Asprem/Asbjørn Dyrendal, Conspirituality Reconsidered: How Surprising and How New is the Confluence of Spirituality and Conspiracy Theory?, in: Journal of Contemporary Religion 30 (2015) 3, S. 367–382.

Vergemeinschaftung und Legitimation von Kritik

Zur empirischen Untersuchung der Corona-Proteste gehörten neben der quantitativen Umfrage die ethnografische Beobachtung von Demonstrationen und Kundgebungen in der Schweiz und in Deutschland sowie insgesamt 20 Interviews mit Corona-Kritikerinnen und -Kritikern. Fokussiert wird nachfolgend auf den Prozess der Vergemeinschaftung auf den Demonstrationen, wozu auch ein zu beobachtendes affektuelles Potenzial gehört, was um Interviewpassagen ergänzt wird. Ausgehend von dem früh vorgefundenen Befund, dass bei den Corona-Protesten vor allem Kritik als solche ein identitätsstiftendes Merkmal darstellt, verfolgen wir anhand der Interviews die Frage, warum sich die Befragten als „kritisch" verstehen, wie dies ihren Widerstand gegen die Maßnahmen leitet und warum ihre eigene Expertise ihre Protesthaltung zusätzlich legitimieren soll. In den Interviews geben sich die Befragten als „rationalistisch" argumentierende Expertinnen und Experten, wenn es darum geht, die Gefährlichkeit des Virus zu relativieren. Gleichzeitig offenbarten sich in praktisch allen Interviews verschwörungstheoretische Erzählungen, die zur stärkeren Entfremdung führen oder sie sogar zu einem radikaleren Widerstand, aus ihrer Sicht, berechtigen. Dieses Konglomerat der Kritik ist erstaunlich inhaltsleer, womit eine hohe Anschlussfähigkeit für unterschiedliche Motive und Weltanschauungen gegeben ist.[10]

---

10   Dazu Buchmayr: „Begriffe wie links, rechts, progressiv und konservativ spielen für das Selbstverständnis der Verschwörungstheoretikerinnen keine Rolle. Ihre gemeinsame Identität gewinnen sie ausschließlich aus der Ablehnung der Orthodoxie bzw. des ‚Mainstreams'. Es geht ihnen nicht um die Festschreibung bestimmter Inhalte, sondern um die stete Kritik und Zurückweisung hegemonialer Positionen." Florian Buchmayr, Im Feld der Verschwörungstheorien – Interaktionsregeln und kollektive Identitäten einer verschwörungstheoretischen Bewegung, in: Österreichische Zeitschrift für Soziologie 44 (2019), S. 369–386, hier S. 379.

Vergemeinschaftung und affektuelles Potenzial

Systematische Beobachtungen der Proteste in Form soziologischer Ethnografien erfolgten am 4. Oktober 2020 in Konstanz, am 7. November 2020 in Leipzig sowie am 1. August 2021 in Berlin. Exemplarisch stellen wir am Protestgeschehen Anfang Oktober in Konstanz 2020[11] Prozesse der Vergemeinschaftung dar, die um Beobachtungen aus Leipzig und Berlin ergänzt sowie mit Analysen aus den Interviews vertieft werden.[12]

Die Kundgebung in Konstanz lässt sich als Happening mit affektuellem Potenzial beschreiben.[13] Im Verlauf des Tages beobachtete das Forschungsteam eine Verschiebung von einer *Festgemeinschaft* über eine *Leidensgemeinschaft* hin zur affektiven *Widerstandsgemeinschaft*. Insbesondere die ersten Stunden des Protestes waren geprägt von Animationsversuchen seitens der Rednerinnen und Redner sowie Moderatorinnen und Moderatoren auf der Bühne. Dazu gehörten das Skandieren von Sprechchören, das gemeinsame Zeigen einer Herzsymbolik und musikalische Darbietungen. Auf inhaltlicher Ebene waren es Themen wie Kritik an etablierten Autoritäten, die Auswirkungen der Maßnahmen auf Kinder, eine drohende Impfpflicht oder der Verlust von Freiheitsrechten, die auf eine zustimmende Reaktion des Publikums stießen. Abseits der Bühne beobachteten wir anfänglich eine noch zurückhaltende Stimmung. Viele der Anwesenden waren zum ersten Mal bei einer Demonstration. Im Laufe des Tages allerdings wurde die Stimmung fröhlicher und ausgelassener. Beklagt wurde beispiels-

---

11   Vgl. Nadine Frei u. a., „Liebe, Freiheit, Frieden". Ethnographische Beobachtung des Corona-Protests in Konstanz, 16. Juli 2021 (Basler Arbeitspapiere zur Soziologie, Nr. 3), https://doi.org/10.31235/osf.io/vzf6a.
12   Wobei anzumerken ist, dass der Prozess der Vergemeinschaftung in Berlin 2021 längst abgeschlossen ist.
13   Vgl. hierzu auch Christine Hentschel, „Das große Erwachen": Affekt und Narrativ in der Bewegung gegen die Corona-Maßnahmen, in: Leviathan 49 (2021) 1, S. 62–86.

weise, dass „*alternative*"[14] Perspektiven auf die Corona-Pandemie „*ausgegrenzt*" werden. Als Beleg nennen sie Medizinerinnen und Mediziner, die für die Demonstrationsteilnehmende glaubwürdige Ansichten vertreten, wie zum Beispiel Bodo Schiffmann, Wolfgang Wodarg oder Sucharit Bhakdi. Das gilt aus Sicht der Demonstrierenden auch für sie selbst, wenn sie sogar von einer „*Spaltung der Gesellschaft*" ausgehen. In einem Interview erklärte eine Befragte, dass ein „*offener Diskurs [...] einfach nicht zustande [kommt], und Menschen, die eine andere Meinung haben, werden sofort mit schlimmen Schimpfwörtern betitelt. [...] Also dieses Verschwörungstheoretiker oder Verschwörungstheoretikerin.*"

Die Demonstrierenden fühlten sich durch Medien und Politik ins Abseits gedrängt. Gleichzeitig sahen sie sich in der Position, aufgrund ihrer eigenen „Expertise" eigentlich besser zu wissen, wie mit dem Coronavirus umzugehen sei bzw. welche Maßnahmen in einem richtigen Verhältnis dazu stünden. Das institutionell Etablierte schien schließlich unter einem ständigen „Generalverdacht"[15] der Parteilichkeit, der Einseitigkeit oder sogar der Unterwanderung zu stehen. Charakteristisch für die Gemeinschaftsbildung war die Dichotomisierung zwischen innen und außen nicht nur entlang der abstrakten Frage, wie die Gefährlichkeit des Virus einzuschätzen sei. Damit verbunden wurde auf praktischer Ebene das Tragen einer Maske abgelehnt. Die Maske war zum Zeitpunkt der ethnografischen Beobachtung bereits zum wichtigsten politischen Symbol des Widerstandes avanciert. Die anwesenden Demonstrierenden lehnten das Tragen eines Mund-Nasen-Schutzes durchgängig ab. Je nach Auslegung wurde die Maske als Symbol für Diktatur, als Zeichen der Unterdrückung oder der Unterwerfung gedeutet. Das Nicht-Tragen einer Maske wurde vielfach von einem Gefühl der

---

14   Zitate aus den ethnografischen Protokollen und den Interviews werden kursiv und in Anführungszeichen dargestellt.

15   Luc Boltanski, Soziologie und Sozialkritik. Frankfurter Adorno-Vorlesungen 2008, Berlin 2010, S. 169.

Überlegenheit begleitet und als mutiger Widerstand begriffen. Wer die Maske trage, unterwerfe sich entweder willentlich aufgrund von Feigheit und Angst oder unwillentlich infolge Unwissenheit oder Manipulation. Besonders drastische Formulierungen fielen außerdem, wenn es um Kinder ging. Einige dieser Positionen zeichneten sich durch eine hohe rhetorische Radikalität aus, wenn zum Beispiel Masken als Kindsmissbrauch[16] skandalisiert und harte Strafen für die Verantwortlichen der Corona-Maßnahmen gefordert wurden. Ähnlich radikale Aussagen fanden sich auch in den Narrativen einer kommenden Diktatur, wobei häufig Vergleiche mit dem Nationalsozialismus bemüht wurden – und dieser dadurch relativiert wurde. So wurde in den Interviews wiederholt auf den Nationalsozialismus rekurriert, an einer Stelle behauptete die Interviewte gar: *„Im Grund genommen sind wir da die Juden von damals, oder?"* In diesem Sinne interpretierte ein weiterer Befragter das Tragen einer Maske als *„Unterwerfungsgeste",* wobei er seine Aussagen noch zuspitzte: *„Es kann aber auch sozusagen der neue Hitlergruss sein."*

Zwar wurde auf der Kundgebung in Konstanz, auf der Bühne wie in Gesprächen mit Demonstrierenden, eine Leidensgemeinschaft beschworen, doch gleichzeitig ein Opferstatus abgelehnt. Beispielsweise wurde zur Selbstinitiative und zum Aneignen von Wissen aufgerufen, um einer möglichen *„Manipulation"* zu entgehen. Darüber hinaus wurde explizit zum Dissens und zum Widerstand aufgefordert. In einem Interview wurde auch sehr emotional erklärt: *„Für mich gehen diese Richtungen, diese ganzen Maßnahmen eigentlich nur dahin, die Bürger des Landes mehr und mehr einzuschränken. Auf im Grunde genommen unbelegten Behauptungen. So und ja, phu, wenn ich das so höre und sehe, ja dann bin ich natürlich auf Krawall gebürstet also. Also nicht jetzt Krawall im Sinne von Gewalt, sondern dann sehe ich mich genötigt, doch dagegen aufzustehen."* Die Widerständigkeit der Demonstrierenden gegen die *„Obrigkeit"* und gegen eine

---

16   Vgl. die Zustimmung zu diesem Item in: Nachtwey/Schäfer/Frei, Politische Soziologie der Corona-Proteste, S. 18.

angeblich „*bevorstehende Hygienediktatur*" wurden auf der Kundgebung in Konstanz als ein ehrenvoller Akt heroischer Selbstaufopfe-
rung inszeniert, der die „*Aufgewachten*" klar von den „*Schlafschafen*"
unterscheide. Trotz Friedensrhetorik wurde radikal zwischen „uns"
und den „anderen" unterschieden. Ein mögliches Gefühl der Isolation – in einigen Interviews werden Brüche innerhalb der eigenen
Familie oder im Freundeskreis thematisiert – wurde in der neu
geschaffenen Gemeinschaft aufgelöst, wofür eine Trennungslinie zur
feindlich verstandenen Gesellschaft gezogen wurde.

Das Motiv des Widerstandes[17] erwies sich, wenn auch unterschiedlich gefärbt, als vorherrschender Bezugspunkte für die Kundgebung Anfang November 2020 in Leipzig und ein knappes Jahr später Anfang August 2021 in Berlin. Bereits im Vorfeld gab es kontroverse Diskussionen zur geplanten Kundgebung und Demonstration
in Leipzig, angemeldet unter dem Motto „2. Friedliche (R)Evolution",
aufgrund der angepassten Corona-Schutz-Verordnung im November, aber auch aufgrund von Sicherheitsbedenken, da sich im Vorfeld organisierte Gruppen der extremen Rechten angekündigt hatten.
Obwohl die Stimmung am Tag selbst merklich angespannter war
als in Konstanz, gab es Animationsversuche auf der Bühne, um eine
friedliche Stimmung zu schaffen und ein Gemeinschaftsgefühl herzustellen: „*Ihr seid mutig, da zu sein. [...] Zeigt mir eure Liebe, zeigt
mir eure Freiheit. [...] Frieden Hey, Frieden Hey, Frieden Hey. [...] Ihr
seht, dass wir nicht wenige sind. Wir sind die Mitte der Gesellschaft.
[...] Weder rechts noch links, ich sehe Menschen.*" Es wurde von einer
„*historischen Bewegung*" gesprochen, „*die ganze Welt schaut auf uns*".
Im Verlauf des Tages wurde ähnlich wie in Konstanz immer
wieder die Entfremdung vom politischen System betont, wenn zum

---

17 Vgl. dazu auch Sabine Stach/Greta Hartmann, Friedliche Revolution 2.0?
    Zur performativen Aneignung von 1989 durch „Querdenken" am
    7. November 2020 in Leipzig, in: Zeitgeschichte-online, November
    2020, https://zeitgeschichte-online.de/geschichtskultur/friedliche-
    revolution-20.

Beispiel das Motiv der Spaltung der Gesellschaft entfaltet und eine Diffamierung der Protestbewegung angeprangert wurde. Schließlich erklärte die Polizei die Kundgebung frühzeitig für beendet, da Auflagen (Maske und Abstand) nicht eingehalten wurden. Ab diesem Zeitpunkt war eine Zuspitzung der bereits aufgeheizten Stimmung zu beobachten. Zwar verließen viele Demonstrierenden die Kundgebung, mehrere Tausend blieben aber auf dem Augustusplatz und warteten das weitere Protestgeschehen ab.

Im Gegensatz zur Kundgebung Anfang Oktober in Konstanz waren nach Leipzig sehr viele organisierte Neonazis angereist, die sich häufig in größeren Gruppen versammelt hatten. Das Widerstandsmotiv entlud sich schließlich in Gewalt. Die Neonazis durchbrachen die Polizeiketten am Bahnhof, wobei diese gewaltvolle Entladung durchaus geplant erscheint: Viele Neonazis hatten entsprechendes Equipment wie Vermummungsmaterial, Handschuhe und Pyrotechnik dabei. Ohne das Durchbrechen der Polizeiketten wäre eine Demonstration auf dem Innenstadtring nicht möglich gewesen. Viele Demonstrierende machten sich dieses Moment zunutze, um auf dem Innenstadtring zu laufen und im Anschluss ihre Widerständigkeit, mit Kerzen und Fackeln ausgestattet, fröhlich tanzend und singend zum Lied „We are the Champions" zu zelebrieren. Nichtsdestotrotz bleibt „Friedfertigkeit" ein wichtiges Motiv der Protestgemeinschaft, die nach außen repräsentiert werden will. In diesem Kontext wurde die Teilnahme von Personen aus der extremen Rechten relativiert oder sogar verschwörungstheoretisch aufgeladen. So wurde in einem Interview erklärt: *„Ein Freund hat mal zu mir gesagt: ‚Wir laufen nicht bei den Menschen mit, sondern die laufen bei uns mit.' Das ist einfach so, in Deutschland haben wir das Demonstrationsrecht, und ich hoffe auch, dass es weiterhin so bleibt. Das heißt, wir können Menschen nicht ausschließen."* Die Szene am Hauptbahnhof in Leipzig beschrieb die Befragte folgendermaßen: *„Ich war bei so vielen Bewegungen, das sind nicht unsere Leute. Das sind nicht unsere Leute. Dafür leg' ich meine Hand ins Feuer."* Sie habe vielmehr selbst erlebt, und dazu gebe es auch *„Videobeweise"*, dass bei der

Kundgebung in Leipzig *„Provokateure eingeschleust wurden".* Auch in einem anderen Interview wurde Gewalt an Demonstrationen externalisiert: *„Aber immer in Frieden und also keine Gewalt. Die Gewalt findet am Rande statt und, und ja, phu, wird wahrscheinlich auch gesteuert sein."* Allerdings ist hier im Kontrast zu dieser Selbstdarstellung hervorzuheben, dass die Bewegung gegenüber rechten Positionen in den eigenen Reihen seit Beginn relativ indifferent war und Angehörige der extremen Rechten an zahlreichen Kundgebungen und Demonstrationen unbehelligt teilnehmen konnten.

Ausgehend von unserer Annahme, dass die Demonstration am 1. August 2021 in Berlin die letzte große „Querdenken"-Kundgebung sein würde, wurde nochmal systematisch empirisches Material gesammelt. Zahlreiche angemeldete Demonstrationen und Kundgebungen wurden jedoch im Vorfeld polizeilich verboten. Gerichte bestätigten die Verbote in erster und zweiter Instanz. Daher gab es keine Kundgebungen mit Redebeiträgen. Uns bot sich ein sehr dynamisches Protestgeschehen. Die beobachteten Demonstrationszüge zeichneten sich, ähnlich wie die Kundgebung in Konstanz, durch einen fröhlichen Happeningcharakter aus. Ziel der Demonstrationen war es, das Verbot zu umgehen und eine gemeinsame Demonstration praktisch durchzusetzen. Immer wieder hallte die gleiche Parole *„Frieden, Freiheit, keine Diktatur"* durch die Straßen. Die Polizei war sichtlich überfordert mit den sich beinahe spontan sammelnden Demonstrationszügen, über längere Zeit hinweg konnten wir auch kaum Polizistinnen und Polizisten sehen. Die Stimmung war meistens fröhlich und ausgelassen, es kam aber auch zu emotionalen Wortgefechten mit Passantinnen und Passanten.

Die Demonstrierenden zelebrierten ihren Erfolg, trotz Verbots stundenlang durch Berlin zu demonstrieren. Wir bewegten uns zu Beginn vor allem auf der Kantstraße und näherten uns im Verlauf des Nachmittags dem Zoologischen Garten. Körperliche Auseinandersetzungen zwischen Demonstrierenden und der Polizei, Angriffe auf Pressevertreterinnen und -vertreter sowie Fest- bzw. Ingewahrsamnahmen, über die in der Presse berichtet wurde, konnten wir an dem Nachmittag nicht beobachten. Das Bild änderte sich allerdings, als wir uns gegen 18.00 Uhr der Ansammlung auf dem Alexanderplatz näherten. Polizistinnen und Polizisten, die entweder Technik beschlagnahmten oder einzelne Personen festnahmen, wurden von Demonstrierenden nicht nur angeschrien, sondern zum Teil auch körperlich angegriffen. Insgesamt war es eine eher alternativ-bürgerliche, dem ehemals links-grünen Spektrum der 1980er-Jahre zuzuordnende Demonstration, die weitgehend einem friedlichen zivilen Ungehorsam gegen die Corona-Maßnahmen frönte – an deren Rändern jedoch Affekteruptionen und Gewalt sprießen konnten.

Kritik und Legitimation

Die Auswertung der 20 Interviews erfolgte unter der forschungsleitenden Frage, welche Formen der Kritik zum Ausdruck kommen. In den Interviews dominierte die Selbstdarstellung als kritische Person gegenüber Sachthemen deutlich. Die Befragten präsentierten sich erstens als aufgeklärte Menschen, die sich nichts vormachen lassen, sondern selbst recherchieren und kritische Fragen stellen. Sie präsentierten sich zweitens als mutige Bürgerinnen und Bürger, die sich nichts verbieten lassen und sich durch Standfestigkeit und Wahrhaftigkeit auszeichnen. Sie präsentierten sich drittens als die eigentlichen Verfechterinnen und Verfechter von persönlicher Selbstbestimmung und rechtsstaatlicher Demokratie.

Zu Beginn der Interviews nahmen die Befragten zur Legitimation der Kritik häufig Bezug auf Studien und Statistiken, die plausibilisieren würden, dass die getroffenen Maßnahmen nicht verhältnismäßig seien. Die Befragten stellten sich als kritische Expertinnen und Experten dar. An zwei Interviewpassagen lassen sich exemplarisch eine allgemeine kritische Haltung sowie spezifisch eine Untermauerung der Kritik durch eigenes Recherchieren demonstrieren:

„Ich bin aber schon immer mit allem so, dass ich immer zuerst mal etwas hinterfrage, also ich bin nicht die, die etwas sieht und dann sagt: ‚Woaaah, boaaah, das muss alles wahr sei.‘ Sondern ich schaue

immer grad, ich ziehe den Vorhang und schaue dahinter und das war da auch so.“ In einem weiteren Interview wurde eine fehlende Ver-hältnismäßigkeit der Maßnahmen kritisiert: *„Und ich sage einfach, das ist nicht verhältnismäßig, weil, weil ich ke-, also ich argumentiere faktenbasiert, also ich kenne ja die Statistik.“* Diese Legitimation der Kritik beansprucht, als „rationale“ Kritik verstanden zu werden.

In den Interviews zeigte sich eine Grundstruktur der Kritik, die durchaus variierte, deren Logik aber in allen Interviews gleich war. Dabei lassen sich drei Module der Kritik identifizieren. Erstens wurde jede offizielle Information über das Virus in Zweifel gezogen und die massenmediale Wiedergabe wissenschaftlicher Tatsachen als verzerrte Darstellung kritisiert. Zweitens wurden die politisch-administrativen Maßnahmen als absichtsvolle „Angstmacherei“ bezeichnet, um sie als unnötige Hysterie zu denunzieren. Und drittens wurde diese behauptete systematische Erzeugung von Angst und Panik als Weg in die totale Überwachung und ein diktatorisches Kontrollregime interpretiert.

Module der Kritik

	Gegenstand der Kritik (explizit)	Formelhafte Selbstdarstellung (nicht immer explizit)	Zentrale Werte
kognitiv	mediale Desinformation	‚ich lasse mich nicht täuschen‘	Aufklärung, kritisches Hinterfragen selbst recherchieren
affektiv	systematisches Schüren von Angst, Panikmacherei	‚ich lasse mich nicht einschüchtern‘	Authentizität, Wahrhaftigkeit Mut
politisch	totale Überwachung und Kontrolle	‚ich lasse mir nichts vorschreiben‘	Demokratie, Autonomie

Tabelle: Eigene Darstellung

Nahezu alle Interviews enthielten Passagen konspirativen Denkens, insofern behauptet wurde, es würde nicht um Gesundheit gehen, sondern um etwas anderes. Ein Befragter erklärte: *„Also die Maßnahmen und dieses ganze Corona-Phänomen ist ja eben wie gesagt nur ein Phänomen, das ist ja nicht die Ursache."* Ein wichtiges Merkmal von Verschwörungsdenken ist die Annahme, dass es hinter der offiziell dargestellten Wirklichkeit eine andere Wirklichkeit gebe, die den „normalen Leuten" verborgen bleibe und zu deren Aufdeckung sie beitrügen: „Nichts ist, wie es scheint."[18] Die Erklärungen, worum es aber nun wirklich gehe, blieben in den Interviews vage und abstrakt. Häufig blieb es dabei, dass die Befragten zwar standhaft erklärten zu wissen, dass es nicht um eine Pandemie gehe, alles andere seien aber auch für sie Vermutungen. Schließlich wurde die eigene Kritik mit einer hohen rhetorischen Radikalität aufgeladen. In diesem Zusammenhang steht die häufige Bezugnahme auf eine drohende Diktatur, wobei sich die Befragten als heroische Widerstandskämpferinnen und -kämpfer inszenierten. Die Kritik richtete sich allerdings nicht nur gegen die Politik, häufig in personalisierter Form gegen einzelne Politikerinnen und Politiker, sondern den Medien wird in der Corona-Krise eine zentrale Rolle zugeschrieben. Eine Befragte wirft die Frage auf: *„Natürlich frag ich mich: ‚Okay, sind da zum Beispiel die Medien irgendwie gleichgeschaltet?'"* Kritik mit einer hohen Radikalität aufzuladen und drastische Vergleiche zu ziehen kann als eine Immunisierungsstrategie gegen Gegen-Kritik verstanden werden.

Schlussbetrachtung

Die Analyse des empirischen Materials lässt den Schluss zu, dass es den gegen die Corona-Maßnahmen Protestierenden zwar um Kritik geht, eine konkrete Kritik an den Maßnahmen zur Eindämmung

18   Vgl. Michael Butter, „Nichts ist, wie es scheint". Über Verschwörungstheorien, Berlin 2020.

der Pandemie dennoch inhaltlich relativ abstrakt bleibt bzw. für sie zweitrangig ist. Die Inhaltsleere der Kritik erlaubt es, sie unterschiedlich zu füllen. So können sehr unterschiedliche Weltanschauungen und Deutungen der Corona-Krise nebeneinanderstehen, ohne dass es zu einem inhaltlichen Aushandlungsprozess oder Meinungsverschiedenheiten kommt[19] – Hauptsache, man ist „dagegen". Getreu dem Motto, dass alles gesagt werden darf, werden keine Meinungen ausgeschlossen.

Eine andere Deutung der Corona-Krise wird damit bloß als andere Meinung aufgefasst, um so die eigene Position gegen Kritik zu legitimieren. In Anlehnung als Boltanskis *Soziologie und Sozialkritik* (2010) lässt sich die Corona-Protestbewegung als Bewegung verstehen, die von einer anderen Deutung der Realität ausgeht. Die Realität, wie sie im Kontext der Corona-Krise medial, politisch und wissenschaftlich vermittelt wird, wird aus der Perspektive der Corona-Kritikerinnen und -Kritiker als hermetisch geschlossen begriffen und als falsch abgelehnt. Ein großes Misstrauen richtet sich gegen das institutionell Etablierte. Was für eine Krise eigentlich normal ist, Widersprüche, Fehler und Revisionen bereits beschlossener Maßnahmen, löst bei den Corona-Kritikerinnen und -Kritiker einen unauflösbaren Verdacht aus. Indem sie die Gefährlichkeit des Virus und die Existenz einer pandemischen Lage negieren, und damit eine Corona-Krise überhaupt, behaupten sie eine ganz andere Krise: Gefährdet seien Demokratie und Freiheit als solche. Aus ihrer Perspektive sind daher sie die wahren Retterinnen und Retter von Freiheit und Demokratie, weil *sie* erkannt haben, dass etwas anderes dahinterstecke.

---

19   Vgl. dazu auch Buchmayr, Im Feld der Verschwörungstheorien.

VOLKER WEIß

Gemeinsam gegen den „Great Reset"

Synergien zwischen Neuer Rechter und Corona-Protesten

Das Agieren der Neuen Rechten und ihres Umfeldes während der Covid-19-Pandemie war von Widersprüchen, strategischen Kurswechseln und mitunter überraschenden Bündnissen geprägt.[1] Nach ersten Orientierungsschwierigkeiten angesichts der neuartigen Herausforderung, die zu Beginn des Jahres 2020 alle politischen Richtungen zu bewältigen hatten, profilierte sich etwa ab der Jahresmitte nahezu die gesamte äußerste Rechte einschließlich der neurechten Sektion als radikale Kritikerin der Maßnahmen zur Eindämmung des Virus. Diese scheinbar antiautoritäre Wende irritierte zunächst, gilt im Denken der äußersten Rechten doch traditionell das Krisenszenario ganz im Sinne Carl Schmitts als Messlatte staatlicher Handlungsfähigkeit.

Genau solch ein Ausnahmezustand schien sich nun tatsächlich abzuzeichnen. Wie zu erwarten, hatte vor allem die AfD als „parlamentarischer Arm" des neurechten Milieus[2] zunächst noch versucht,

---

1   Als „Neue Rechte" gilt hier ein um verschiedene publizistisch-politische Netzwerke, Verlage und Zeitschriften gruppiertes Milieu, dessen Einfluss bis in die AfD hineinreicht. Im Vergleich zu Akteuren der alten Rechten wie der NPD oder den Neonazi-Kameradschaften hat sie ein akademischeres Profil und setzt die Tradition des Neuen Nationalismus der Zwischenkriegszeit fort. Ihr Hauptziel ist eine „Kulturrevolution" gegen „'68" und die Wahrung einer „deutschen Identität".

2   So zumindest die Einschätzung zum Verhältnis der AfD zur „Neuen Rechten" seitens des „Instituts für Staatspolitik", vgl. den Bericht von der

ihre Strategie aus dem sogenannten Flüchtlingswinter 2014/15 zu wiederholen und die Bundesregierung mit Forderungen nach schärferen Maßnahmen vor sich herzutreiben. Als dann im Zuge der Pandemieabwehr jedoch tatsächlich tiefe Eingriffe in das gesellschaftliche Leben vorgenommen wurden, änderte sich das Vorgehen der Partei. Die Widerlegung des in den Jahren zuvor systematisch aufgebauten Narrativs einer Handlungsunfähigkeit staatlicher Instanzen durch die Realität der Exekutivmaßnahmen machte eine inhaltliche Kehrtwende notwendig; aus den Rufen nach maximalen Eingriffen des Staates wurde nun die nach minimalen. Begleitet war dieser Strategiewechsel von öffentlichen Aktionen und politischen Allianzen, bei denen mitunter etablierte Sichtweisen ins Wanken gerieten. Auf den großen Protesten der „Querdenker" in Deutschland und Österreich sah man anthroposophische, esoterische, und ökologische Demonstranten mit der äußersten Rechten vereint. Alternative Impfgegner im Hippie-Look liefen neben „Reichsbürgern", schwarz-weiß-rote Fahnen umgab plötzlich Bürgerinitiativen-Flair.[3] Anhand einiger ausgewählter Beispiele soll diese Entwicklung hier skizziert werden.

Auf parlamentarischer Ebene versuchte vor allem die AfD, sich zum lautesten Sprachrohr der Proteste gegen die amtlichen Anti-Covid-19-Maßnahmen zu machen. Die Partei ist keine neurechte Bewegung, geriet aber im Rahmen ihrer Entwicklung von den rechtspopulistischen Anfängen zu Positionen der extremen Rechten unter den Einfluss neurechter Kreise. Vor allem mit der Kritik des „dekadenten" westlichen Liberalismus und in vergangenheits-

---

„Sommerakademie" 2018 in Schnellroda, bei der auch AfD-Parteichef Jörg Meuthen auftrat: https://sezession.de/59403/sommerakademie-in-schnellroda-europa-nation-meuthen. – Die Weblinks in diesem Beitrag wurden zuletzt am 3. 9. 2021 abgerufen und geprüft.

3   Vgl. hierzu als erste Bestandsaufnahmen: Heike Kleffner/Matthias Meisner (Hrsg.), Fehlender Mindestabstand. Die Coronakrise und die Netzwerke der Demokratiefeinde, Freiburg i. B. 2021, und Andreas Speit, Verqueres Denken. Gefährliche Weltbilder in alternativen Milieus, Berlin 2021.

politischen Positionen teilt sie wesentliche Elemente neurechter Weltanschauung. Die radikale Positionierung gegen die staatlichen Maßnahmen zur Eindämmung der Corona-Pandemie war daher auf den ersten Blick überraschend. Schließlich hatte die Partei seit ihrer Gründung 2013 den Abschied vom „links-rot-grün versifften 68er-Deutschland" gefordert, das angeblich zu keinen ordnungspolitischen Maßnahmen mehr fähig sei.[4] Noch 2017 versuchte sie unter dem Stichwort „Staatsversagen" eine Kampagne zu grenz- und europapolitischen Fragen anzustoßen. Die Positionen der AfD angesichts der Migrationsbewegungen ließen erkennen, dass auch ihr der Ausnahmezustand als Nagelprobe staatlicher Souveränität gilt. Liberale Werte, so die Behauptung, hätten die Autorität des Staates so weit untergraben, dass diesem im Moment der Gefahr gar keine Handlung mehr möglich sei. Probleme an den Staatsgrenzen, in der Kriminalitätsbekämpfung, der Bildungs- und Verteidigungspolitik dienten als Belege.

Die Annahme einer grundsätzlichen Handlungsunfähigkeit der Bundesregierung bestimmte zunächst auch den Blick der AfD auf die Möglichkeit einer Virus-Pandemie. Ende November 2019, also kurz vor dem Sprung des Covid-19-Erregers auf den europäischen Kontinent im Januar 2020, hatte ihre Bundestagsfraktion noch eine Kleine Anfrage zu „Gefahren, Erforschung und Abwehr von Virusinfektionen" gestellt.[5] Angesichts von Ebola-Infektionen in Afrika erkundigte man sich nach dem Schutz der deutschen Bevölkerung, fragte nach der Datenlage zu gefährlichen Infektionskrankheiten, nach Verbreitungswegen, Überwachungsmöglichkeiten und wollte über Abwehrpläne und Impfstoffentwicklung informiert werden.

Da alle diese Themenbereiche im Zuge der Corona-Krise relevant werden sollten, erstaunt es, dass die Partei dann angesichts der realen

---

4 Jörg Meuthen auf dem Stuttgarter Parteitag am 30. April 2016.
5 Vgl. Deutscher Bundestag, 19. Wahlperiode, Drucksache 19/15589 vom 29. November 2019 und die Antwort der Bundesregierung in Drucksache 19/16013 vom 17. Dezember 2019.

Pandemie einen gegenteiligen Kurs wählte. Dieser Wechsel lässt sich anhand von Äußerungen der Vorsitzenden der AfD-Bundestagsfraktion Alice Weidel exemplarisch nachvollziehen, deren Positionen sich im Zuge der Pandemie umkehrten. Anfangs, am 26. Februar 2020, klagte Weidel noch per Nachrichtendienst Twitter über eine „unverantwortliche Verharmlosung" des Virus durch den Gesundheitsminister und wies darauf hin, dass die „Sterblichkeitsrate beim Coronavirus [...] zehn mal höher als bei einer normalen Grippe" sei. „Die Regierung" unternehme jedoch „nichts, um die Risiken für die Bevölkerung zu minimieren". Die folgenden Verlautbarungen Weidels wiederholten, dass die Bedrohung durch das Virus ernst zu nehmen sei und forderten zur Gefahrenabwehr die Einstellung des öffentlichen Lebens.[6] Andere prominente Vertreter der Partei argumentierten ähnlich. Noch Ende März 2020 warnte Parteivorstand Jörg Meuthen unter Hinweis auf begrenzte intensivmedizinische Kapazitäten vor einer drohenden „Katastrophe" und forderte den „sofortigen Shutdown".[7] Die Europa-Abgeordnete Beatrix von Storch warf der Bundeskanzlerin Führungsschwäche vor.[8]

Bald darauf schwenkte die Partei und mit ihr Weidel auf den gegenteiligen Kurs um. Die Totalopposition war zuvor hauptsächlich von Vertretern des extrem rechten Parteiflügels präferiert worden und setzte sich jetzt in der ganzen Partei durch – eines von zahlreichen Anzeichen der Dominanz dieser Strömung. Ein frühes Signal für diesen Kurs war ein AfD-Positionspapier, das bereits im April 2020 ein Ende von einschränkenden Maßnahmen wie Lockdown und Maskenpflicht forderte. Finanzielle Hilfsprogramme galten nun auch bei Weidel als „Corona-Sozialismus".[9] Die Partei fing damit an,

---

6 Vgl. Weidels Tweets v. 4. und 12. März 2020.
7 Vgl. Meuthens Tweet v. 20. März 2020.
8 Vgl. Storchs Pressemitteilung vom 20. März 2020, https://beatrixvon storch.de/2020/03/20/merkel-fuehrt-in-der-corona-krise-nicht-sie-laeuft-der-entwicklung-nur-hinterher/.
9 Vgl. Weidels Tweet vom 7. August 2020.

sich im Parlament zum Bollwerk gegen einen antidemokratischen Ausnahmezustand zu stilisieren.[10] Einzelne Parlamentarier weigerten sich öffentlich, Masken zu tragen. Als in der zweiten Jahreshälfte 2020 die großen Proteste gegen die Corona-Politik der Bundesregierung begannen, nahmen, wie bei der Demonstration am Reichstag im August, zahlreiche Politiker der AfD daran teil. Im November 2020 ließ die AfD Werbematerial drucken, auf dem sie die Gefahren von Covid-19 anzweifelte und forderte, „diesem Land seine Normalität zurückzugeben".[11] Mit ihrer Agitation gegen die Pandemie-Maßnahmen bestätigte die AfD ihr Selbstbild als einzig verbleibende Oppositionspartei und umwarb das Protest-Milieu, wobei sie die Pandemie mit der Migrationsfrage verknüpfte.[12] Offensichtlich verfolgte sie die Strategie, das erfolgreiche Zusammenspiel mit den Pegida-Demonstrationen seit 2014 zu wiederholen.

Parallel dazu waren neurechte Akteure wie die Zeitschrift „Sezession" zu der Einschätzung gekommen, dass die Pandemie den Druck auf das bereits krisenhafte liberaldemokratische System erhöhe und dessen ersehntes Ende beschleunigen könne. Die längst kursierenden Theoreme einer repressiven Bundesrepublik („Merkel-Regime", „DDR 2.0.") fanden nun im Kampf gegen die

---

10   So der Tenor der Rede von AfD-MdB Alexander Gauland bei der Bundestagsdebatte zu den Schutzmaßnahmen am 29. Oktober 2020, vgl. Deutscher Bundestag – 19. Wahlperiode – 186. Sitzung. Berlin, Donnerstag, den 29. Oktober 2020, S. 23357–23358.

11   Vgl. den Flyer der AfD „Corona – Wie groß ist die Gefahr wirklich?", Berlin 2020, https://www.afd.de/wp-content/uploads/sites/111/2021/02/CORONA_Faltblatt_4Seiten_DIN_A5_FA.pdf.

12   Vgl. etwa die Argumentation des sachsen-anhaltischen AfD-MdL Hans-Thoms Tillschneider in seinem Videoblog über „Infizierte Asylbewerber" vom 5. April 2020: https://www.youtube.com/watch?v=L-v3y4MGslc; parteinahe Medien wie die „Junge Freiheit" flankierten diesen Kurs mit Meldungen wie: Quarantäne: Polizei verhindert Ausbruch von Asylbewerbern, in: Junge Freiheit vom 16. 3. 2020, https://jungefreiheit.de/politik/deutschland/2020/quarantaene-polizei-verhindert-ausbruch-von-asylbewerbern/

gesetzlichen Maßnahmen zur Eindämmung der Pandemie Verwendung und befeuerten die eigene heroische Widerstandshaltung. Für diese Kräfte war die seit Jahren aufblühende Kommunikationskultur von Fake News und Gerüchten vertrautes Terrain, das Wechselspiel zwischen szeneeigenen und „Mainstream"-Medien lange eingeübt. Gerade die „Identitären" als neurechte Nachwuchsstruktur hatten sich schon intensiv mit den medialen Mechanismen auseinandergesetzt und diese Erkenntnisse für Aktionsformen aus dem Repertoire der Kommunikations-Guerilla genutzt. In ihren Kreisen wurde schon vor Covid-19 angeregt, „die besonders im Informationszeitalter höchst instabilen Entscheidungs- und Machtprozesse zu durchschauen und ihre inneren Widersprüche" mittels Provokation und Eskalation zuzuspitzen.[13]

Mit der Pandemie verband man nun die Hoffnung auf eine finale Krisenkulmination. Martin Sellner, führender Aktivist der „Identitären", riet zum Engagement in den Protesten. Bereits im April 2020 gab er die Parole aus, die durch den Virus verursachte Krise mit den bewährten Narrativen der Neuen Rechten wie dem „Großen Austausch" zu verbinden. Er hoffte im Zuge der Krise vor allem auf Zusammenstöße der „indigenen" Bevölkerung mit der eingewanderten „Parallelgesellschaft", um der identitären Kampagne neues Leben einzuhauchen. Sellner erwartete „einen metapolitischen Schock für unsere Gesellschaft, der einen Bewußtseinswandel und eine Bereitschaft hin zur Remigration bewirken könnte".[14] Mit Corona als „Proxy-Thema" könnten weitere Kreise erreicht werden. In den Protesten, die er als authentischen Widerstand gegen eine globalistische Elite deutete, der entgegen dem Willen „der globalen

---

13   Nils Wegner, Schneller bitte! Phantom Akzelerationismus, in: Sezession 95/2020, S. 39–43, hier S. 43. Vgl. zur strategischen Nutzung medialer Mechanismen bei den „Identitären" und ihren Vorläufern Volker Weiß, Die autoritäre Revolte. Die Neue Rechte und der Untergang des Abendlands, Stuttgart 2017, S. 93 ff.

14   Martin Sellner, Nach Corona die Remigration?, in: Sezession im Netz vom 14. April 2020, https://sezession.de/62425/nach-corona-die-remigration.

NGO-Maschinerie, aus Think Tanks, Berufsaktivisten und Campaignern" entstanden sei, sah er „revolutionäres" Potenzial. Als „Deutsche ohne Migrationshintergrund, die überwiegend aus dem Mittelstand und der Arbeiterklasse kamen", seien die Coronakritiker eine „unbewußte Schicksalsgemeinschaft", die es nun für eigene Zwecke zu gewinnen gelte.[15]

Aus solchen Erwägungen heraus suchten Autoren der „Sezession" die Nähe zu den „Querdenkern" und begleiteten den „BRD-Widerstand" kontinuierlich.[16] Der in Wien beheimatete Teil der Redaktion, neben Martin Sellner Martin Lichtmesz und Caroline Sommerfeld, schrieb über die dortigen Proteste, bei denen neben extremen Rechten jeder Couleur auch die Nachfolgeorganisation der Identitären DO5 mit Transparenten gegen den „Großen Austausch" und den „Great Reset" vertreten war. Zudem kam es zu politisch-publizistischen Kooperationen zwischen neurechten Autoren und dem Protestmilieu. Die Zeitschrift „Demokratischer Widerstand" um den Berliner Dramaturgen und Initiator der ersten „Hygiene-demos" Anselm Lenz öffnete sich für Autoren der „Sezession". Ebenso schrieb dort Jürgen Elsässer, dessen Magazin „Compact" besonders auf die Proteste aufsprang. Elsässer zeigte sich auf Demonstrationen und lud Lenz zum Gespräch in seine Sendung „Compact TV".[17]

---

15 Martin Sellner: Coronademos, Proxy-Thema, „Lucke-Effekt", in: Sezession im Netz vom 4. August 2020, https://sezession.de/63203/corona demos-proxythema-lucke-effekt.

16 Johannes Poensgen, BRD-Widerstand, in: Sezession im Netz vom 3. August 2020, https://sezession.de/63199/brd-widerstand. Heino Bosselmann widmete in der „Sezession" dem Thema Corona eine ausführliche Artikelserie.

17 Ellen Kositza in: Demokratischer Widerstand 26/2020, S. 14, und Benedikt Kaiser, in: Demokratischer Widerstand 27/2020, S. 10, sowie Jürgen Elsässer in: Demokratischer Widerstand 31/2020, S. 10. Von „Compact" erschien 2021 eine Sonderausgabe zur deutschen „Corona-Diktatur"; Lenz bei Compact TV am 10. 12. 2020, https://www.youtube.com/watch?v=X0ie_2tkP0c. Während die offene Zusammenarbeit von Demokratischer Widerstand mit dem Spektrum der „Sezession" nur einige

Anti-Corona-Demonstration am 29. 8. 2020 in Berlin, Anmelder war erneut die Bewegung „Querdenken 711" aus Stuttgart. Mobilisiert wurde unter dem Motto „Sturm auf Berlin" und mit dem Hashtag #Berlin2908. *picture alliance / SULUPRESS.DE | MV/SULUPRESS.DE*

Diese gegenseitige Annäherung von Neuer Rechter und Corona-Protesten wurde dadurch erleichtert, dass zentrale Elemente ihrer Weltanschauungen korrespondieren. Neben Gemeinsamkeiten in Terminologie und Themenbündelung ist vor allem die Anfälligkeit beider für Verschwörungserzählungen augenfällig. In Bezug auf Covid-19 war man sich einig, es handle sich um eine „Plandemie" zur Einführung einer „New World Order".[18]

Ausgaben umfasste, ist die Kooperation mit dem Verschwörungsportal Ken FM kontinuierlicher, vgl. Demokratischer Widerstand 33/2021, S. 4 f.

18 Vgl. zur gemeinsamen Terminologie und Themenclustern den Bericht über „Das Phänomen Verschwörungstheorien in Zeiten der COVID-19-Pandemie" der österreichischen Bundesstelle für Sektenfragen sowie den „Sonderbericht zu Verschwörungsmythen und ‚Corona-Leugnern'" des nordrhein-westfälischen Innenministeriums, jeweils vom Mai 2021.

In der Neuen Rechten ist eine solche Weltsicht strukturell angelegt. Ihr Selbstverständnis als „Wahrnehmungselite" sieht sich von der Frage geleitet: „Was ist das Böse und wie wirkt es unsichtbar und sichtbar?"[19] Gerade das Diffuse dieser Fragestellung bietet einen leichten Übergang zu verschiedenen, meist antisemitischen Verschwörungskonstruktionen. Seit Jahren sieht sie sich im Kampf gegen einen angeblichen „Großen Austausch" der europäischen Bevölkerung durch Migranten von der Südhalbkugel, meist unter besonderer Hervorhebung des Investmentbankers George Soros oder des Bankhauses Rothschild als Strippenzieher. Vor der Pandemie hatte die Neue Rechte auch den US-amerikanischen QAnon-Kult aufgegriffen. Nun wertete sie das Zeitgeschehen als koordinierten Angriff einer „globalistischen Elite" zur Unterjochung der Welt und fand in den Corona-Protesten Gleichgesinnte. Gemeinsam warf man sich diesen Phantasmen mit dem Gestus der Erleuchteten entgegen. Die Hauptelemente dieser seit Jahren im rechten Diskurs präsenten Motive wurden unter dem Schlagwort „Great Reset" zu einer „großen weltumspannenden Nummer" der „Eliten" umgedeutet, in die sich auch Covid-19 integrieren ließ.[20]

Die Rede vom „Great Reset" folgt der von Michael Butter beschriebenen Struktur verschwörungstheoretischer Argumente, „Geschichte immer vom Ende her" zu erzählen.[21] Ursprünglich waren unter dem Begriff Reformvorschläge des Weltwirtschaftsforums zur Krisenbewältigung gebündelt. Verschwörungstheoretisch gekapert und in Verkehrung von Ursache und Wirkung wurde er nun jedoch als Beleg dafür präsentiert, dass die Pandemie geplant gewesen sei. Dieser Uminterpretation zufolge dient der „Great Reset", kaschiert als Kampf gegen Covid-19 und den Klimawandel, lediglich der Ein-

19 Caroline Sommerfeld, Verschwörungstheoretiker und wir, in: Sezession im Netz vom 19. Juni 2021, https://sezession.de/64361/verschwoerungstheoretiker-und-wir.

20 Ebenda.

21 Michael Butter, „Nichts ist, wie es scheint." Über Verschwörungstheorien, Berlin 2018, S. 59.

Autokorso von Querdenkern gegen die Maßnahmen zur Bekämpfung der Corona-Pandemie am 13. 2. 2021 in Köln. | *picture alliance / NurPhoto | Ying Tang*

führung eines neuen Sozialismus. Es ist bemerkenswert, wie weit diese Lesart als salonfähig gilt. So zitiert die „Junge Freiheit" einen Beitrag der ehemaligen DDR-Bürgerrechtlerin Vera Lengsfeld auf dem libertären „Forum Freiheit 2020" mit den Worten: „,Hinter der Corona-Maske' werde klammheimlich der ‚Great Reset' (‚Große Transformation') ins Werk gesetzt." Als Beispiel nannte sie den „,Green Deal' der EU, an dem die zunehmende Regulierung ablesbar sei".[22] Das Beispiel zeigt, dass sich der Glaube an eine gesteuerte Pandemie mit dem Ziel eines „Great Reset" keineswegs auf eine kleine Gemeinde beschränkt. Tatsächlich hat er es durch die AfD bis in den Bundestag geschafft.[23]

22 Christian Dorn, „Sie müssen den Gegner, den Feind, genau kennen!", in: Junge Freiheit 44/2020, S. 11.
23 Vgl. AfD gegen „Great Reset" des Weltwirtschaftsforums, Kurzmeldung „heute im Bundestag" vom 18. 5. 2021 (hib 661/2021).

Im Milieu der Corona-Proteste macht man ebenfalls einen Zusammenhang zwischen der Pandemie und einem Masterplan zum „Great Reset" aus.[24] In dieser Lesart steht Covid-19 für die Agonie des globalen Systems. Die Autoren des Demokratischen Widerstands sind davon überzeugt, dass im Schatten von Corona die alte Ordnung abgeschafft werde: „Die transnationale Elite des Globalkapitalismus führt derzeit Krieg gegen die Zivilgesellschaft."[25] Die Pandemie wird so als Endkampf um die Zukunft gedeutet, bei dem alle verfügbaren Mittel zum Einsatz kämen. Angesichts des zunehmenden Widerstands seien die vornehmlich in den USA beheimateten, aber weltumspannend agierenden Eliten gezwungen, zur Aufrechterhaltung ihres Systems die Realität zu verzerren. So glaubt „Sezessions"-Autorin Caroline Sommerfeld unter Berufung auf amerikanische „Truther", an der Pandemie Elemente einer „Silent Weapon" des US-Militärs zum besseren „social engineering" zu erkennen. Es sei ein gigantisches „Manipulations- und Planspiel" im Gange.[26]

Weitere „Lageberichte" der Neuen Rechten teilen diese Sicht. Ebenfalls in der „Sezession" zählt Thomas Hoof Faktoren und Profiteure des europäischen Niedergangs auf. Ihm zufolge sei die Welt derzeit Zeuge einer Verdrängung der Realwirtschaft zugunsten des „fiktionalen Finanzkapitals", die von Ökologie- und Humanitätsrhetorik flankiert werde. Diese Entwicklung, die vor allem die europäischen Industrienationen ihrer einstigen Kraft beraube, gehe im Zuge von Corona und des „Great Reset" in die letzte Phase über. Die Leidtragenden des Wandels, die souveränen Staaten und ihre National-

---

24 Vgl. Aya Veláquez, China und der Great Reset, in: Demokratischer Widerstand 28/2020, S. 12–15; Die Agenda „The Great Reset" wird unser Leben komplett verändern – China als Vorbild!, in: Tube Querdenken 711, https://tube.querdenken-711.de/videos/watch/b3ff0e1b-aee0-44f4-93ea-a140ae49501a.

25 Ullrich Mies, Transnationaler Staatsterror, in: Demokratischer Widerstand 36/2021, S. 1 ff.

26 Caroline Sommerfeld, Im Zugriff des Widersachers, in: Sezession 100/2021, S. 44–48.

ökonomien, würden derweil durch Angstkampagnen in Schach gehalten: die „fiktionale Epidemie" (Covid-19), die „fiktionale Demokratie" (die Wahlniederlage Trumps) und die „fiktionale CO2-Erwärmung" (der Klimawandel). Trotz seiner kapitalismuskritisch angereicherten Terminologie bietet Hoof keine sozioökonomische Analyse, sondern schwenkt auf eine Personalisierung des Problems um. Er entwickelt die Vorstellung eines transnationalen Netzwerks, das als „Ordnungszentrum" weitgehend die Prozesse steuere und vor allem die Kapitalabschöpfung monopolisiere. Hoof macht deutlich, dass dessen Struktur nur oberflächlich sichtbar werde. Tatsächlich, so raunt sein Text, sei über dieses Zentrum „wenig bekannt, es sei denn, man traute den alten verschwörungstheoretischen Quellen". Das ist kein Lapsus, denn Hoofs Invektiven gegen den Finanzsektor bleiben innerhalb des klassisch antisemitischen Schemas vom „schaffenden" und „raffenden" Kapital. Auch seine Polemik, angesichts des Unvermögens der Wissenschaft sei es sinnvoller, die Vorgänge in der Finanzwelt „zur Aufklärung an die Parasitologie [zu] übergeben", bedient eine nationalsozialistische Metaphorik. Die von ihm vermuteten globalen Akteure erklärt er in Umkehrung des Begriffs „Verschwörungstheoretiker" zu „Verschwörungspraktikern" und stützt sich mit Blick auf die Abwahl Donald Trumps auf die klassische Erzählung einer langfristigen Konspiration: „Nach mehr als 200 Jahren Vorbereitung und einer wirklich beeindruckenden Planungs- und Handlungstreue über Generationen hinweg, gestärkt von immer frischem Trank aus tiefen freimaurerischen, sekten-puritanischen und talmudischen Weisheitsquellen, kurz vor Schluß dann nur dies: gefälschte Wahlzettel."[27]

Hoof mildert den verschwörungstheoretischen Kern seiner Krisendeutung durch konsumkritische Terminologie und Anleihen bei linker Globalisierungskritik ab. Sie zeugen von einer Vergangenheit des Autors, die der politischen Gemengelage in den

---

27 Thomas Hoof, „In zehn oder hundert Jahren", in: Sezession 100/2021, S. 30–37.

Corona-Protesten heute nicht unähnlich ist. Denn Hoof hat sich nach einer Karriere bei den Grünen und der erfolgreichen Gründung von Manufactum in den achtziger Jahren, einer Handelskette für nachhaltige Produkte, der neuen Rechten angeschlossen. Heute ist sein Hauptbetätigungsfeld die ehemals Manufactum angegliederte Verlagsbuchhandlung Manuscriptum, die nach dem Verkauf der Warenhäuser in seinem Besitz blieb.

Auf Hoofs Leserschaft zielt auch die Zeitschrift „Tumult", deren Werkreihe von Manuscriptum vertrieben wird. Das Verlagsprogramm wird in Tumult mit dem Slogan „Ohne Mundschutz im Kopf" beworben.[28] Angesichts dieser Verbindung ist es nicht überraschend, dass in der Zeitschrift eine ähnliche Sicht auf die Pandemie vertreten wird. Peter J. Brenner bilanzierte dort das „staatliche Corona-Regime [als] eine Kriegserklärung an die bürgerliche Gesellschaft". Die martialische Metaphorik des Textes zeugt davon, dass man auch bei Tumult hinter Corona ein historisches Ringen am Werk sieht. Brenner schreibt von „Preisgabe", „Repression", „Belagerungszustand" und – als Referenz an den Ersten Weltkrieg – von „Schlafwandlern". Wie auch Hoof versteht der Autor bei seiner Betrachtung der Coronakrise das Spiel der Provokation. Er scheint die verbreiteten Vergleiche der Pandemiebekämpfung mit der nationalsozialistischen Judenverfolgung aufzugreifen, die bei den Protesten bis hin zur Verwendung von gelben Davidsternen mit der Aufschrift „Impfgegner" reichten. Nach einem kurzen Exkurs über die Sonderverordnungen für Juden während des Nationalsozialismus relativiert Brenner die Analogie jedoch umgehend: Niemand, „der bei Sinnen" sei, werde „die Judenverfolgung im Dritten Reich

---

28　Vgl. Tumult, Sommer 2021, S. 113. Tumult schloss an die 1979 von Ulrich Raulff und Frank Böckelmann gegründete gleichnamige Schriftenreihe „für Verkehrswissenschaft" an, die durch den französischen Dekonstruktivismus geprägt war. Nach der Neugründung 2013 als Vierteljahresschrift für Konsensstörung durch Böckelmann öffnete sie sich für Autoren und Themen der Neuen Rechten.

mit der aktuellen Corona-Politik in Verbindung bringen". Dieser Andeutung des maximalen Bildbruchs bei sofortiger Zurücknahme schließt sich umgehend die nächste an: „Deren Referenzhorizont ist wohl eher das SED-Regime." Letztlich ruft auch Brenner das Motiv eines „Great Reset" unter Zerstörung von Geschichte und Identität auf: „Das Corona-Regime fügt sich ein in den Gesamtkomplex einer Tabula-rasa-Politik, die aus der bürgerlichen Gesellschaft ein leeres Blatt macht, das sich neu beschreiben lässt."[29]

Auf Basis dieser Konstruktionen sind Neue Rechte und Corona-Proteste ein Bündnis eingegangen, das mitunter verwirrend wirkte. Die versammelten Spektren waren nicht nur in ihren Erscheinungsbildern, sondern auch in den Motivationen äußerst unterschiedlich. Während sich einige Protestierende legitimerweise auf ein grundsätzliches Misstrauen gegenüber staatlichen Grundrechtsbeschneidungen stützten, waren andere durch völlig obskure Krisendeutungen motiviert. Vor allem die von rechts angeschlagenen antiautoritären Töne mussten Außenstehende irritieren. Immerhin hat die Neue Rechte in der Folge Carl Schmitts die parlamentarische Demokratie traditionell als unfähig dargestellt, Krisen zu bewältigen. Der Liberalismus galt mit Rückgriff auf den spanischen Gegenrevolutionär und Antimodernisten Juan Donoso Cortés als „Phänomen einer Gesellschaft in Auflösung".[30] Es bedurfte einiger Kreativität,

---

29 Peter J. Brenner, Tabula rasa. Bilder einer zerfallenden Gesellschaft, in: Tumult, Sommer 2021, S. 10–14.

30 Marc Stegherr, 200 Jahre Juan Donoso Cortés – katholisch antimodern, in: Sezession 29/2009, S. 37. Donoso Cortés' Liberalismus-Kritik gilt nicht nur wegen ihres Einflusses auf Carl Schmitt als wegweisend, er wird als einer der wichtigsten Vertreter jenes reaktionären Denkens gewürdigt, auf dem schließlich auch die „konservative Revolution" des 20. Jahrhunderts aufbaute. Vgl. beispielsweise Marcel Kehlberg, „Rebellion aus Tradition: der Carlismus", in: Sezession 97/2020, S. 58–61, und Karlheinz Weißmann, Kleines Lexikon der Reaktion, in: Sezession 54/2013, S. 42–45; Felix Dirsch, Rechtskatholizismus. Vertreter und geschichtliche Grundlinien – ein typologischer Überblick, Jüchen 2020.

in einer von langwierigen Verhandlungen zwischen Bund und Ländern geprägten Krisenpolitik die Züge einer zentralistischen Diktatur auszumachen. Unter normalen Umständen wären sie eher als Beweis für die Mängel des demokratischen Systems angeklagt worden. Schließlich kursiert in solchen Fragen gewöhnlich ein auch von Carl Schmitt bemühtes Bonmot Donoso Cortés', der die Bourgeoisie „als eine ‚diskutierende Klasse', una clasa discutidora" verspottet.[31] Als zentrales Element einer notwendigen gegenrevolutionären Staatsphilosophie sieht Schmitt hingegen das Bewusstsein, dass „die Zeit eine Entscheidung verlangt". Erst im Willen und der Fähigkeit zu handeln, als „wäre sie unfehlbar", beweise sich tatsächliche „Souveränität".[32]

In dieser Tradition galt im Denken der Neuen Rechten der Autoritarismus dem parlamentarischen Liberalismus stets als überlegen und war Objekt der staatspolitischen Begierde. Doch im Zuge der Corona-Pandemie stand der sonst als Dezisionismus gepriesene staatspolitische Tatendrang plötzlich im Geruch der Diktatur, noch bevor die Maßnahmen überhaupt den Charakter eines tatsächlichen Ausnahmezustandes aufwiesen. Entgegen allen Prophezeiungen zeigte die parlamentarische Demokratie in der Coronapandemie, dass sie zu radikalen Einschnitten fähig war, ohne sich dabei in einen Obrigkeitsstaat zu transformieren. Diese Erfahrung brachte neurechte Akteure in die Bredouille: Der beschworene Notfall war zwar da, aber es war nicht *ihr* Notfall. Die Anerkennung der Bundesregierung als handelnder Souverän wiederum hätte ihr Weltbild in den Grundfesten erschüttert. Also blieb nur der Ausweg, die Krise zum Werk eines weltumfassenden Bösen zu deklarieren, dessen Plan nun von der Regierung ausgeführt werde.

Möglicherweise waren es gerade die Mängel dieser unbefriedigenden Auflösung des Widerspruchs, die zu immer radikaleren

---

31 Carl Schmitt, Politische Theologie. Vier Kapitel zur Lehre von der Souveränität, Berlin 2015 [1922], S. 63 f.
32 Ebenda, S. 59 f.

Standpunkten und realitätsferneren Erklärungen führte. Denn insgesamt hat sich die Pandemie, wie Samuel Salzborn feststellt, als „geradezu idealtypischer Vorwand für Verschwörungsmythen" erwiesen.[33] Nach seinen Beobachtungen dient der „Verschwörungsglaube" bei den Protesten der Maßnahmengegner als das „integrierende Element der Versammlungen", wobei „der Antisemitismus entscheidend mit ihrer Radikalisierung korreliert".[34]

Diese Ballung von personalisierten Krisendeutungen, relativierenden historischen Vergleichen und antisemitisch konnotierten Endzeitfantasien bildet auch die Brücke zwischen Corona-Protesten und Neuer Rechter. Trotz der Gemeinsamkeiten blieb die von neurechten Autoren erhoffte Verschmelzung der Strömungen letztlich aus, und die Bewegung zerfiel in verschiedene Sektionen. Wie die Gründung der Partei „dieBasis" im Juli 2020 aus den Querdenker-Protesten heraus zeigt, wurde das Vertretungs-Angebot der AfD keineswegs einhellig angenommen. Als Plattform ließ sich die Protestbewegung jedoch zur Genüge nutzen. Angesichts der Großdemonstration am 29. August 2020 resümierte Martin Sellner: „Fakt ist, daß es seit Bestehen der BRD im Berliner Regierungsviertel wohl keine derart große, professionell organisierte und gut besuchte Veranstaltung gab, auf der Patrioten und rechte Akteuere [sic!] sich frei bewegen konnten, oder sogar positiv aufgenommen wurden."[35] Diese Erweiterung des neurechten Wirkungsfeldes muss zu den Schäden, die Covid-19 verursacht hat, hinzugezählt werden.

33 Samuel Salzborn, Verschwörungsmythen und Antisemitismus, in: Aus Politik und Zeitgeschichte 35–36/2021, S. 41–47.

34 Ebenda.

35 Martin Sellner, Wer war schuld am Reichstagssturm?, in: Sezession im Netz vom 1. September 2020, https://sezession.de/63298/wer-war-schuld-am-reichstagssturm.

Der Einfluss fundamentalistischer Sekten auf die Querdenken-Bewegung

„Von allen fachkompetenten Bereichen rufe ich hiermit alle Kollegen auf, findet euch gegenseitig, bildet eine Front, bildet eine Zeugenschar, die hier gegen diese Lügenmacht ansteht, die die Wahrheit ans Licht bringt. Werdet synergisch!" Das forderte der Führer der Schweizer Sekte „Organische Christus Generation" (OCG) Ivo Sasek bereits kurz nach Beginn des Corona-Lockdowns am 27. März 2020 in einem Video, veröffentlicht auf der eigenen Internetplattform „SasekTV" („kla.TV").[1] In besagtem Video spricht er die zukünftigen Protagonisten der Querdenken-Bewegung, aber auch anderer rechtsextremer oder wissenschaftsfeindlicher Strömungen an. Zu dieser „Zeugenschar" gehören laut Ivo Sasek auch Namen wie Bodo Schiffmann, Sucharit Bhakdi, Daniele Ganser, Christoph Hörstel und viele andere. Sasek behauptet, in der Welt würde ein hybrider verdeckter Krieg gegen die Menschen geführt, der ganze Nationen in den Ruin stürzen werde.[2]

Wer ist Ivo Sasek, und was veranlasste ihn, zu diesem Zeitpunkt die mediale Bühne zu betreten, in der Absicht, eine Querfront zu formen? Um dies zu verstehen, ist es notwendig, sich mit der Vergangenheit der OCG und ihrer Entwicklung zu beschäftigen. Ivo Sasek,

---

1   SasekTV. Ivo Saseks Aufruf: „Wozu noch Feinde – bei solchen Freunden?" // Aktuell zu Covid-19. 28. 3. 2020, YouTube, https://youtu.be/NJA6z djUyRM, Min 32:03–32:19. – Die Weblinks in diesem Beitrag wurden zuletzt am 4. 9. 2021 abgerufen und geprüft.

2   Ebenda, Min 35:09–37:40.

geboren 1956 in Zürich, der laut Eigendarstellung atheistisch aufgewachsen ist, machte eine Lehre zum Automechaniker. Erst 1977
hatte er dann unter dem Einfluss eines evangelikalen Mitarbeiters
ein Bekehrungserlebnis und praktizierte seinen neu erlangten Glauben ohne Anschluss an eine Gemeinde. Im Jahr 1984 gründete er
schließlich in Walzenhausen (Schweiz) eine Drogen-Rehabilitations-
einrichtung mit dem Namen „Obadja". Der Name der Einrichtung
„kleiner Diener Gottes" betont bereits die Theologie Saseks: die totale
Unterordnung unter den Willen Gottes.[3] Ehemalige Drogenabhän-
gige berichten, dass es bei „Obadja" auch Konflikte gab. Es wurde
wohl auch vor dem Einsatz der klassischen Rute zur Züchtigung der
Drogenopfer nicht haltgemacht.[4]

Ivo Sasek suchte in den 1980er-Jahren weiter nach anschlussfä-
higen Gemeinden, er und „Obadja" erfuhren jedoch stetige Zurückweisung. Das veranlasste ihn, selbst Gottesdienste für „Obadja" zu
halten, und auch thematisch verschob sich der Fokus der Rehabili-
tierungseinrichtung zunehmend. Stand anfänglich noch der Entzug
von Drogenabhängigkeit im Vordergrund, entwickelte sich „Obadja"
zunehmend zu einer selbstständigen Gemeinde, die „Lebenshilfe"
für Sinnsuchende bot. Es entstanden „Schriftendienste" und „Kas-
settendienste", um Saseks Theologie in Ton und Buch in andere
Gemeinden einbringen zu können.[5] Die Bestrebungen, andere Menschen und Gemeinden durch die Ideologie Saseks zu manipulieren
oder zu „bearbeiten", wie es intern tituliert wird, können als Vorläufer der heutigen „Medienarbeit" der OCG bezeichnet werden. Sasek
nennt dies „Gemeindelehrdienst".

3   Vgl. Evangelische Informationsstelle Kirchen – Sekten – Religionen
     (1998), Relinfo, Obadja – Ivo Sasek, relinfo.ch. http://www.relinfo.ch/
     obadja/info.html.
4   Vgl. U. von Tobel, Obadja-Gemeinde: Die Prügelstrafe im Namen des
     Herrn, Beobachter, 11. 9. 2001, https://www.beobachter.ch/gesetze-recht/
     obadja-gemeinde-die-prugelstrafe-im-namen-des-herrn-0.
5   Vgl. Evangelische Informationsstelle Kirchen – Sekten – Religionen, Rel-
     info, Obadja – Ivo Sasek.

Sasek ließ sich von unterschiedlichen christlich-fundamentalistischen Gemeinden als Gastprediger einladen, um eine größere
Anhängerschaft zu gewinnen. Mittels Rundschreiben versuchte er,
im Nachgang seiner Predigten potenziell Interessierte mit seiner
Theologie zu beeinflussen. Im Verlauf der 1990er-Jahre führte er
„Bemessungen" ein, um seine Anhängerschaft auf Tauglichkeit für
den „Organismus" auszuwählen. 1999 gründete er die Organische
Christus Generation. Er teilte alle Mitglieder in sogenannte Stuben
ein, in denen der geistliche Stand der „Verbindlichen", wie OCG-
Mitglieder intern bezeichnet werden, permanent durch die einge-
setzten Leiter überwacht werden kann.

Grundlage der Theologie Saseks ist der Gedanke der völligen
Hingabe an Gott. Hingabe bedeutet für Sasek nicht nur intensives
Gebetsleben und Einsatz für christliche Werke, sondern Verzicht
jeder Selbstherrschaft durch totale Unterwerfung, allumfassend in
allen Lebensbereichen.[6] Konkret meint die Ideologie Saseks hier die
Unterwerfung unter die Herrschaft Gottes und die von Gott eingesetzte Leiterschaft, in diesem Fall die führenden Mitglieder der OCG.

Die OCG umfasst heute ungefähr 2000 aktive Mitglieder im
deutschsprachigen Raum. Sasek selbst agiert aus der Schweiz, dort
finden auch die Jahreskonferenzen der OCG und die Produktionen
für die eigenen Medienkanäle statt. Ein Großteil der Mitglieder lebt
in Deutschland. Die Sekte gilt als christlich fundamentalistisch,
wobei inzwischen weniger die religiösen Motive herausstechen als
vielmehr der politisch aktivistische Charakter. Die Mitgliederzahlen
sind über die letzten Jahre relativ konstant, die Reichweite der eigenen Medien liegt jedoch um ein Vielfaches höher.

Zu den Medienformaten gehört auch das seit 2008 jährlich statt-
findende Treffen mit dem Namen „Anti-Zensur-Koalition" (AZK).
Bei diesen Inszenierungen, die sowohl vor ausgewähltem OCG-
Publikum und gleichgesinnten Interessierten in der Schweiz stattfinden als auch über verschiedene Kanäle in sozialen Netzwerken

6   Ebenda.

sowie das Internet einer breiteren Öffentlichkeit zugänglich gemacht werden, geben sich Verschwörungsideologen seit Jahren die Klinke in die Hand. Die „Anti-Zensur-Koalition" ist eher als Vernetzung der verschwörungsideologischen Szene zu betrachten und weniger als reines Medienformat. So trat neben der nach ihrer AZK-Rede verurteilten Holocaust-Leugnerin Sylvia Stolz (2012) auch Jürg Stettler, Kopf der Scientology-Organisation im deutschsprachigen Raum, als Referent auf. Er bekam im Jahr 2009 von Ivo Sasek bei der AZK eine Bühne zur Werbung für Scientology geboten. Jürg Stettler und Ivo Sasek empfanden sich als „Brüder im Geiste", als sie sich mit öffentlicher Denunziation bei der „Wahrheitssuche" konfrontiert sahen.

Sasek betont regelmäßig, dass er die AZK bewusst in der Schweiz veranstaltet und sie nie in Deutschland durchführen würde. Grund dürfte die juristische Angreifbarkeit vieler der Referate durch die deutsche Justiz sein. Sasek weiß um die unterschiedlichen juristischen Bewertungen in der Schweiz und in Deutschland. Offensichtlich geht es dabei um Referentinnen und Referenten, die geschichtsrevisionistische, holocaustleugnende, antisemitische/antizionistische Positionen vertreten.

Im März 2021 trafen wir Dr. Matthias Pöhlmann, den Beauftragten für Sekten und Weltanschauungsfragen der Evangelisch-Lutherischen Kirche in Bayern, um mit ihm über die OCG und deren Einfluss auf die Querdenken-Bewegung zu sprechen. Pöhlmann erklärte: „Ich denke kla.TV und die AZK dürfen keinesfalls unterschätzt werden. Wenn man sich die Klickzahlen und die Verbreitung von diesen Filmspots ansieht, ist das teilweise sehr erschreckend." Damit bezieht er sich auf Zehntausende, Hunderttausende oder in seltenen Fällen gar millionenfache Aufrufe der Veröffentlichungen Saseks. Bei der Produktion der Videos wird mit virtuellen Studios und geschulten OCG-Mitgliedern der Eindruck seriöser Medienarbeit erweckt. „Tatsächlich ist das jedoch eine krude Verschwörungswelt", sagt Pöhlmann.

Geteilt werden die Videos und Clips besonders stark auf den Telegram-Kanälen der Querdenken-Bewegung. Der russische Messenger

Telegram bietet den Nutzern einen nahezu rechtsfreien Raum, in dem sich zahlreiche Anhänger von Verschwörungsfantasien ungestört austauschen können. Im Vergleich zu anderen Plattformen wie Twitter, YouTube oder Facebook werden auf Telegram Beiträge, die nicht den Informationen der WHO im Umgang mit der Corona-Pandemie entsprechen, weder gelöscht noch gesperrt (Stand August 2021). Die Plattform schmückt sich dafür mit dem Versprechen, nicht nachzugeben, wenn eine Regierung gegen kritische Beiträge vorgehen wolle.[7] Zudem werben die Querdenken-Protagonisten selbst bei allen erdenklichen Gelegenheiten mit ihren eigenen „alternativen" Telegram-Kanälen, auf denen dann Verschwörungsmythen geteilt, Nutzer radikalisiert und zu Schenkungen animiert werden sollen.

Wir sprachen mit der OCG-Aussteigerin Claudia Müller. Sie war von 2002 bis 2015 ein sogenanntes verbindliches Mitglied in der OCG. Von Beginn an war sie involviert in einen Dienst, der gewissermaßen Vorläufer der späteren „Saseksschen Medienarbeit" war. Es wurden nach ihrer Aussage Leserbriefe an Redaktionen geschrieben, teils in konzertierten Aktionen, um bestimmte Positionen zu bestärken sowie andere, gegenläufige Ansichten ins Abseits zu drängen. Mit Gründung des eigenen Mediums „Stimme & Gegenstimme" war sie eine von der OCG so genannte „Spezialistin", was bedeutet, dass sie selbst Artikel schrieb, redigierte sowie andere OCG-Mitglieder darin ausbildete, eigene Beiträge zu verfassen.

Mit der späteren Gründung von kla.TV war Claudia Müller mit der Leitung und dem Aufbau sämtlicher Redaktionsdienste in ihrem Distrikt betraut. Das betraf sowohl die eigentliche Redaktionsarbeit – wie das Schreiben der Texte für die kla.TV Sendungen, das Überarbeiten bzw. Redigieren von Texten – als auch die Qualitätssicherung bei der Freigabe der kla.TV-Texte auf den eigenen Plattformen. Claudia Müller arbeitete mit am Aufbau einer Struktur zur Kontaktierung all

---

7   Vgl. D. Laufer, Fällt Telegram wirklich nicht unter das NetzDG?, Netzpolitik.org, 4. 2. 2021, https://netzpolitik.org/2021/hasskriminalitaet-faellt-telegram-wirklich-nicht-unter-das-netzdg/.

der Interessenten, die sich über eine der Internetpräsenzen der OCG gemeldet bzw. den Wunsch einer Kontaktaufnahme geäußert hatten. Nicht zuletzt war sie bei der Initiierung und Ausführung von konzertierten Aktionen (z. B. Anschreiben von Politikern, Klageeinreichung bei einer Staatsanwaltschaft wegen einer über Sexualität aufklärenden Fernsehsendung, Leserbriefaktionen etc.) tätig. Sie war auch beteiligt beim Aufbau der ersten Schritte im „Revierhirtendienst", worunter die OCG die Erstellung von Listen über Politikerinnen und Politiker, Medienschaffende und Personen des öffentlichen Lebens sowie deren Einordnung in Freunde und Feinde versteht.

Ivo Sasek selbst äußerte sich auf der OCG-Jahreskonferenz 2016 mit folgenden Worten über den Revierhirtendienst: „Ich möchte ganz besonders darauf hinarbeiten, dass wir eine lückenlose Übersicht bekommen, wer diese Welt zerstört! […] Und davon rede ich hier in der Schweiz, davon rede ich bei euch in Deutschland, davon rede ich in Österreich. Mein Ziel ist es, dass wir genauestens Bescheid wissen, wer welche Untaten begeht, und da rede ich inklusive Staatsanwälten, Richtern und alles, was sich Rang und Namen angeeignet hat." Er fügte hinzu: „Lobbyarbeit, das magst du mal ganz groß in deine Agenda schreiben. […] Lobbyarbeit, das meint Gruppen wirklich bearbeiten, auch Politiker bearbeiten, die Guten natürlich. […] Du gewinnst die, die sich gewinnen lassen. Lobbyarbeit, die Leute, die an der Macht sind, die wirklich an den Hebeln sitzen, sie umstimmen und ihnen eine Plattform geben."

Die intensiven Rekrutierungsbemühungen vor dem Hintergrund der ideologischen Verortung vieler AZK-Referate geben gute Hinweise auf die Methode der Netzwerkbildung. Sasek arbeitet eifrig mithilfe all seiner „OCG-Verbindlichen" an einer Vernetzung staats- und demokratiefeindlicher Gruppierungen. Getrieben wird er dabei von der Vorstellung „böser zionistischer Hintergrundmächte", die angeblich dem „Weltfinanzjudentum" angehören und deren Handeln er unter allen Umständen verhindern und beenden müsse. Aussteigerin Claudia Müller sagt hierzu: „Sasek hat die AZK 2008 ins Leben gerufen mit der Begründung, dass er eine Plattform schaffen wolle, wo Menschen, deren Meinungen und Lehren unterdrückt und zensiert würden, ein Forum fänden, wo sie gehört würden und ihre Lehren unzensiert kundtun könnten. Er sagte, dass er herausgefunden habe, dass es anderen Menschen ebenso erginge wie ihm, dass sie von den Medien, vom Mainstream, diffamiert, verleumdet und mundtot gemacht würden."

Claudia Müller zufolge betreibt Sasek „schon durch die Auswahl der Referenten Zensur: Er lädt nur Referenten ein, die seine Ideologie und seine Weltsicht teilen. Außerdem trifft er offenbar mit jedem Referenten klare Absprachen, was dieser in seinem Vortrag sagen darf und was nicht. Das wurde deutlich, als er sich nach einigen Konferenzen bei internen OCG-Treffen beklagte, dass sich Referenten nicht an die Absprachen gehalten hätten und beispielsweise ihre eigenen Lösungsansätze vorgebracht hätten. Sasek lässt als Lösungsansatz nur den Weg der OCG gelten." Ein Hauptzweck der AZK war und ist die Vernetzung. Sasek wollte mit möglichst allen AZK-Referierenden Netzwerke bilden, „mit den meisten von ihnen ist ihm das wohl auch gelungen", so Claudia Müller.

Zu den Vortragenden der letzten Jahre zählen unter anderem Erich Hambach (Verschwörungsideologe mit Themenschwerpunkt Bargeldabschaffung), rechte Aktivisten wie Jürgen Elsässer (Herausgeber des vom Verfassungsschutz beobachteten „Compact"-Magazins), Hagen Grell (Betreiber der rechten Internetplattform „frei3"), Jo Conrad (rechter Esoteriker und Anhänger der Reichsbürgerszene), Heiko Schrang (rechter Esoteriker und Unternehmer), Andreas Popp (Herausgeber von Verschwörungsliteratur), Eva Herman (wegen rechter Umtriebe aus dem öffentlich-rechtlichen Rundfunk entlassen) oder Thorsten Schulte (der „Silberjunge"). Doch auch Wissenschaftsleugnende wie Werner Altnickel, Claus Köhnlein oder Juliane Sacher finden sich unter den Referenten. Besonders auffällig ist, dass sich viele Vorträge um das Thema „Existenz von Viren" und „Sinn von Impfungen" sowie Mobilfunkstrahlung drehen.

Zur Strategie Saseks gehört nicht nur, die Rekrutierung neuer Mitglieder für den „Organismus" zu forcieren. Den Aufwand, ein neues Mitglied in „den Schwarm" zu integrieren und in den „Geist zu bringen", hält er für sehr hoch. Diesen Weg der Selbstaufgabe würden nur wenige „schaffen". Er setzt aber vor allem auf den Kontakt zu den „Köpfen" von Bewegungen, die er für die gemeinsame Sache, gemeint ist der Kampf gegen die vermeintlichen Machteliten, gewinnen möchte.

Die Vernetzung sollte zum einen zwischen Sasek und den jeweiligen Referenten stattfinden, zum anderen sollten aber auch möglichst alle Interessierten in die OCG-Netzwerke (natürlich nicht unter dem Namen OCG) eingebunden und im besten Fall zur Mitarbeit in irgendeiner Weise bewegt werden. Das Netzwerk zwischen Sasek und AZK-Referenten wird am Beispiel von Jürgen Elsässer deutlich, mit dem Sasek gemeinsame Aktionen plante. Aus einem Mailverkehr zwischen einer Sekretärin von Ivo Sasek und Jürgen Elsässer geht hervor, dass sie ihre Zusammenarbeit als „Entente Cordiale" bezeichneten, gemeinsam Demonstrationen organisierten und über die eigenen Internet-Plattformen bewarben. Nachweislich ist dies für die „Familiendemonstration" gegen Frühsexualisierung am 15.November 2014 in Dresden dokumentiert. Die Aktion „Besorgte Eltern" ist gegen jede Form der „Frühsexualisierung" von Kindern. Konkret gemeint ist damit die Aufklärung über Sexualität und Diversität von Kindern in Kitas, Kindergärten und Schulen. Die Vereinigung wird geführt von Mathias Ebert, einem langjährigen OCG-Mitglied.

Gleiches gilt für eine „Reichsbürger"-Demonstration, die unter dem Motto „Frieden und Souveränität" am 9. November 2014 vor dem Bundestag in Berlin stattfand. In dem uns vorliegenden Mailverkehr bittet Elsässer die OCG um Unterstützung in Form von Werbung für die Demonstration. Die Art und Weise, in welcher der Mailverkehr geschrieben ist, lässt auf ein enges und freundschaftliches Verhältnis zwischen Sasek und Elsässer schließen. Am 22. November 2014 veranstaltete Jürgen Elsässer eine Konferenz von Rechtsextremisten mit dem Titel „Frieden mit Russland" unter Beteiligung von Alexander Gauland (AfD) und zahlreichen bundesweiten

NPD-Kadern wie Sebastian Schmidtke, Ronny Zasowk und Frank Franz. Geteilt wurde der Aufruf für die „Compact"-Veranstaltung auch wieder auf der Seite der „Besorgten Eltern" von Mathias Ebert.

Mit dem damaligen diplomatischen Vertreter des Iran in der Schweiz, Salari Alireza, der als AZK-Referent über die Schönheit des Iran referierte, knüpfte Sasek regelrecht freundschaftliche Bande. Der Diplomat war später zu den Hochzeiten der Kinder Saseks geladen. Ivo Sasek beschreibt in einem Rundbrief seine Reise in den Iran, wo er sehr wertschätzend empfangen worden sei und auch mit hochrangigen Politikern Kontakte habe knüpfen können. Der Sekten-Experte Pöhlmann erklärt hierzu: „Das Ziel von Ivo Sasek ist es, möglichst breite Allianzen zu bilden, das heißt mit Gruppen oder Einzelpersonen, die diese Verschwörungsmythen auch teilen und die große Vorbehalte gegen die Demokratie und ihre Repräsentanten haben. Das ist auch eine Querfrontstrategie."

Schon bei der ersten AZK präsentierten Referenten zwei der Hauptthemen Saseks: Impfgegnerschaft und Mobilfunkablehnung. Bei den nächsten AZK-Veranstaltungen kristallisierten sich dann weitere Themenschwerpunkte Saseks heraus: Holocaustleugnung, Geschichtsrevisionismus, Antizionismus. So hielt Sylvia Stolz einen Vortrag, anschließend wurde sie wegen Holocaustleugnung zu einer Gefängnisstrafe verurteilt. Sasek als Veranstalter hingegen wurde in der Schweiz in zweiter Instanz freigesprochen.

Sasek bot Scientologen eine Bühne, mit der Begründung, dass sie „viel Gutes tun" und ebenso wie er üblen medialen Diffamierungen ausgesetzt seien. Später sagte Sasek intern, dass er regelmäßig als Ehrengast bei Scientology-Kongressen eingeladen und zugegen sei. In einer Ausgabe des Scientology-Magazins „Kent-Depesche" wurden auf der ersten Seite Ivo Sasek und sein Werk lobend und anerkennend dargestellt. Der „Depesche" war auch eine DVD mit einem Dokumentarfilm der OCG aus dem eigenen Produktionsstudio „Panorama-Film" beigelegt, berichtet Claudia Müller: „Nach der ersten AZK wies Sasek die Mitglieder der OCG an, dass sie sich keinesfalls mit den referierten Themen befassen sollten. Im späteren

Verlauf, mit immer radikaleren Themen bei der AZK, änderte sich diese Anweisung Saseks völlig. Die referierten Themen wurden nun elementarer Bestandteil der OCG-Lehre. Sasek trachtete und trachtet offensichtlich weiterhin danach, durch die referierten Themen zu belegen, wie übel Staat und Politiker den Bürgerinnen und Bürgern mitspielen würden. Wie generell schädigend und zerstörend alles staatliche und politische Handeln sei und dass der Ausweg nur die Etablierung einer neuen Herrschaft sein könne. Diese Herrschaft ist laut Sasek nicht demokratischer Natur. In seiner Wahrnehmung gibt es keine Demokratie, sondern jede Herrschafts- und Regierungsform sei immer eine Diktatur. Er möchte die Menschen dazu bewegen, die ‚gute Diktatur' (Saseks und seiner Netzwerkpartner) zu wählen."[8] Die Aussteigerin berichtet weiter: „Innerhalb der OCG dreht sich vieles um den Begriff Verbindlichkeit. Sich verbindlich zu erklären ist gleichzusetzen mit Selbstaufgabe und sich den Weltanschauungen Saseks zu unterwerfen."

Tatsächlich verkündete Sasek in einer Predigt auf dem „Freundestreffen" bereits im Jahr 2013, die Menschen müssten akzeptieren, dass die Diktatur die einzige Herrschaftsform sei und lediglich gewählt werden könne, unter welcher Diktatur man leben wolle. Er forderte seine Anhänger und Sympathisanten auf, ihm zu folgen, sich seiner Diktatur anzuschließen und die alten Herrschaftsstrukturen aufzubrechen. Matthias Pöhlmann kommentiert das Postulat des Sektierers: „Herkömmlich wird die OCG als christliche Sondergemeinschaft eingestuft, aber das ist nur ein Teil. Ich spreche inzwischen vom sogenannten Sasekismus als Ideologie, denn Ivo Sasek hat inzwischen mehrere Standbeine. Wenn man vom Sasekismus spricht, muss man die OCG erwähnen, man muss kla.TV erwähnen, die AZK und andere Aktivitäten. Es ist ein Gesamttableau einer stark weltanschaulichen Ideologie. Hier gibt es sehr starke Vernetzungen. Es steht und fällt

---

8 SasekTV, Freundestreffen 2013 – Visionierende Worte „Gemeinsam können wir etwas bewegen", 2013, SasekTV, https://www.sasek.tv/de/freundestreffen2013/predigtgemeinsam/16/, 07:05–07:30. Siehe auch Saseks Rundbrief vom Februar 2021.

mit Ivo Sasek. Er hat Vorkehrungsmaßnahmen getroffen, damit auch nur die ganz getreuen Anwärter in die OCG aufgenommen werden, durch die sogenannte Bemessung, in der das eigene Ich der Anwärter gebrochen werden soll." Der Experte fasst zusammen: „Es ist ein typisches Schwarz-Weiß-Denken, das wir von solchen Gruppen her auch kennen; draußen ist die bedrohliche böse Außenwelt und hier ist die gerettete Gemeinschaft, die wissende Elite, und man müsse jetzt den Feinden draußen das Handwerk legen, ihre Lügen aufzeigen."

Das Thema Impfen war für die „Medienarbeit" Ivo Saseks bereits von Beginn an ein zentraler Schwerpunkt. Schon bei der ersten „Anti-Zensur-Koalition" 2008 hielt die zwei Jahre später verstorbene Anita Petek-Dimmer einen „impfkritischen Vortrag". Die OCG begann etwa im Jahr 2010, „Impfschadensberichte" zu sammeln, um diese dann in einer „Anti-Impfbroschüre" zu veröffentlichen. Seit Erscheinen dieser Publikation intensivierten sich die Kontakte zur „impfkritischen Szene". Impfkritiker referierten in der Folge bei der AZK, unter anderem Hans Tolzin. Die OCG und Ivo Sasek suchten den Schulterschluss mit anderen Impfkritikern, um eine enge Vernetzung aufzubauen. Ziel ist es dabei hauptsächlich, neben dem gemeinsamen Anliegen die Impfkritiker auch für alle anderen Themengebiete wie zum Beispiel Ablehnung von Mobilfunkstrahlung und Frühsexualisierung von Kindern zu gewinnen. Dabei sollen die Kritikerinnen und Kritiker komplett „erweckt", das heißt weiter radikalisiert werden. Die OCG setzt darauf, Ängste der Gefolgschaft über Saseks Medienkanäle zu aktivieren und das Vertrauen in den Staat und dessen Institutionen zu erschüttern. Auf diese Weise werden Menschen weiter mit Verschwörungsmythen versorgt. Letztlich geht die Ideologie so weit, zu behaupten, dass der Staat die Bürgerinnen und Bürger durch Impfen umzubringen versuche. Hier wird der seit vielen Jahren in der Szene verbreitete Verschwörungsmythos der weltweit geplanten „Bevölkerungsreduktion" bedient. Die Menschen müssten sich nun gegen den Staat wehren, gegen die Regierenden, die „bösen Hintergrundmächte" und das vermeintlich geplante Töten verhindern. Die Aussteigerin Claudia Müller sagt hierzu:

„Neuerdings kombiniert Sasek die Themen Impfen und RFID-Chips beziehungsweise ‚Zwangsverchippung‘ miteinander. Er behauptet, schon in der Bibel würde davor gewarnt, und zieht dazu Stellen aus der Offenbarung des Johannes heran.“

Krankheiten entstehen im Weltbild der OCG als Folge von Sünde. Sie seien als ein Hinweis Gottes zu verstehen, um Menschen in ihre „Heiligungsprozesse“ zu führen. Für die OCG sind sie demnach eine Strafe Gottes und dienen als Mittel der Züchtigung. Claudia Müller: „Für Sasek ist eine Krankheit eine Attacke Satans, ähnlich wie bei Hiob in der Bibel. Dann ist es daran, die Krankheit durch Gebeten, eine Art von Dämonenvertreibung, zu kurieren.“ Ivo Sasek empfiehlt verschiedene Heilungslehransätze, gemeinsam ist ihnen, Krankheiten durch den Geist zu heilen. Die OCG lehnt es nicht ausdrücklich ab, schulmedizinische Hilfe in Anspruch zu nehmen, allerdings werden Mitglieder dann als „weniger geistlich“ angesehen. Es gilt als Ausdruck mangelnder Geisteskraft, wenn man es nicht schafft, Krankheit durch den Geist zu besiegen.

Dazu gehört auch Saseks Lehre, dass der Mensch, dem es gelingt, seine Sünden unter Kontrolle zu halten, eigentlich auch nicht mehr zu sterben brauche. Tod sei für ihn eine Folge der Sünde und durch ein „Leben im Geist“ verhinderbar. Der „Organismus“ selbst (= der „Leib Christi“, in diesem Sinne die OCG) habe eine heilende Wirkung auf den Menschen.

Auf die Frage, ob er Ivo Sasek und die OCG als führenden ideologischen Kopf der ganzen demokratiefeindlichen Querdenken-Bewegung sehe, antwortet Matthias Pöhlmann: „Ich denke, in dieser Radikalität nimmt Ivo Sasek sicher eine führende Position ein und fungiert in gewisser Weise als Stichwortgeber. Er hat ein besonderes Gespür für die richtigen Themen, die in der Luft liegen, diese greift er dann auf, setzt sie medial um und andere springen auf diesen fahrenden Zug auf.“ Besonders seien ihm die Beiträge in Gruppen des Schweizer Siebenten-Tages-Adventisten Samuel Eckert aufgefallen, der es seit Mai 2020 zu Ansehen in der Querdenken-Bewegung gebracht hat.

Wir sprachen mit Jens-Oliver Mohr, dem Leiter der Presse-
und Informationsstelle der Siebenten-Tages-Adventisten (Süddeut-
scher Verband). Er bestätigte uns, dass Samuel Eckert mit einem
Auftrittsverbot in adventistischen Einrichtungen in Deutschland
belegt ist. Doch auf Nachfrage, warum die ASI Deutschland e. V.,
laut Selbstdarstellung ein Zusammenschluss von Adventisten mit
dem Ziel, anderen Menschen zu helfen, verschwörungsideologische
Literatur kostenlos am Rande von Querdenken-Demonstrationen in
zahlreichen Städten wie Stuttgart, Frankfurt, Erfurt und noch am
29. August 2021 in Berlin verteilte,[9] antwortet er ausweichend. Man
könne nicht die Verantwortung für einzelne Mitglieder und deren
Handlungen übernehmen. Die Bücher, die auch kostenlos über die
Internetseite der Adventgemeinde Bamberg verschickt werden, tragen Namen wie „Der große Konflikt" und „Vom Schatten ins Licht"
und werden im Verlagstext als „Klassiker" und „Missionsbuch für
jedermann" beschrieben.[10] Einen Zusammenhang mit Rekrutierungsbemühungen der Advent-Gemeinde sieht Jens Mohr nicht, gab
uns jedoch zu verstehen, dass die Adventisten im Jahr 2020 einen
Mitgliederrückgang zu verzeichnen hatten.

Die „Organische Christus Generation" setzt nicht allein auf Netzwerkarbeit aus dem Hintergrund, sondern unterstützt auch aktiv die
Querdenken-Protestbewegung auf der Straße, bei Demonstrationen
und anderen Aktionen. Das Mitglied Matthäus Westfal mit dem
Pseudonym „Aktivist Mann", wie er sich in den sozialen Netzwerken
wie Telegram, YouTube und weiteren nennt, war schon zu Beginn
der Proteste in Berlin am Rosa-Luxemburg-Platz zugegen. Den ersten Livestream sendete Westfal am 25. April 2020 bei den Vorläufer-

9   Recherchenetzwerk AS, Die #ASI der #Freikirche „Siebenten-Tages-
     #Adventisten" verteilt wieder Bücher [Tweet], 29. 8. 2021, Twitter, https://
     twitter.com/antischwurbler/status/1432050538795966470/photo/1.
10   Adventgemeinde Bamberg, Der grosse Konflikt, https://www.advent
     gemeinde-bamberg.de/index.php/startseite/buecheraktion/197-der-
     grosse-konflikt.

Protesten der Querdenken-Bewegung in Berlin. Diese Demonstrationen wurden unter dem Namen „Hygienedemonstrationen" von der Kommunikationsstelle „Demokratischer Widerstand" von Anselm Lenz und Hendrik Sodenkamp an jedem Samstag initiiert. Die Herausgeber der verschwörungsideologischen Wochenzeitung „Demokratischer Widerstand" haben zwar keine Versammlungen offiziell angemeldet, doch von Anbeginn der Proteste riefen sie über die Netzseite „Nicht-Ohne-Uns" zur Teilnahme auf.[11]

Zu dieser Zeit galten besonders strenge Kontaktbeschränkungen, und die Versammlungsfreiheit war aufgrund der pandemischen Lage eingeschränkt. Das hielt die Redakteure und Herausgeber der Wochenzeitung nicht davon ab, zu den sogenannten Hygienespaziergängen aufzurufen, die dann in aller Regelmäßigkeit gemäß Corona-Verordnung von der Polizei aufgelöst wurden. Die Bilder der Demonstrationen nutzten die Teilnehmenden schon in diesem frühen Stadium, um von vermeintlichem Grundrechtsentzug und von Polizeigewalt zu sprechen.

Am 25. April 2020 fand sich erstmals Matthäus Westfal von der OCG in Berlin ein und streamte live auf YouTube die Hygienedemonstrationen. In den folgenden Wochen war er auf nahezu allen Versammlungen in Berlin als Streamer aktiv und schloss sich sehr schnell mit dem rechtsradikalen und in zweiter Instanz als Holocaustleugner verurteilten, „Volkslehrer" Nikolai Nerling zusammen. Sie begleiteten das teilweise unübersichtliche Demonstrationsgeschehen in Berlin gemeinsam, um es für das eigene Publikum aufzunehmen und zu kommentieren.

Nikolai Nerling bezeichnet sich selbst offen als rechtsradikal und operiert unter dem Pseudonym „Der Volkslehrer". Er war Grundschullehrer bis zum Jahr 2018, als er vom Schuldienst wegen Volksverhetzung suspendiert wurde. Er verbreitete auf seinem YouTube-Kanal Verschwörungsmythen, erklärte sich solidarisch mit der

---

11   Kommunikationsstelle Demokratischer Widerstand, www.nichtohneuns.de, https://www.nichtohneuns.de.

mehrfach verurteilten Holocaustleugnerin Ursula Haverbeck und störte öffentliche Veranstaltungen von Politikerinnen und Politikern mit fremdenfeindlichen Zwischenrufen. Die mediale Aufmerksamkeit nach seiner Entlassung aus dem Schuldienst verhalf ihm zu beträchtlicher Popularität. In der Folge nahm seine Radikalisierung immer stärkere Züge an. Im Interview mit dem ehemaligen Querdenken-Pressesprecher Stephan Bergmann am 30. August 2020 sprach Nerling von seiner Vision der Einsetzung einer Militärregierung in Deutschland, die das Volk in ihrem Sinne informieren und auch Holocaustleugner zu Wort kommen lassen würde.[12]

An dieser Stelle zeigt sich erneut die Vernetzungsarbeit der OCG. Beispielhaft sei der 4. Juli 2020 in Berlin genannt. Westfal begleitete den in der Frühe stattfindenden Autokorso des rechtsextremen und sich antisemitisch äußernden Attila Hildmann, der inzwischen vor der deutschen Justiz in die Türkei geflohen ist.[13] Auf der Abschlusskundgebung des Korsos am Washingtonplatz, vor dem Hauptbahnhof in Berlin, hielt Westfal vor ungefähr 300 Teilnehmenden eine offen antisemitische Rede. Er sprach unter großem Jubel der Zuhörer ganz direkt von einer Verschwörung der Eliten durch jüdische Familien wie die Rothschilds.[14]

Anschließend besuchte Westfal eine Kundgebung des „Volkslehrers" Nikolai Nerling vor dem Bundeskanzleramt unter dem Titel: „Für deutsche Kultur in Deutschland". Auf dieser Bühne trat er ebenfalls auf, von Nerling als Kollege angekündigt. Mit ihm sei

---

12 Nicola Sacco, Der #Querdenken-Sprecher Stephan #Bergmann im Plausch mit dem Holocaustrelativierer Nikolai #Nerling. [Tweet], 7. 9. 2020, Twitter, https://twitter.com/SchwarzePalmen/status/1302994808835911684.

13 Vgl. S. Eder, Für ihn sind alle Feinde Juden, 15. 4. 2021, FAZ.NET, https://www.faz.net/aktuell/gesellschaft/kriminalitaet/attila-hildmann-in-der-tuerkei-fuer-ihn-sind-alle-feinde-juden-17293348.html.

14 Vgl. Karl_Beltermann, Attila Hildmann Rede & Aktivist Mann Rede – Washington Platz – 4. 7. 2020 Berlin – Demonstration, 5. 7. 2020, BitChute.com, https://www.bitchute.com/video/YBmlkeU3soH7/, Min 1:34:30–1:41:53.

er die letzten Wochen viel gemeinsam unterwegs gewesen. Westfal bestätigte dies zu Beginn seiner Rede und sagte, dass es eine große Ehre für ihn gewesen sei, da Nerling „nun schon seit mindestens zwei Jahren unterwegs sei für das Heimatland, für Deutschland". Dann verkündete Westfal: „Ich bin dagegen, sich überall kulturell zu vermischen, Multi-Kulti und so, natürlich das gehört sich nicht. [...] Mir ist es wichtig, dass wir uns vereint aufstellen, uns nicht für eine Ideologie verkaufen, sondern für das Herz und immer zu unserem deutsch sein stehen, und uns nicht verbiegen lassen und vor allem auch kein kommunistischer Staat werden."[15]

Selbst nach dieser Rede und der zweiten Demonstration am 4. Juli 2020 in Berlin gönnte sich Matthäus Westfal keine Ruhe. Der OCG-Streamer und Netzwerker besuchte auch noch die dritte Anti-Corona-Maßnahmen-Demonstration an diesem Tag am Berliner Alexanderplatz, ausgerichtet von den „Coronarebellen" und der rechtsextremen „Patriotic Opposition Europe" von Erik Graziani. Es versammelten sich dort am Nachmittag ca. 300 Menschen aus verschiedenen Strömungen, u. a. Impfgegner, „Reichsbürger", rechte Esoteriker und Verschwörungsideologen, um gegen die staatlichen Maßnahmen zu demonstrieren. Hier hielt Westfal seine dritte Rede.[16]

Traurige Berühmtheit erlangte Westfal dann am 29. August 2020 in Berlin, als bei der „Querdenken-Großdemonstration" mit ca. 20 000 Teilnehmenden die Treppen des Reichstagsgebäudes gestürmt wurden. Westfal begleitete den Sturm aus erster Reihe mit voller Euphorie. Die Live-Bilder hiervon veröffentlichte er auf seinem YouTube-Kanal. Der Livestream wurde zwischenzeitlich von

---

15 Vgl. Berlin Berlin02, Rede vom Aktivist Mann vor dem Bundeskanzleramt, für Deutsche Kultur in Deutschland #Volkslehrer, 11. 7. 2020, YouTube, https://youtu.be/wtdvn8yFuHc.

16 Aktivist Mann, Meine Rede Alexanderplatz Berlin, 4. 7. 2020 [Telegram-Post], 6. 5. 2020, Telegram, https://t.me/s/aktivistMann?q=%23Demonstrationen.

über 100 000 Zuschauern angesehen. Das Original ist mittlerweile auf YouTube gelöscht worden, allerdings finden sich Ausschnitte vom ursprünglichen Stream weiter in den sozialen Netzwerken.[17]

Die Bühne vor dem Bundestag, von der die Erstürmung der Treppen des Reichstagsgebäudes ihren Ausgang nahm, wurde vom Verein „staatenlos.info" angemeldet. Bei dieser Gruppierung handelt es sich um eine Reichsbürgervereinigung, geführt von dem Rechtsextremisten Rüdiger Hoffmann, der sich bis 2015 Rüdiger Klasen nannte. Er war Vorsitzender der NPD des mecklenburgischen Kreises Hagenow und wurde 1995 wegen eines versuchten Brandanschlags auf ein Asylbewerberheim zu dreieinhalb Jahren Haft verurteilt. Interessant hierbei ist die Tatsache, dass Westfal die Querdenken-Demonstration vom 29. August 2020 nicht nur komplett gefilmt und übertragen hat, sondern zum Zeitpunkt der Erstürmung der Treppen des Reichstagsgebäudes auch zufällig genau dort vor Ort war. Das lässt zumindest darauf schließen, dass er von dem geplanten Sturm gewusst hat oder angewiesen wurde, sich dort aufzuhalten.

Auf den Treppen des Reichstagsgebäudes kam es wieder zum Schulterschluss mit Nikolai Nerling, der ebenfalls den „Sturm" als Aktivist begleitete und filmte. In seinem Livestream gratulierte Westfal mitten im Tumult Nerling nachträglich zum 40. Geburtstag, den dieser tags zuvor gefeiert hatte. Ein schöneres Geschenk, meinte Westfal, hätte es nicht geben können. Nerling erwiderte etwas weniger euphorisch, dass man davon, außer schönen Bildern, auch nichts habe. Er spielte damit auf die unzähligen schwarz-weiß-roten Reichsflaggen auf den Treppen des Reichstagsgebäudes an. Beide nutzten käuflich erworbene oder selbst gedruckte Presseausweise wie Nikolai Nerling, um sich im Geschehen vor der Polizei als Journalisten auszugeben. Westfal trat jedoch besonders dadurch in Erscheinung, dass er lautstark die Menge motivierte und Anweisungen wie etwa

---

17 Vgl. Antischwurbler, Querdenken Doku Teil 1 – Die „alternativen Medien" befeuern die Radikalisierung einer Bewegung, 28. 12. 2020, YouTube, https://www.youtube.com/watch?v=0gft4k13BWQ, Min 22:58–29:53.

„Alle hinsetzen!" in die Menge brüllte, nur um wenig später festzu-
stellen, dass er Journalist sei und neutral bleiben müsse.[18]

Die Freude und Begeisterung von Westfal ist ein Indiz für den
hohen Grad an Radikalisierung, die das OCG-Mitglied inzwischen
vollzogen hat. Nach der Demonstration wurde es etwas ruhiger
um Westfal, es scheint, als sollte er ein wenig aus der Schusslinie
genommen werden. Er trat erst am 10. November 2020 in Schwerin
wieder in Erscheinung, als er die „Corona-Infobustour" von Querdenken mit Protagonisten wie Bodo Schiffmann und Samuel Eckert
besuchte. Er forderte auffällig häufig Demonstrierende und Besucher
der Versammlung auf, doch nicht vor Ort zu bleiben, sondern sich
in Bewegung zu setzen und einen zu diesem Zeitpunkt nicht geneh-
migten Demonstrationszug zu starten.[19]

Der „Reichsbürger" Rüdiger Hoffmann war ebenfalls beim
Schweriner Halt des „Corona-Infobus", der durch die ganze Republik tourte, um eine Desinformationskampagne zu initiieren, zugegen. Er forderte ein entschlosseneres Vorgehen der Querdenken-
Protagonisten, um „das System" endlich zu überwinden.[20] Hoffmann bezeichnete die Bundesrepublik Deutschland als Konstrukt,
sie sei kein Staat und müsse von deutschem Boden beseitigt werden.
Er definierte den aktuellen Zustand als Krieg und die Corona-Ein-
dämmungsmaßnahmen als Kriegsrecht. Der Querdenker Samuel
Eckert pflichtete ihm bei, mahnte Hoffmann jedoch, entspannt zu
bleiben, die Menschen müssten erst so weit kommen, dass sie die
Wahrheit verstehen könnten. Im Augenblick seien sie nur 150 000

18 Antischwurbler, Querdenken Doku Teil 1 – Die „alternativen Medien"
    befeuern die Radikalisierung einer Bewegung, 28. 12. 2020, YouTube,
    https://www.youtube.com/watch?v=0gft4k13BWQ, Min 28:30–28:40.
19 Vgl. Protest Media, 10. 11. 2020, Schwerin – Live: Demo Sternfahrt
    10. 11. 2020 by Aktivist Mann, 10. 11. 2020, Facebook, https://www.face-
    book.com/watch/live/?v=813384219501543&ref=watch_permalink.
20 Recherchenetzwerk AS, Jetzt gibt es #Klartext Keine Fragen bleiben offen
    über #Querdenken #SamuelEckert #RüdigerHoffmann [Tweet], 29. 8. 2021,
    Twitter, https://twitter.com/antischwurbler/status/1326299355817652225.

von 80 Millionen.[21] Deutlicher lassen sich die Ziele von Querdenken und ähnlichen Gruppierungen kaum darstellen.

Eine Woche später, am 18. November 2020, lag dem Deutschen Bundestag das „Dritte Gesetz zum Schutz der Bevölkerung bei einer epidemischen Lage von nationaler Tragweite" zur Abstimmung vor. In der Querdenken-Szene wurde das Vorhaben als neues „Ermächtigungsgesetz" bezeichnet. Zahlreiche Desinformationen wurden lanciert, um das Gesetz zu desavouieren. Vor Ort hielt sich auch Matthäus Westfal auf, diesmal in ganz offen kommunizierter Kooperation mit Jürgen Elsässer. Beide beschrieben im Stream, dass sie den Tag gemeinsam für „Compact-TV", das Internet-TV-Format des „Compact"-Magazins, begleiteten.[22]

An Ostern 2021 folgte dann ein weiteres Projekt unter Beteiligung der OCG. Mit dem seit vielen Jahren verschwörungsideologisch agierenden Sänger Xavier Naidoo wurde ein gemeinsames Propaganda-Musikvideo unter dem Titel „Heimat" gedreht. Das Stück hat eine Länge von über acht Minuten und ist eine Hommage an die Querdenken-Bewegung. Emotional aufgeladen wird das Video durch Aufnahmen von den Demonstrationen, und es soll einen Bogen von der „Anti-Corona-Szene" bis zum rechtsextremen Rand spannen. Unter den vielen Teilnehmenden, die sich gemeinsam „die Konferenz" nennen, finden sich neben Hannes Ostendorf (Sänger der rechtsextremen Hooligan-Band „Kategorie C"), Heinrich Fiechtner (ehemaliger Landtagsabgeordneter der AfD in Baden-Württemberg), Gordon Pankalla (Querdenken-Initiative „Anwälte für Aufklärung") auch drei OCG-Mitglieder: Matthäus Westfal und Katharina Winkler mit ihrem Ehemann Björn Winkler. Hauptberuflich arbeitet Katharina Winkler als Lehrerin an einem Dresdner Gymnasium, ehrenamtlich ist sie Moderatorin bei „kla.TV", dem

---

21   Ebenda.
22   Protest Media, 18. 11. 2020 Berlin – Live: Demo Reichstag Berlin by Aktivist Mann, 18. 11. 2020, Facebook, https://www.facebook.com/Protest MediaLive/videos/792403074643647, Min 17:25–17:40.

online TV-Kanal der OCG. Dort verbreitet sie Desinformationen und schauspielert in hauseigenen Produktionen der „Panorama-Film", die jedoch nur mäßig erfolgreich sind.

Die Aufnahmen zum Musikvideo entstanden am 5. April 2020 in Ribnitz-Damgarten im Studio von Michael Grawe und wurden per Livestream im Internet übertragen. Die Hygienevorschriften im Umgang mit der Corona-Pandemie wurden klar erkennbar nicht eingehalten, im Stream machten sich die Akteure offen darüber lustig.[23]

Xavier Naidoo ist bereits vor vielen Jahren durch seine Kontakte zur Reichsbürgerszene aufgefallen. Er besuchte am 3. Oktober 2014 die „Wir sind das Volk!"-Demonstration vor dem Bundestag in Berlin, veranstaltet von Rüdiger Hoffmanns Verein „staatenlos.info".[24] Das Schwerpunktthema der Versammlung der „Reichsbürger" lautete: „Die Abwicklung/Auflösung der Bundesrepublik Deutschland".

Am 23. Mai 2021 veröffentlichten mehrere Kanäle der Querdenken-Szene das Propagandavideo gleichzeitig. Auch auf dem Telegram-Kanal von „kla.TV" mit ca. 40 000 Abonnenten wurde es gemeinsam mit einer Rede Ivo Saseks aus dem Februar 2020 mit dem Thema „Lockdown-Knast – ade!" geteilt. Auch hier verbreitete der Sektenchef Verschwörungsmythen von einer angeblich bevorstehenden „Zwangsverchippung", einer „Diktatur, in der wir leben", und hetzte gegen die öffentlich-rechtlichen Medienanstalten. Er forderte seine Anhänger auf, aktiv zu werden: Sie müssten „ihre Rechte" in Anspruch nehmen und sich per E-Mail, Brief oder Telefon an die Behörden wenden, um darauf hinzuweisen, dass alle Stimmen in der Pandemie gehört werden müssten und keine Zensur stattfinden dürfe. Hier spiegelt sich die Strategie Saseks wider, Menschen zu

---

23 Vgl. Die Konferenz Heimat – Psiram, 22. 6. 2021, Psiram, https://www. psiram.com/de/index.php/Die_Konferenz_Heimat.

24 Vgl. staatenlos.info2, Xavier Naidoo Reichstag Berlin, Dieser Weg! Wir sind das Volk, 3. Oktober 2014, 4. 10. 2014, YouTube, https://www.you tube.com/watch?v=0gft4k13BWQ.

„bearbeiten", bis sie seiner Ideologie anheimfallen oder zumindest beginnen, erste Zweifel zu äußern, die dann kontinuierlich weiter genährt werden, bis das Vertrauen in Staat und Institutionen völlig zerstört ist. Ivo Sasek beschrieb in seiner Rede auch die Medienarbeit der OCG und pries die „Organische Christus Generation" als die größte freie „Aufklärungs-Gegenplattform" der Welt, die über 170 Studios in bis zu 70 Sprachen ehrenamtlich betreibe.[25] Dieser Beitrag wurde mitsamt der Rede Saseks auch von Xavier Naidoo bei Telegram geteilt. Der Sänger hat ungefähr 110 000 Abonnenten, darunter auch viele Multiplikatoren.[26]

Auch dieser Fall zeigt, dass die Vernetzungsarbeit der OCG Früchte trägt, dass Saseks krude Verschwörungsmythen eine gewisse Reichweite erlangen und dass der Einfluss der OCG, trotz der wenigen Mitglieder, durchaus relevant ist.

In diesem Kontext ist auch der Wahlkampf zur Bundestagswahl 2021 zu erwähnen. Am 14. August 2021 war der CDU-Kanzlerkandidat Armin Laschet auf Wahlkampftour in Olpe (NRW). Dort fing Matthäus Westfal, ganz im Stile seines rechtsradikalen Vorbilds Nikolai Nerling, Laschet auf der Straße ab und stellte ihm lautstark immer wieder die Frage, ob es denn bald Konzentrationslager für ungeimpfte Menschen in Deutschland geben werde.[27] Geteilt hat Westfal die Störaktion wieder über einen Stream im Internet. In der Nachbetrachtung kommentierte er das Video mit den Worten, dass er Gleichberechtigung für Geimpfte und Ungeimpfte fordere. Impfen habe sogar tödliche Folgen: Es sei bekannt, werde aber

---

25 Vgl. kla.TV – Die anderen Nachrichten, Lockdown-Knast – ade! (von Ivo Sasek), 6. 2. 2020 [Telegram-Post], Telegram, https://t.me/Klagemauer TV/1156.

26 Nichts Neues unter der Sonne. Heimat – die Konferenz (Premiere auf kla. TV) [Telegram-Post], 6. 2. 2020, Telegram. https://t.me/Xavier_Naidoo/ 16946.

27 Chatfunk, Ein Journalistendarsteller der widerlichsten Art, lauert #Laschet auf der Straße in #Olpe auf [Tweet], 14. 8. 2021, Twitter, https:// twitter.com/chatfunk/status/1426609178215321601.

verschwiegen, dass Tausende Geimpfte an dem „Eingriff" gestorben seien.[28]

Die Gefahr für die demokratische Gesellschaft, die von der OCG ausgeht, ist nicht zu unterschätzen. In den vergangenen dreißig Jahren gelang es Sasek, Netzwerke zu den unterschiedlichsten religiösen Sondergemeinschaften, verschwörungsideologischen, antidemokratischen und rechtsextremen Gruppierungen aufzubauen. Sasek unterstützt die Querdenken-Bewegung durch medial aufbereitete Verschwörungsmythen, aber auch als Impulsgeber für deren Pseudo-Argumentationsketten. Die OCG ist nicht unbedingt daran interessiert, neue Mitglieder zu rekrutieren, sondern stabile Netzwerke zu etablieren, um potenzielle Partner dort abzuholen, wo sie ideologisch selbst stehen. Deutlich wurde dies auch bei Westfals Reden am 4. Juli 2020 in Berlin. Die Inhalte sowie die Intonation differierten maßgeblich entsprechend dem Publikum der besuchten Versammlungen. Erst wenn ein grundsätzliches gemeinsames Interesse besteht, werden die Köpfe anderer Bewegungen von der OCG ganz subtil weiter „bearbeitet" und manipuliert, bis sie immer größere Anteile von Saseks Ideologie annehmen und sich für Projekte und gemeinsame Aktionen gewinnen lassen. Das spiegelt sich auch in zahlreichen Leserbriefen an Redaktionen, Anfragen an Behörden und Politiker wider, die konzentriert, jedoch nie unter dem Namen der „Organischen Christus Generation" verfasst werden. Die Netzwerkarbeit läuft subtil, aber zielstrebig.

---

28 Aktivist Mann (@AktivistMann), Stellte meine Frage allen Politikern im Lande! Gleichberechtigung für Geimpfte und Ungeimpfte [Nitter-Post], 24. 8. 2021, Nitter, https://nitter.ggc-project.de/AktivistMann/status/1430185332968984589#m.

CLAUDIA BARTH

Spiritualität goes politics

Die „Basisdemokratische Partei Deutschland"

Würde die Bewegung um „Querdenken" das Parlament bestimmen, so prägten rechtsextreme und Kleinstparteien die politische Vertretung in Deutschland: Annähernd die Hälfte der Parlamentssitze wären eingenommen durch die AfD (27 %) und die Partei dieBasis (18 %) sowie die wesentlich kleinere Corona-Protest-Partei WIR 2020 (4 %). Weitere vierzig Prozent wären besetzt durch Kleinstparteien. Bei der vorangegangenen Bundestagswahl (2017) favorisierte die Mehrheit derer, die sich dem Protestmilieu zuordnen, etablierte bürgerliche Parteien. Heute liegt die Unterstützung für die Sozialdemokratie bei null Prozent, für CDU/CSU sowie die Grünen bei 1 %.[1] Dies zeigt die offene politische Verschiebung, die innerhalb eines guten Jahres im Milieu der sogenannten Corona-Proteste erreicht wurde.

Die Dauermobilisierung im Milieu der „Corona-Proteste", die in erster Linie durch soziale Medien und eng getaktete Straßenaktivitäten erfolgte, kristallisierte sich um neu gegründete Initiativen. Mittelpunkt der Bewegung ist die Initiative Querdenken um den Stuttgarter IT-Unternehmer Michael Ballweg und den Anwalt Ralf Ludwig, aus der unzählige bundesweite lokale Ableger

---

[1] Siehe Oliver Nachtwey/Robert Schäfer/Nadine Frei, Politische Soziologie der Corona-Proteste, Universität Basel 2020, https://idw-online.de/de/attachmentdata85376, S. 10. Siehe auch den Beitrag von Nachtwey, Schäfer und Frei in diesem Band.

entstanden. „Corona-Rebellen" nennen sich gleichgesinnte Initiativen an manchen Orten, Zusammenschlüsse wie „Eltern stehen auf", „Anwälte für Aufklärung" oder „Corona-Ausschuss" zählen neben vielen weiteren zum Netzwerk. Dieses wird maßgeblich zusammengehalten durch Social-Media-Kanäle, allen voran Bodo Schiffmanns online verbreitete Videobotschaften, die Nachrichtenportale „Rubikon", „KenFM", die „nachdenkseiten" und zahllose aktivistische Telegram-Kanäle. Meldungen verbreiten sich durch geteilte Beiträge wie Lauffeuer, sodass auf den Online-Nachrichtenkanälen für die Endnutzer ein fließender Austausch bewegungs-interner Neuigkeiten quasi „von selbst" entsteht.

Auch Parteien wurden ins Leben gerufen. Die erste, zu Beginn der Proteste im April 2020, hieß „Widerstand2020". Durch Aufschriften auf selbst gemalten Plakaten und mit Parolen beschriebenen T-Shirts war der „Widerstand2020" omnipräsent auf den Kundgebungen des Frühsommers wahrzunehmen. Gegründet von Vordenkern der Bewegung wie Bodo Schiffmann und Ralf Ludwig, kann der Zusammenschluss als erster Versuch der Bewegung zur Parteiengründung gesehen werden. Nach gefälschten Zahlen, die vorgaben, bereits kurz nach Gründung 100 000 Mitglieder zu vereinen, sowie durch Datenschutzprobleme (die Mitgliederdateien waren ungeschützt im Internet einzusehen) versank die Partei bereits nach wenigen Wochen zuerst in internen Querelen, dann in der Bedeutungslosigkeit. Bei einer Zusammenkunft des Vorstandes mit Delegierten der Landesgruppen wurde daraufhin, Anfang Juli 2020, die Abwicklung des „Widerstand2020" und die gleichzeitige Gründung einer neuen Partei vereinbart, die bald darauf als „dieBasis – Basisdemokratische Partei Deutschland" bekannt wurde.[2]

In der Partei „dieBasis" sammelten sich zentrale Köpfe der Bewegung des Jahres 2020 als Mitglieder bzw. Spitzenkandidaten für die

2   dieBasis – Basisdemokratische Partei Deutschland: Geschichte, 2021, https://diebasis-partei.de/partei/geschichte/. – Die Weblinks in diesem Beitrag wurden zuletzt am 3. 9. 2021 abgerufen und geprüft.

im September 2021 anstehende Bundestagswahl. Insofern ist „die-Basis" ein Kaleidoskop der Themen und Tendenzen, die innerhalb der Bewegung präsent sind. Beteiligt ist neben vielen anderen Ralf Ludwig, Anwalt der Initiative „Querdenken 711", Aktivist der ersten Stunde und Mitbegründer von „Widerstand2020". Er grenzt sich formal von der AfD ab, bekundet jedoch im selben Satz seine Sympathien für deren Inhalte, die sich hinsichtlich eines möglichen Einzugs ins Parlament durchaus als Avancen auf Bündnisse interpretieren lassen: „Faktisch ist es derzeit die AfD, von den Parteien, die in den Parlamenten vertreten sind, die noch am meisten für die Freiheit der Menschen sich einsetzt und […] was die inhaltlich gerade machen an vielen Stellen ist das, was ich absolut nur unterstützen kann und was ich auch nur befürworten kann."[3]

Auch gemeinsamen Aktionen mit der NPD gegenüber ist Ludwig aufgeschlossen: „Dass gestern in Leipzig so viele Nazis bei uns waren, das find ich ja dann sogar gut, weil wir demonstrieren für Freiheit, für Frieden, für Demokratie und Rechtsstaatlichkeit. Und wenn die NPD sich genau diesem anschließt, dann haben wir es doch geschafft, dass auch diejenigen, die bisher außerhalb der Gesellschaft standen wieder in die Mitte der Gesellschaft zurückgefunden haben. Und das ist doch auch Antifaschismus."[4]

Ludwig unterstellt der von ihm vertretenen Protestbewegung eine geglückte demokratische „Läuterung" faschistischer Kreise. Die Anwesenheit solcher Gruppen bei den Protesten lässt sich jedoch durch das diffuse Bild, das in den Corona-Protesten von den Begriffen Frieden, Freiheit und Demokratie gezeichnet wird, wesentlich schlüssiger erklären. „Tag der Freiheit" hieß beispielsweise das Motto

3   Ralf Ludwig im Gespräch: 20:IV Live mit Ralf Ludwig, Video Nachrichten Kanal zwanzig4.media, 7. 3. 2021, https://www.youtube.com/watch?v=dv4iz6i0HCw, Min 1:17:39–1:18:06.
4   Ralf Ludwig, zit. nach Andreas Bergholz, „Querdenken": Geheimtreffen, Holocaust-Relativierungen & Spendenskandal aufgeflogen, in: Volksverpetzer, 9. 12. 2020, https://www.volksverpetzer.de/wp-content/uploads/2020/12/ludwig-2.mp4?_=9.

der bundesweiten Demonstration der Bewegung im Sommer 2020 in Berlin. Diese wortgetreue Bezugnahme auf den gleichnamigen Propagandafilm der Regisseurin Leni Riefenstahl zum Reichsparteitag der NSDAP 1935 öffnet Möglichkeiten zur autoritären Ausdeutung des Begriffes der Freiheit, was die zahlreich anwesenden faschistischen Gruppierungen als Einladung zur Teilnahme verstanden.

Die begriffliche Verkehrung, mit der Ralf Ludwig den Aufmarsch faschistischer Kräfte zur antifaschistischen Tat ummünzt, stellt eines der virulenten Themen der Corona-Proteste dar: die diskreditierende Umdeutung des Begriffes Antifaschismus sowie die Umbenennung von Faschisten in Demokraten. Damit zerstreut er politische Grundbegriffe in den Köpfen seiner Anhängerschaft und bereitet den Boden, „Faschismus" neu und „unvoreingenommen" zu betrachten. Die Verkehrung der Begriffe Faschismus und Antifaschismus spielt rechtsextremen Kräften in die Hände. Ralf Ludwig, Gast bei der Gründungsversammlung der Partei „dieBasis", ist bis heute prominenter Fürsprecher der Partei und gern gesehener Unterstützer. Auch Hinweise auf das Abzweigen von Geldern der Bewegung zu privaten Vorteilen taten seiner Popularität keinen Abbruch.[5]

Reiner Fuellmich, Mitglied der Partei „dieBasis", trat als Direktkandidat in Sachsen-Anhalt für die Bundestagswahl 2021 an. Mit Fuellmich hat die Partei ein Aushängeschild der Corona-Protest-Szenerie auf ihrer Seite. Er netzwerkt in dem Zusammenschluss „Anwälte für Aufklärung", initiierte den „Corona-Ausschuss" mit, der vorgibt, ein außerparlamentarisches Untersuchungsgremium zu sein, um Verfehlungen der Regierung in den Maßnahmen zur Pandemie-Begrenzung aufzuarbeiten. Seine „Mitanklägerin" im Corona-Ausschuss Viviane Fischer (ebenfalls Mitglied der Partei „dieBasis"

---

5   Daniel Laufer/Markus Reuter, Die fragwürdigen Spenden-Tricks der Anti-Corona-Bewegung, netzpolitik.org, 15. 9. 2020, https://netzpolitik. org/2020/intransparenz-die-fragwuerdigen-spenden-tricks-der-anti-corona-bewegung/; Daniel Laufer/Ole Elfenkämper, Die Spur des Geldes, netzpolitik.org, 3. 12. 2020, https://netzpolitik.org/2020/pandemie-leugner-die-spur-des-geldes/.

und in zahlreichen anderen Initiativen der Bewegung aktiv) äußerte, dass es bei der Partei weniger um ein festes Programm gehe, sondern vor allem um den Baustein eines verzweigten Netzwerkes: „Wir sind mehr als eine Partei, wir sind eine Bewegung."[6]

An Fuellmichs Aussagen kann exemplarisch nachvollzogen werden, welche Konnotationen die Begriffe Freiheit und Demokratie in der Bewegung besitzen – und wo die inhaltlichen Überschneidungen, Konvergenzen mit rechtsrevolutionären ideellen Vorstellungen liegen. Im Gespräch mit dem bekannten Netzaktivisten Ken Jebsen tut Fuellmich zunächst kund, dass die Demokratie in Deutschland gerade durch eine „Meinungsdiktatur" „ersetzt" werde zum Zweck der Errichtung einer „Diktatur, Faschismus, wie auch immer man's bezeichnen will, jedenfalls etwas Undemokratisches". Damit nimmt er ebenso eine unscharfe, Verwirrung stiftende Gleichsetzung jeglicher als „undemokratisch" bezeichneter Gesellschaftsformationen mit „Faschismus" vor. Fuellmich führt aus, wer in seinen Augen die Feinde der Demokratie sind: Der Regierung könne „gar nicht mehr" vertraut werden, da sie gelenkt sei von einem über ihr stehenden „Masterplan", wie Jebsen ergänzt. Einer der „Köpfe und Player" dieses Planes sei Bill Gates.

Die im Gespräch mit Jebsen entwickelte Verschwörungsfantasie deutet aus, was Fuellmich bereits zuvor konstatiert hat: „Die Frage, die wir uns stellen müssen: Ist dieser Staat, der ja eigentlich wir sind, oder noch konkreter: ist diese Regierung, sind wir das noch oder ist das jemand anders? Sind es nicht vielleicht genau diejenigen – follow the money, cui bono – genau diejenigen, die jetzt profitieren, die diese Regierung steuert und in der Hand hat?"[7] Verschwörungs-

---

6   dieBasis – Basisdemokratische Partei Deutschland, Bekannte Maßnahmenkritiker sind Bundestagskandidaten der Partei dieBasis, 29. 4. 2021, https://diebasis-partei.de/2021/04/bekannte-massnahmenkritiker-sind-bundestagskandidaten-der-partei-diebasis/.

7   Corona-Ausschuss, BRANDNEU: KEN JEBSEN vor dem CORONA-AUSSCHUSS, 1. 5. 2021, https://www.youtube.com/watch?v=hN1-XfCLq5g (30.05.2021), Min. 20.17–20.37.

mythen gepaart mit dem Ruf nach einem „wir" als einem betrogenen Staatsvolk, das sich die Regierung und demokratische Machtausübung zurückholen solle von ausländischen Finanzmogulen, ist der gemeinsam intonierte Grundtenor dieses Gesprächs in der „Corona-Ausschusssitzung" zwischen Fuellmich und Jebsen.

Fuellmichs spricht auch andernorts von der „Masse", die die Bewegung darstelle, im Kampf gegen eine kleine Elite. Diese verortet er vornehmlich in US-amerikanischen Konzernen, vor allem in persona des Bill Gates. Er spricht von einer Minderheit von einigen Hundert Personen, die die Welt regieren wollten. Geld sei lediglich deren Mittel, es gehe aber vor allem um einen dahinterliegenden Machtwillen. Diese „bösen Mächte"[8] seien Teil der „Davos Clique".[9] Damit knüpft Fuellmich an die Erzählung eines „Great Reset" an, der angenommenen Verschwörung von einflussreichen Finanziers, die auf dem Weltwirtschaftsforum in Davos verkündet hätten, eine „Neue Weltordnung" einrichten zu wollen. Deren Plan sei die Zerstörung der Nationalstaaten, u. a. durch Migrationsbewegungen zur Zersetzung althergebrachter regionaler Kultur, und die Errichtung einer globalen Herrschaft.

Demokratische Parallelwelten

Verschwörungserzählungen von einer durch „Globalisten" angestrebten „Neuen Weltordnung" sind auch Teil neurechter Ideologie. Befürchtet wird, dass vornehmlich international koordinierte Wirtschaftsinteressen, etwa durch multinational agierende Großunter

---

8   Wurzel-TV, Corona-Resümee mit Dr. Reiner Füllmich [sic!], Teil 1, 14. 7. 2021; https://www.wahrheitsbewegung.net/index.php/neues/10291-corona-resuemee-mit-dr-reiner-fuellmich, Min. 1:44:30.

9   BitChute, Dr. Reiner Fuellmich – „WE'RE ABOUT TO REACH THE TIPPING POINT", 17. 4. 2021, https://www.bitchute.com/video/FiqBY LsnsqzO/, Min. 6:00.

Cannstatter Wasen, „Querdenken 711", 2. 5. 2020. | *Foto: Claudia Barth*

Auf der Straße drückt sich die implizite Sinnlogik der Bewegung „Bedrohte-nationale-Souveränität-durch-internationale-Finanzelite" mit Parolen wie „Gib Gates keine Chance – no new world order" aus. Als verbindendes Element ist durch das „Q" die Verschwörungserzählung von „QAnon" aufgeführt, die antisemitische Vorstellungen aktualisiert und in links-demokratischen Bewegungen (wie z. B. der antirassistischen Black-Lives-Matter-Bewegung) Fürsprecher einer globalen Weltregierung, einer herauf-dämmernden „Neuen Weltordnung" sieht.

nehmen mit Sitz im Ausland, eine Gefahr für die breite Bevölkerung darstellten, wohingegen inländische standortgebundene Unternehmen frei von Kritik bleiben. Die Grundlagen des bestehenden Wirtschaftssystems – Eigentum an Grund, Boden und Produktionsmitteln zum Zweck des Kapitalertrages – werden befürwortet, sie sollen jedoch mit national-völkischen Interessen in Einklang stehen.

    Demokratie wird verstanden als eine Regierungsform, die sowohl die marktwirtschaftliche Ordnung schützt als auch die Nation als deren Basisordnung stärken soll. Sie wird als gefährdet empfunden, sofern sie sich auf internationale Strukturen ausweitet, in welchen aufgrund umfassender Verpflichtungen der Entscheidungsspielraum für nationale Interessen geschwächt werden könnte. Feindbild in diesem Denken sind „Globalisten", die gegen die Interessen der nationalen Bevölkerung und für internationale, ausländische Finanzinteressen handelten. „Wirtschaftsglobalisten" wollten „undemokratische, totalitäre, supranationale Systeme" errichten, davon ist auch Hans-Georg Maaßen überzeugt, ehemaliger Präsident des Verfassungsschutzes, der konservative Ideen weitertreibt in neurechte Vorstellungen.[10] Die Hauptslogans der Corona-Protestbewegung stützen sich auf die Behauptung, der Friede werde bedroht, da die Nation in Gefahr sei, ihre Souveränität zu verlieren, und die Bürger mundtot gemacht würden, um diesen Verlust „ihres" Landes aufzuhalten. Im Sinne der Analyse von Quinn Slobodian kann die innerhalb der – liberalen, mittelstandsorientierten – Corona-Protest-Szene vollzogene politische Wendung als Beispiel der Mobilisierung von Teilen des Bürgertums für die nationale Karte der neoliberalen Logik gelesen werden.[11]

Für Gott und Vaterland

Die schwarz-weiß-rote Fahne war auf zahlreichen Demonstrationen der Bewegung zu sehen. Sie war die Flagge des deutschen Kaiserreichs von 1871 bis zur Novemberrevolution 1918 und wurde durch den NS-Staat 1933–1935 als Staatssymbol verwendet. Das Plakat auf dieser Querdenken-Demonstration unterstreicht den Wunsch nach

10 Hans-Georg Maaßen/Johannes Eisleben, Aufstieg und Fall des Postnationalismus, in: Cato. Magazin für neue Sachlichkeit, 1/2021, https://cato-magazin.de/aufstieg-und-fall-des-postnationalismus/ (englische Originalfassung 11. 9. 2020).
11 Quinn Slobodian, Hayeks Erben, in: Jacobin, 21. 7. 2021, https://jacobin.de/artikel/hayeks-erben-rechtspopulismus-neoliberalismus-neue-rechte-sarrazin-brexit-globalisten-populisten-mont-pelerin-society/.

„Gott schütze …", Cannstatter Wasen, Kundgebung der Initiative
„Querdenken 711", 9. 5. 2020. | *Foto: Claudia Barth*

einem religiös geweihten Staatswesen unter undemokratischer Führung, wahlweise der des Adels, des Faschismus oder einer neuen
autoritären Führungsfigur wie des US-Präsidenten Trump, der Verschwörungstheorien wie QAnon im Kampf um politischen Machterhalt nutzte.

Die in der Bewegung immer wieder geforderte „Souveränität"
im Sinne des Volkes als Souverän des Staates wird hier konterkariert, denn von einer solchen kann erst ab der Weimarer Verfassung 1919 gesprochen werden. Der Ruf nach Basisdemokratie
geht dabei dialektisch mit dem Ruf nach autoritärer Führung einher.
Armin Pfahl-Traughber fasst dieses identitäre neu-rechte Demokratieverständnis zusammen: „Eine Diktatur wäre dann so verstanden demokratischer als der Parlamentarismus, sofern sie sich
auf eine wie auch immer bestimmbare Massenakzeptanz stützen

würde."[12] Und so marschieren Anhänger und Anhängerinnen von Verschwörungsfantasien, die im Sinne von QAnon den damals noch amtierenden US-Präsidenten Trump als Retter vor einer globalistischen Verschwörung ansehen, gemeinsam mit Trägern schwarz-weiß-roter Fahnen auf den Demonstrationen – geduldet und befürwortet von den Organisatoren der Bewegung, die später auch als Spitzenkandidaten der Partei „dieBasis" auftraten.

Verkennung der Mühen, Umwege und Graustufen politischer Aushandlungsprozesse, Sehnsucht nach direktem politischen Ausdruck unmittelbarer, ungefilterter Überzeugung und die Hoffnung, gemeinsamen Willen durch personelle Vertreter authentisch erfüllt zu bekommen, leiten über zur Unterwerfung unter einen neuen, gefühlsbetonten, nur vermeintlich ehrlicheren und volksnahen Politikstil. Schließler, Hellweg und Decker beschreiben in der aktuellen Protestbewegung den Charakter eines „regressiven Rebellen". Dieser „befreit sich dabei zwar vielleicht von der Autorität etablierter politischer Institutionen und Akteure, eventuell jedoch nur, um sich in diesem Zuge anderen, besseren, weil stärker erscheinenden Autoritäten zu unterwerfen".[13]

Spirituelle Anleihen

Bereits zu Beginn der Proteste im Frühjahr 2020 waren spirituelle Elemente wesentlicher Bestandteil im Auftreten der Bewegung. Neben dem zentralen Motiv – der grundgesetzlichen Verfassung des

12   Armin Pfahl-Traughber, Was die „Neue Rechte" ist – und was nicht. Definition und Erscheinungsformen einer rechtsextremistischen Intellektuellengruppe, Bundeszentrale für politische Bildung, 21. 1. 2019, https://www.bpb.de/politik/extremismus/rechtsextremismus/284268/was-die-neue-rechte-ist-und-was-nicht.

13   Clara Schließler/Nele Hellweg/Oliver Decker, Aberglaube, Esoterik und Verschwörungsmentalität in Zeiten der Pandemie; in: Oliver Decker/Elmar Brähler (Hrsg.), Autoritäre Dynamiken. Neue Radikalität – alte Ressentiments. Leipziger Autoritarismus Studie 2020, Gießen 2020, S. 304.

Landes – war ein zweites augenfällig im äußeren Erscheinungsbild: Meditierende Menschen in Yoga-Schneidersitz-Haltung. Spirituelle Anleihen prägen die Bewegung in zentralen Momenten. Reiner Fuellmich erklärt, er nehme die Gewissheit für seine Aussagen teils aus den Gesprächen mit Ken Jebsen und anderen Gleichgesinnten im „Corona-Ausschuss", teils aus spirituellen Quellen: „Ich bin absolut überzeugt von dem was ich sage. Das basiert zum großen Teil auf Tatsachen die wir durch unsere Arbeit im Corona Ausschuss festgestellt haben. Zum Teil basiert das auch auf Gesprächen mit Leuten, die eher aus der spirituellen Szene kommen [...]. Also da spielt sehr viel Musik, das darf man nicht übersehen. Und diese Kombination ist es".[14]

Doch welche spirituellen Überzeugungen gehen in der derzeitigen Protestbewegung auf? Welche Musik wird hier gespielt? Anschlussfähig sind Teile der esoterischen Szene nicht zuletzt dadurch, dass antisemitische Verschwörungserzählungen, wie sie bei den Protesten aktuell eine beachtliche Breitenwirkung erzielen, im Spektrum der deutschen Esoterik seit den 1990er-Jahren weitverbreitet sind. Insbesondere Jan Udo Holey (Pseudonym Jan van Helsing) ist es zuzuschreiben, dass die Theorie jüdischer Verschwörer mit Sitz in den USA, gegen die ein einiges deutsches Volk aufstehen müsse, ein seit 25 Jahren kaum kritisiertes Allgemeinwissen in esoterischen und heilpraktischen Kreisen ist. Das naheliegendste verbindende Element jedoch findet sich im Anlass der Proteste: dem gesundheitspolitischen Vorgehen, der anhaltenden Covid-19-Pandemie durch Impfung zu begegnen.

Impfung – Materialistische Abwehr karmischer Bestimmung

Aussagen, dass die Maßnahmen zur Eindämmung der Pandemie höhere Schäden verursachen als eine ungebremste Verbreitung des krankheitserregenden Virus Covid-19, waren zentraler Ausgangspunkt der Proteste. Je nach Standpunkt variierten die behaupteten

---

14   Wurzel-TV, 14. 7. 2021, Min. 1:42:40–1:44:19.

Gründe, weshalb die von der Politik forcierten Maßnahmen (Kontaktbeschränkungen und Impfung) falsch seien. Einigkeit herrschte in der Titulierung „Ein Menschheitsverbrechen" (viel geteiltes Video von Wolfgang Wodarg, Spitzenkandidat der Partei „dieBasis" für die Bundestagswahl 2021) oder den Aussagen Sucharit Bhakdis (ebenfalls Spitzenkandidat), der vor einer gesundheitsbedrohenden Schädigung durch die neu entwickelten Impfstoffe warnte und sein Buch dazu in die Bestseller-Listen platzieren konnte.

Der Geschäftsführer des „Netzwerks Impfentscheid", das auch in den Corona-Protesten breit vertreten ist, geht davon aus, dass „Impfungen die Entwicklung des spirituellen Bewusstseins behindern oder gar verhindern können".[15] Das Netzwerk führt seine Haltung auf theosophische Grundlagen zurück und beruft sich auf Helena Petrowna Blavatsky, die als Begründerin der modernen Esoterik gilt: „Impfen ist eine Illusion der Schulmedizin und als legale Quacksalberei zu entlarven."[16] Die Theosophie um Helena P. Blavatsky entstand in der zweiten Hälfte des 19. Jahrhunderts. Als neu kreierte, synkretistische spirituelle Lehre nahm Blavatsky naturwissenschaftliche Erkenntnisse in ihr theosophisches Gedankengebäude auf und vermengte sie mit religiösen Anschauungen.[17] So befassten sie und ihre Mitstreiter sich auch mit den bahnbrechenden Forschungen von Robert Koch, der das Wissen um bakterielle Krankheitserreger bei Infektionskrankheiten derart erweiterte, dass der Grundstein für die Entwicklung erster Impfstoffe gelegt war. Anhand der neuartigen Pockenimpfung erklärten führende Theosophen der damaligen Zeit, weshalb diese Richtung der naturwissenschaftlich begründeten

15   Daniel Trappitsch, Impfen und Spiritualität. Wie Impfungen die Entwicklung des spirituellen Bewusstseins behindern oder gar verhindern können, Buchs 2015.

16   Netzwerk Impfentscheid, Impfen & Uralte Weisheit, 13.6.2021, https://impfen-nein-danke.de/uralte-weisheit/.

17   Vgl. Claudia Barth, Esoterik – Die Suche nach dem Selbst. Sozialpsychologische Studien zu einer Form moderner Religiosität, Bielefeld 2012, S. 58 f.

Medizin schädlich sei, und mengten in ihre Kritik eigene weltanschauliche Annahmen über die „wahre" Verfasstheit von Mensch, Natur und Kosmos: „Nach Paracelsus, den H. P. B. [Helena P. Blavatsky] den ‚größten Okkultisten des Mittelalters […] und den klügsten Arzt seines Zeitalters' nennt, ist die Mumia eines lebenden Wesens (d. i. das Karma-Prinzip, ‚das Vehikel, durch das der Wille wirkt und Gut oder Böse beeinflusst') eng verbunden mit dem Blutstrom. Darum hat er festgehalten, daß jede Substanz, die in den Blutstrom eingebracht wird, eine direkte magnetische Verbindung zwischen der Mumia der Person, die die Substanz empfängt und der Mumia von dem Tier oder der Person, von der sie genommen wird, bewirkt. Das wirft auch ein interessantes Licht auf die Themen Bluttransfusion als auch die Vakzination und die verschiedenen Impfungen, die jetzt so in Mode sind."[18]

Das Zitat ist der Homepage des „Netzwerks Impfentscheid" im Jahr 2021 entnommen, worin dessen ablehnende Haltung zu Impfungen auch mit solcherlei Ausführungen des Mitbegründers der Theosophie vor 150 Jahren begründet wird. Es verbindet ein esoterisches Menschenbild (ein „Karma" wirke in der „Astralebene" der menschlichen Existenz) und die frühspiritistische Gesundheitslehre des „animalischen Magnetismus" (Franz Anton Mesmer) mit der zeitgenössischen Diskussion über Blutkreisläufe und Impfungen.

Rudolf Steiner war Generalsekretär des deutschen Zweiges der theosophischen Gesellschaft, bis er sich nach Zwistigkeiten zurückzog und als Begründer der Anthroposophie die theosophischen Grundlagen in die – bis heute einflussreiche – sektenartige Vereinigung übernahm. Er nannte seine Lehre eine „Geisteswissenschaft", wobei das „Geistige" hier eher auf der Bedeutung eines mystisch „heiligen" Geistes denn auf der eines aufgeklärten fußt. „Materialistische Mediziner werden den Kindern mit Impfstoffen die Seelen

---

18 William Judge, Mitbegründer der Theosophischen Gesellschaft, zit. nach: Netzwerk Impfentscheid, Impfen & Uralte Weisheit.

austreiben. [...] Man impft gegen die Anlage zur Spiritualität." So zitiert das „Netzwerk Impfentscheid" Rudolf Steiner als Vorreiter der Impfgegnerschaft.[19]

Allerdings äußerte sich Steiner nicht eindeutig zur Impffrage. Ebenso sah er aus pragmatischen Überlegungen keinen Sinn darin, sich vehement gegen Impfungen zu stellen: „Da muss man eben impfen. Es bleibt nichts anderes übrig. Denn das fanatische Sich-Stellen gegen diese Dinge ist dasjenige, was ich, nicht aus medizinischen, aber aus allgemein anthroposophischen Gründen ganz und gar nicht empfehlen würde [...] Es ist ein völliges Unding, so im Einzelnen fanatisch vorzugehen."[20] Es sei seiner Ansicht nach möglich, durch eine nachfolgende spirituelle Erziehung die schädigende Wirkung des Impfens auszugleichen.[21]

Doch woher rührt diese angeblich schädigende Wirkung? Laut Steiners anthroposophischer Lehre besteht das menschliche Individuum aus Körper, Seele und Geist. Der Mensch solle sein geistiges „Ich" hin zur Freiheit entwickeln; die Seele gilt als Verbindungsglied zwischen dem Geist und der Leiblichkeit des Menschen, seinem Körper. Dem Bereich der Körperlichkeit wird Ahriman zugeordnet, der als Erzengel in der gegenwärtigen „Epoche" der Menschheit als Widersacher des Geistigen, Guten wirke, das durch Erzengel Michael verkörpert werde. Beide seien reale Wesenheiten, symbolisierten jedoch auch Weltanschauungen: Ahriman repräsentiert den Materialismus, wohingegen Michael für Spiritualität und die Entwicklung des „Geistigen" steht. Steiner stellt deutlich den philosophischen Hauptpunkt heraus, der seine Sichtweise von der Verfasstheit der Welt von der zeitgenössisch-weltlichen unterscheidet: Er

19 Netzwerk Impfentscheid, Steiner und Impfen, 27. 6. 2021, https://impfen-nein-danke.de/steiner-impfen/.

20 Rudolf Steiner, zit. nach René Madeleyn, Rudolf Steiner und das Impfen; in: Bund der Freien Waldorfschulen (Hrsg.), Medizinisch-Pädagogische Konferenz. Rundbrief für medizinisch, pädagogisch und therapeutisch Tätige und interessierte Eltern, Heft 89, August 2019, S. 14–23, hier S. 21.

21 Ebenda, S. 18.

pocht auf den Idealismus als philosophische Grundhaltung, wonach die inneren Antriebskräfte des Lebens und des Fortgangs der Dinge im Kern durch „geistige Ideen" bewirkt würden. Und er grenzt sich ab von einer materialistischen Welt- und Wissenschaftsauffassung, die die eigengesetzliche Bewegung der Materie als primäre Quelle bzw. Entwicklungsbedingung für alle darauf aufbauenden Prozesse der Welt annimmt, ergo auch ideelle, menschliche gedankliche Konstrukte als auf der Materie aufbauend und nicht unabhängig von ihr existierend betrachtet.

Laut Steiner ist der Materialismus mit der neuen, wissenschaftsorientierten Medizin (und damit Ahriman) auf dem Vormarsch, um dem geistigen Prinzip – das untergründig noch aus alter, vorkapitalistischer Zeit in den Seelen mancher überliefert sei – den Garaus zu machen: „Man soll sich nur nichts vormachen. Man steht vor einer ganz bestimmten Bewegung. […] Und man wird finden – da können Sie ganz sicher sein – das entsprechende Arzneimittel, durch das man wirken wird. […] Die Seele wird man abschaffen durch ein Arzneimittel. Man wird aus einer ‚gesunden Anschauung' heraus einen Impfstoff finden, durch den der Organismus so bearbeitet wird in möglichst früher Jugend, möglichst gleich bei der Geburt, daß dieser menschliche Leib nicht zu dem Gedanken kommt: Es gibt eine Seele und einen Geist. – So scharf werden sich die beiden Weltanschauungsströmungen gegenübertreten."[22]

Bei Menschen, die bereits durch materialistische Erziehung gedanklich beeinflusst seien, verstärke das Impfen die entsprechende Weltanschauung: „Da wird das Impfen zu einer Art ahrimanischer Kraft; der Mensch kann sich nicht mehr erheben aus einem gewissen materialistischen Fühlen. […] er wird konstitutionell materialistisch, er kann sich nicht mehr erheben zum Geistigen."[23]

22 Rudolf Steiner, Geistige Wesen und ihre Wirkungen. Bd. I: Die spirituellen Hintergründe der äußeren Welt, GA-Nr. 177, Dornach 1999, S. 97 (Original 1917).
23 Steiner, zit. nach: Madeleyn, Rudolf Steiner und das Impfen, S. 21.

Dass Steiner sich jedoch nicht durchweg einheitlich gegen das Impfen aussprach – immerhin könnten mit entsprechender Erziehung etwaige eingeimpfte materialistische Einstellungen rückgängig gemacht werden –, gibt anthroposophischen Zusammenschlüssen heute die Möglichkeit, sich besonnener hinsichtlich der Impffrage zu äußern.[24] Positionen der sogenannten Corona-Protestbewegung, der Bewegung um Querdenken und Co, sind an deutschen Waldorfschulen, die sich den Prinzipien ihres Gründers Steiner verpflichtet fühlen, dennoch omnipräsent geworden. So stehen derzeit etliche freie Waldorfschulen, die traditionell auf Eigenständigkeit sowie starken Einbezug und Mitsprache der Elternschaft bauen, vor einer Zerreißprobe.[25] Der Vorstand des Bundes der Freien Waldorfschulen sah sich bereits wenige Monate nach Beginn der Proteste, im Oktober 2020, veranlasst, eine Erklärung abzugeben, in der er klarstellte, dass er Impfungen nicht ablehne und gesundheitspolitische Maßnahmen, wie verstärkte Hygiene und Abstand, zur Verringerung von Ansteckungen an den Schulen prinzipiell gelten sollten.[26]

24 Die Internationale Vereinigung anthroposophischer Ärztegesellschaften (IVAA) und der Medizinischen Sektion am Goetheanum veröffentlichten im Januar 2021 eine Stellungnahme, in der sie die Entwicklung von Impfstoff zur Milderung der aktuellen Pandemie begrüßten.

25 Die Zahl der Kinder, die keine Maske während der Schulzeit trugen und dies durch ein ärztliches Attest begründeten, war an Waldorf-Schulen in Bayern siebenmal höher als an staatlichen Schulen, siehe BR24, Wie die Waldorfbewegung mit Corona-Verharmlosern kämpft, 30. 4. 2021, https://www.br.de/nachrichten/bayern/wie-die-waldorf-bewegung-mit-corona-verharmlosern-kaempft,SVyJA5P.

26 Bund der Freien Waldorfschulen, Erklärung des Vorstands des Bundes der Freien Waldorfschulen, 5. 10. 2020, https://www.waldorfschule.de/fileadmin/downloads/Erklaerungen/Erkla%CC%88rung_des_Vorstands_2020-10-05.pdf. Vorausgegangen waren massive Konflikte an Schulen, in denen Angestellte und auch Eltern mit auf Rudolf Steiners Anschauungen gegründeten Argumenten Vorkehrungen gegen eine Ansteckung nicht nur sabotierten, sondern mit verschwörungstheoretischen Ausdeutungen anreicherten. Dies veranlasste nicht nur den Bund der Freien Waldorfschulen zu einer Distanzierung, sondern brachte

Ungeachtet dessen floriert in der Protestbewegung anthroposophischer Einfluss, der weiterhin mit esoterischem Flair und sanften Worten von „Liebe, Freiheit und Achtsamkeit" die teils brutalen Vergeltungsfantasien gegen die „Eliten", wie sie sich in der Rhetorik ihrer Anhängerinnen und Anhänger im Herbst 2020 verstärkt herausgebildet haben, ummäntelt. Wiederkehrende Rufe, beispielsweise von Bodo Schiffmann, nach einer Militärregierung oder eine in Chat-Foren verbreitete „Feindesliste" mit Namen und Privatadressen von Bundestagsmitgliedern, die für die Änderungen im Infektionsschutzgesetzt stimmten, verbunden mit der Aufforderung, gegen die „Volksverräter" vorzugehen, sind lediglich Auszüge einer langen Liste von Beispielen des inszenierten „Volkszornes gegen die Eliten".

Die Formierung äußeren Widerstandes gegen die vorherrschende gesellschaftliche Weltsicht, die sich in der Protestbewegung im Widerstand gegen das Tragen einer Stoff-Atemschutzmaske an öffentlichen Orten sinnbildlich entlädt, reichert der Anthroposoph Christoph Hueck mit spiritueller Bedeutung an. Die gesundheitspolitischen Maßnahmen zeigten, „auf welch tönernen Füßen das moderne Leben steht", weil ihm ein „intellektualisiertes […] Verhältnis zur Welt […] zugrunde" liege. Politische Maßnahmen zur öffentlichen Gesundheitsfürsorge solle nicht länger auf „Statistiken, Vorhersagen und Maßnahmen von vermeintlich allgemeiner […] Gültigkeit" basieren. „Was wäre, wenn nicht der intellektualistische

---

auch eine Initiative ehemaliger Schülerinnen und Schüler hervor, die die Waldorfschulen aufforderten, eine kritische offensive Auseinandersetzung mit Verschwörungerzählungen zu beginnen. Deren „offenen Brief" unterzeichneten 5000 Unterstützerinnen und Unterstützer, der Bund der Freien Waldorfschulen versendete sie daraufhin als Dachverband an alle zugehörigen Schulen in Deutschland. Siehe Ivo Bantel/Tilman Busch/Fiona Hauke/Milena Hauke/Muriel Weinmann, Offener Brief – Gegen Corona-Verschwörungsmythen an Waldorfschulen!, 12/2020, https://www.openpetition.de/petition/online/offener-brief-gegen-corona-verschwoerungsmythen-an-waldorfschulen#petition-main.

Materialismus, sondern eine spirituelle Weltanschauung wie die Anthroposophie stärker im allgemeinen Bewusstsein leben würde? Der Karmagedanke bedeutet, dass Gesundheit zum überwiegenden Teil nicht mit äußeren Vorsichtsmaßnahmen zu schützen ist."[27]

Damit unterfüttert Hueck die pauschalen Vorwürfe der Protestierenden gegen das „System", das artikulierte Unwohlsein in dem Gesamtlauf der gegenwärtigen politischen und gesellschaftlichen Verhältnisse, mit einer prinzipiellen Zivilisationskritik, die „Spiritualität", Innerlichkeit, Transzendenz gegen einen ratio-dominierten Zeitgeist stellt. Ganz im Sinne esoterischer Strömungen wird der Wert moderner Medizin damit insgesamt infrage gestellt. Jegliche Krankheit wird mit dem individuellen Karma in Verbindung gebracht, was gleichzeitig einer Individualisierung der Verantwortung bzw. Schuldzuweisung an die Betroffenen gleichkommt. Wer nicht gut genug für sein Karma sorgt, wird eben krank. Noch heute erklärt der „Rundbrief für medizinisch, pädagogisch und therapeutisch Tätige und interessierte Eltern" des „Bundes der Freien Waldorfschulen", dass anthroposophische Medizin nach Rudolf Steiner Infektionskrankheiten als eine Art Wiedergutmachung für Verfehlungen in früheren Leben zur Aufbesserung des Karmas ansieht: „Obwohl es 1910 noch keine anthroposophische Ärzteschaft gab, ist der in Hamburg [von Rudolf Steiner] gehaltene Vortragszyklus ‚Die Offenbarungen des Karma'" eigentlich ein Kurs für Ärzte. Die Veranlagung zu bestimmten, überwiegend Infektionskrankheiten, wird in Beziehung gesetzt zu Taten oder Einseitigkeiten in früheren Erdenleben. Im Durchmachen der betreffenden Krankheit geschieht ein Ausgleich."[28]

27 Christoph Hueck, Die Corona-Hysterie als Symptom des materialistischen Intellektualismus; in: Die Drei. Zeitschrift für Anthroposophie in Wissenschaft, Kunst und sozialem Leben, 04/2020, S. 6.
28 Madeleyn, Rudolf Steiner und das Impfen, S. 17.

Innerlichkeit und Natürlichkeit für Gesundheit und Freiheit?

Esoterische Gesundheits- und Krankheitsvorstellungen drehen
das Motto „Ein gesunder Geist wohnt in einem gesunden Körper"
von den Füßen auf den Kopf. Materialität, Alltagsrealität gelten als
Chimäre, die jenseitige geistige Welt als „eigentliche Wahrheit".
Die spirituelle Hinwendung zum eigenen Inneren, zur „wahren"
Beschaffenheit von Mensch und Kosmos, den ein universeller Strom
durchfließe, mit welchem man in „Eins" kommen möchte, seien
der erste Schritt, um Gesundheit und geglückte Unternehmungen
zu erreichen. Eine imaginierte innere, energetisch blockadefreie,
im Fluss stehende Lebensenergie werde durch Umwelteinflüsse
bedroht – zuvorderst durch moderne Technik, Mobilfunkwellen
sowie durch eine auf Vermitteltheit aufbauende, ratio-dominierte
zwischenmenschliche Interaktion in modernen Gesellschaften. Die
Sehnsucht gilt einer vermeintlichen Natürlichkeit, Unmittelbarkeit, Authentizität, angstfreien Entäußerung des Ich, die unter den
Schlagwörtern „Ganzheitlichkeit", „Achtsamkeit" oder „Wesens-
schau" gegen die konkurrenzorientierte, verwaltete Welt als „das
Andere" gestellt wird. „Ein gesunder Geist garantiert einen gesunden Körper", so kann das Motto passend für spirituelle Ansätze
gewendet werden. „Arbeiten wir innerlich an unserer geistigen
Resilienzkraft, anstatt äußerlich Masken aufzusetzen!", fordert
Christoph Hueck.[29]
  Die Einheit von Natur, Kosmos und Mensch, die durch die
moderne Zivilisationen unterbrochen worden sei, führe durch einen
Rückbezug, eine Wiederaneignung verschütteten gegangenen Wissens und ursprünglicher Empfindungen, zur Heilung von Mensch
und Gesellschaft. Der Gedanke, durch eine Wiederherstellung der
Harmonie mit der Natur eine glücklichere Gesellschaft zu erreichen,
hat allerdings mit „nachhaltigem Landbau und Wirtschaften" nur
äußerlich etwas gemein. Es geht um die Rückbesinnung auf religiöse

---

29 Hueck, Die Corona-Hysterie, S. 7.

Heilserwartung durch eine „neue, menschen- und naturgemäße Gesellschaftsordnung", die auch im Rahmenprogramm der Partei „dieBasis" zum grundlegenden Prinzip erklärt wird. Natur bekommt einen Status zugeschrieben, der im Impuls die Entfremdung des Menschen von seinen natürlichen Lebensgrundlagen korrigieren möchte und sie dabei im mystifizierenden Überschwang zum gottgleichen Paradies verklärt, dem sich vorbehaltlos zu unterstellen die Erlösung von gesellschaftsgemachten, „zivilisatorischen" Krankheiten sei.

Nur wenige gehen so weit, die Möglichkeit, durch Viren ernsthaft zu erkranken, komplett zu leugnen wie der Anthroposoph Stefan Lanka, der als Redner auf Querdenken-Kundgebungen auftrat und auch in der Partei „dieBasis" als Quelle der Weiterbildung empfohlen wird. Lanka vertritt die These, dass es keine Viren gebe, die Infektionskrankheiten beim Menschen auslösen könnten.[30] Er nennt die Aussage, es existierten „krankmachende Viren" „Hirngespinste".[31] „Für Viren als Krankheitsverursacher gibt es in der Biologie beim besten Willen einfach keinen Platz."[32] Natur per se kann seiner Auffassung nach für den Menschen ausschließlich positiv wirken: „Biologische Strukturen dagegen, die etwas Negatives machen sollen, hat man nie gesehen. Die Grundlage des biologischen Lebens ist das Miteinander, ist die Symbiose, und da gibt es keinen Platz für Krieg und Zerstörung. Krieg und Zerstörung im biologischen Leben ist eine Zuschreibung kranker und krimineller Hirne."[33]

30 Siehe Psiram, 7. 8. 2021, https://www.psiram.com/de/index.php/Stefan_Lanka.

31 Stefan Lanka, zit. nach Christina Berndt, Impfgegner versprach Geld für Masernnachweis – und muss trotzdem nicht zahlen, in: Süddeutsche Zeitung, 16. 2. 2016, https://www.sueddeutsche.de/panorama/stuttgart-wette-gegen-die-wissenschaft-1.2866014.

32 Stefan Lanka, zit. nach Psiram, 7. 8. 2021, https://www.psiram.com/de/index.php/Stefan_Lanka.

33 Ebenda.

„Viren bringen keine Krankheit!"
Stuttgart-Bad Cannstatt, Wasen, 9. 5. 2020.
picture alliance / Sebastian Gollnow/dpa.

Die übersteigerte Vorstellung individueller Verantwortung für Gesundheit oder Krankheit, gepaart mit der Leugnung moderner wissenschaftlich-medizinischer Erkenntnis in einem Plakat auf dem Wasen in Stuttgart bei einer Kundgebung von „Querdenken 711" im Frühjahr 2020.

Auch Rüdiger Dahlke, Wegbereiter des Aufblühens esoterischer Lebenshilfe in den 1980er-Jahren, sprach mehrfach bei Querdenken-Kundgebungen. Er veröffentlichte in den 1980er-Jahren zusammen mit Thorwald Dethlefsen das Buch „Krankheit als Weg", in dem davon ausgegangen wird, dass Krankheiten aufgrund persönlicher Verfehlungen im eigenen Verhalten entstanden sind. Dethlefsen verlautbarte, Viren oder Bakterien könnten überhaupt keine Krankheiten auslösen. Jegliche Krankheit sei Ergebnis des eigenen Karmas, also der eigenen Taten in den Vorleben, für die man selbst die Verantwortung trage.

Die ungehemmt positive Besinnung auf die Natur verherrlicht diese in biologistischer Manier.[34] Ein ideologisierter Naturbezug findet sich auch im Programm der Partei „dieBasis". Auf deren Gründungversammlung visualisierte eine Fotografin „den Geist" der Partei zu einem Logo. Sie ersann dafür vier vertikale, parallele farbige Streifen, die für die „vier Säulen" stehen, auf denen die Partei ihre Grundsätze aufbaut (Freiheit, Machtbegrenzung, Achtsamkeit, Schwarmintelligenz). Der grüne Streifen symbolisiert die mit der Natur in eins gesetzte Freiheitsvorstellung: „Ganz natürlich sei Grün die Farbe der Freiheit: ‚Natur ist pure Freiheit.'"[35]

Gesundheitspolitisch fordert „dieBasis" unter den wohlklingenden Worten „für die Vielfalt medizinischer und therapeutischer Ansätze und Methoden" die Gleichstellung sogenannter Naturheilverfahren mit evidenzbasierter Medizin.[36] Krankenkassen sollten zukünftig auch bezahlen, was grundsätzlich nur als Placebo wirke, wie z. B. Homöopathie, so Eva Rosen, Spitzenkandidatin der Partei.[37]

---

34 Unter Biologismus wird eine ideologische Geistesströmung verstanden, der zufolge Menschen sich den vermeintlichen Gesetzen der Natur zu unterstellen haben. Das geht so weit, dass eine imaginierte Natürlichkeit komplexer Vorgänge auch auf kulturelle, soziale, gesellschaftliche Phänomene direkt übertragen wird. Analogien wie „der Staat als Organismus", dessen Glieder unterschiedliche Aufgaben wie Denken–Kopf oder Handwerk–Arm zu erfüllen haben, suggerieren eine natürlich gewollte Ordnung der Position der Einzelnen im gesellschaftlichen Ganzen.

35 Editha Roetger, Wie Name und Logo entstanden: dieBasis – Basisdemokratische Partei Deutschland, 16. 6. 2021, https://diebasis-partei. de/2021/06/wie-name-und-logo-entstanden/.

36 dieBasis – Basisdemokratische Partei Deutschland: Rahmenprogramm, 11/2020, https://diebasis-partei.de/partei/rahmenprogramm/.

37 Eva Rosen, Wie stehen Sie zu Homöopathie …?, 8. 8. 2021, https://www. abgeordnetenwatch.de/profile/eva-rosen/fragen-antworten/wie-stehen-sie-zu-homoeopathie-als-ersatz-zur-schulmedizin-sollen-sich-kranken kassen-weiterhin-an-den-kosten.

Ein Bundespräsident im Wartestand

Franz Ruppert, Professor für Psychologie an der Katholischen Stiftungshochschule München, ist eine seit Langem bekannte Größe der spirituellen Szene und renommiertes Mitglied der Partei „dieBasis". Er geht davon aus, dass durch einen engen Kontakt mit anderen Menschen weniger eine Gefahr von Virenübertragung als vielmehr ein begrüßenswerter Austausch von Informationen über den Umgang des Immunsystems mit Krankheitserregern stattfinden könne. Der Austausch von Immunsystem zu Immunsystem erfolge dabei möglicherweise auch immateriell, spekuliert er.[38] Folgt man Rupperts Logik, so könnten körperlichen Vorgänge durch rein geistig-energetische Informationen derart beeinflusst werden, dass Impfungen überflüssig würden. Die Antikörper-Produktion werde durch das etablierte Feld eines geistigen „kollektiven Immunsystems" angeregt.

Dass seine Spekulationen durchaus wissenschaftlicher Humbug sein könnten, räumt Ruppert selbst ein. „Aber wie gesagt, das sind jetzt alles Hypothesen, die Immunologen vielleicht belegen oder auch ganz widerlegen könnten. Im Moment geht es mir vor allem darum, Argumente zu finden, um den Corona-Panik-Ausnahmezustand möglichst rasch beenden zu können […]. Vielleicht ist so gesehen diese Idee des kollektiven Immunsystems auch nur ein Placebo, das aber dann in der Realität gute Wirkungen erzeugen könnte."[39] Er sieht sich entgegen wissenschaftlichen Standards nicht in der Pflicht, sich sorgfältig darum zu bemühen, dass seine – mit dem Nimbus eines Professors vorgebrachten – Hypothesen größtmöglichen Wahrheitsgehalt aufweisen: Ihm ist es genug, wenn sie eine „Placebo"-Wirkung erzielen. Damit ordnet er wissenschaftliche Redlichkeit seinem Verlangen nach politischem Einfluss unter.

38 Franz Ruppert, Wem oder worauf jetzt vertrauen? Gibt es auch ein kollektives Immunsystem?, 25. 3. 2020, https://franz-ruppert.de/downloads2?task=download.send&id=511&catid=2&m=0, S. 6 f.
39 Ebenda, S. 7.

Ruppert unterstellt Menschen, die sich von den – in seinen Augen begrüßenswerten – Corona-Protesten auf der Straße fernhalten, sie handelten aus nicht-aufgearbeiteten Traumata heraus. Diese resultierten vornehmlich aus frühkindlichen und vorgeburtlichen Erfahrungen. Er nimmt rhetorische Anleihe an die Lebensschutz-Bewegung indem er behauptet, schwangere Frauen, die nicht uneingeschränkt „Ja zum ungeborenen Leben" sagten, sondern zweifelten, etwa Pränatal-Diagnostik in Anspruch nähmen, von Ärzten verunsichert würden, übertrügen Unsicherheiten auf das Ungeborene und traumatisierten es bereits vorgeburtlich: „wo du dann nach der Verschmelzung [von Ei- und Samenzelle], also wo du entstanden bist, wo ein riesige ‚Ja' da ist von deiner Seite, […] wenn du hier dieses ‚Ja' von deiner Mutter nicht beantwortet bekommst, du lebst da neun Monate in ihrem Bauch, teilweise wie in ner Todeszelle, wie auf m Friedhof".[40] Kinder entwickelten hierauf eine unterwürfige Haltung mit subtil-aggressiven Zügen. Ihren Eltern gegenüber nähmen sie eine „Opferhaltung" ein, die sie jedoch als „Täterhaltung" gegen andere wenden würden. Ruppert behauptet, dass Menschen, die sich gegen die Corona-Protestbewegung wenden, aus einer „Täterhaltung" heraus agierten, aus nicht aufgearbeiteten, unterdrückten inneren Anteilen.[41] Er psychologisiert vernunftbedingte Entscheidungen von politisch mündigen Menschen und erklärt seine Opponenten zu traumatisierten, psychisch nicht gesunden Menschen.

In der Vergangenheit bediente sich Ruppert einer simultanen Denklogik, als er um die Jahrtausendwende Menschen, die gegen den Faschismus aktiv waren, eine „verschobene" NS-Täterenergie unterstellte. Die in der Querdenken-Bewegung exzessive Täter-Opfer-Umkehr wurde in der esoterischen Szene, auch durch Franz

---

40 Franz Ruppert, Die traumatisierte Gesellschaft. Franz Ruppert im Interview mit Robert Stein, Steinzeit TV, 14. 5. 2020, https://www.youtube, Min 32:20–32:44.
41 Ebenda, Min 16:35–25:22.

Ruppert, bereits vorweggenommen. Er folgt damit seinem früheren Lehrmeister Bert Hellinger.[42]

In der Partei „dieBasis" firmierte Ruppert als Bundespräsident in spe, wie in einem theatralisch inszenierten Planspiel zu sehen ist, das Vertreter der Bewegung als erste Kabinettssitzung einer von ihr gestellten Regierung via Internet lancierten.[43]

Ein anthroposophisches Parteiprogramm

„Im Zentrum unserer Arbeit steht der Mensch mit seinen Bedürfnissen als körperlich-seelisch-geistiges Wesen", verkündete die „Basisdemokratische Partei Deutschland" in ihrem Rahmenprogramm. Bei flüchtiger Lektüre mag dieses Menschenbild – dualistische Spaltung zwischen Körper und Geist, religiöse Reminiszenz an eine Seele – wie ein veralteter Gemeinplatz wirken. Jedoch ist damit wortgetreu das Steinersche Menschenbild als Ausgangspunkt der Partei zitiert.

Diesem Satz in der Präambel folgt der Hauptteil des Rahmenprogramms, den die Partei durchweg entlang anthroposophischer Grundzüge aufbaut. Die „Soziale Dreigliederung", das gesellschaftspolitische Konzept Rudolf Steiners zur Umgestaltung des Staates, stellt das Gliederungskonzept des Programms dar. Es ist aufgeteilt in „Grund"- und „Bereichsspezifische Prinzipien". Als Grundprinzip wird eine „neue, menschen- und naturgemäße Gesellschaftsordnung" erstrebt. Diese „setzt […] voraus, dass das gesellschaftliche Leben in drei voneinander relativ unabhängige Bereiche entflochten wird". Voneinander zu „entflechten" seien der „geistig-kulturelle", der „rechtliche" sowie der „wirtschaftliche" Bereich des öffentlichen Lebens. Was ist damit gemeint?

42 Siehe Claudia Barth, Die wahnsinnig systematische Ordnung eines braunen Predigers, in: Studentischer Sprecherrat der Universität München: „Niemand kann seinem Schicksal entgehen …" Kritik an Weltbild und Methode des Bert Hellinger, Aschaffenburg 2004, S. 55.
43 Corona Ausschuss – Ausweichkanal, 22. 8. 2021.

Steiner war bestrebt, einen dritten Weg zwischen kapitalistischer und sozialistischer Gesellschaftsordnung zu finden, aufgebaut
auf seiner spirituellen Lehre. Er sah den „geistigen Bereich" als den
grundständigen Ideengeber für die beiden anderen Bereiche an. In
idealistischer Manier sollten freie, spirituell gereifte Menschen in
künstlerischer Ideenschöpfung ihre Einfälle und Innovationen im
„geistigen Bereich" herausbilden, um diesen Impulsen in den beiden
anderen Bereichen des Lebens, dem „rechtlichen" und „wirtschaftlichen", als Wegweiser bzw. Leitlinien Geltung zu verschaffen. Dazu
benötige das „Geistesleben" jedoch die Verbindung zu einem „Gött-
lich-Geistigen", das herzustellen zumindest der Landesverband
Baden-Württemberg der Partei „dieBasis" laut Programm anstrebt:
„Unser Handeln basiert auf unserer Überzeugung, dass Mensch und
Natur von einem universellen Geist beseelt sind."[44]

Das Wirtschaftsleben soll in anthroposophischer Vorstellung
weiterhin auf Privatwirtschaft beruhen, unabhängig von staatlichen
Eingriffen.[45] Die Partei vollzieht diesen marktliberalen Kurs mit:
„Das Wirtschaftsleben beruht auf individueller Initiative und Inte-
ressenausgleich. Es darf deshalb nicht vom Staat gelenkt werden."[46]
Abweichend von der reinen anthroposophischen Lehre ist für „die-
Basis" jedoch vorstellbar, dass die Politik mittels Steuergesetzgebung
Anreize für die Wirtschaft schafft.[47]

Bereits bei Steiner findet sich ein derzeit beliebter Topos, der
die produktive Wirtschaft unterscheidet von der Finanzwirtschaft.
Sobald ein Unternehmen nicht mehr „produktiv" tätig sei, dürften

---

44 dieBasis/LV Baden-Württemberg, Gründungsprogramm Basisdemokratische Partei Deutschland LV Baden-Württemberg, Balingen, 27. 9. 2020;
https://diebasis-bw.de/downloads, S. 5.

45 Rudolf Steiner, Die Kernpunkte der sozialen Frage, Sozialwissenschaft-
liche Ausgabe (SWA), Bibliographie Nr. 800, 2. Digitalauflage, Berlin 2002
(Originalschrift 1919–1920), S. 8.

46 dieBasis – Basisdemokratische Partei Deutschland: Rahmenprogramm,
11/2020, https://diebasis-partei.de/partei/rahmenprogramm/.

47 Ebenda.

den Eigentümern keine Kapitalerträge, etwa aus reinen Finanz-
geschäften, mehr zufließen, das Eigentum bleibe ihnen jedoch erhalten. Eingeschränkt werden solle die freie Verfügung über Eigentum
und Produktion durch auf „Vertrauen" statt auf staatlicher Regulierung basierende lokale Zusammenschlüsse lokaler Konsumenten,
Handeltreibenden und Produzenten.[48] Hier lebt der öko-spirituelle
Traum einer lokalen Erzeuger- und Produktionsgemeinschaft auf, in
der eine „weitgehende Harmonie der Interessen"[49] herrsche. Lokal
statt international, heimatverbunden und auf direkter mensch-
licher Ebene, denn „es ist ein Ungedanke, die Wirtschaftskräfte in
einer abstrakten Weltgemeinschaft organisieren zu wollen".[50] Diese
Ordnung wird laut Steiner nicht durch politisches Aushandeln von
Interessen geregelt, sondern durch die „Einsicht" aller Beteiligten.[51]
Über klassische Arbeitnehmerrechte hätten sich die Arbeiterinnen
und Arbeiter auf „rechtlicher Ebene" demokratisch zu verständi-
gen.[52] Grenzen habe die demokratische Mitbestimmung in der Führung des Staates, die dem „geistigen Bereich" obliege. „Führung und
Demokratie sind Gegensätze, die sich nicht unmittelbar miteinander
vereinbaren lassen. Das wird in der Gegenwart wenig verstanden.
In alten Zeiten wusste man hingegen, dass, wenn Führung gelingen soll, sie aristokratisch sein muss. Denn nur die Besten (ἄριστος/
aristos = Bester) sind in der Lage, einer Gemeinschaft ein tragfähiges
gemeinsames Ziel zu geben. […] Führung beruht auf einer Fähigkeit,
die der einzelnen Individualität eigen ist; sie ist daher Aufgabe des
Geisteslebens."[53] Diese Führung im Sinne Steiners beziehe auch „die
Wirksamkeit geistiger Wesenheiten mit ein".

48 Steiner, Die Kernpunkte der sozialen Frage, S. 8.
49 Ebenda, S. 9.
50 Ebenda, S. 8.
51 Ebenda, S. 9.
52 Stephan Eisenhut, Die Verwandlung des Rätegedankens. Rudolf Steiner
    über Arbeiterräte und Sozialisierung im Sinne der Dreigliederung des
    Sozialen Organismus; in: Die Drei. Zeitschrift für Anthroposophie in
    Wissenschaft, Kunst und sozialem Leben, 03/2014, S. 25–36, hier S. 28.
53 Ebenda.

Die Partei „dieBasis" übernimmt die Dreigliederung Steiners und fordert, im „rechtlichen Bereich" Politik durch „direkte Basisdemokratische Mitbestimmung" zu „transformieren". Politik insgesamt soll jedoch nicht alleine durch Basisdemokratie bestimmt werden, sondern durch gemeinsame Konsensfindung und beratende Stimme der Parteimitglieder für die politischen Mandatsträger „mitgestaltet" werden. Der Landesverband Bayern spricht dezidiert von einer „Ergänzung der parlamentarischen Demokratie durch Verfahren der direkten Demokratie".[54] Versierte Anthroposophen werden mit dieser Einschränkung zufrieden sein – gehen sie doch nach Steiner richtigerweise davon aus, dass der rechtliche Bereich alleine die grundlegenden politischen Verhältnisse nicht gestalten kann – sondern darüber liegenden (in Steiners Sinne dem „geistigen Bereich" obliegenden) Interessen folgt.

Das Rahmenprogramm der Partei „dieBasis" ist im zentralen Punkt bezüglich der angestrebten demokratischen politischen Verfasstheit so formuliert, dass sowohl anthroposophisch versierte Menschen, die Politik als spirituell-geistige Eliteführung begreifen, zustimmen können, als auch Menschen, die sich von einer lebhaften Mitmach-Kultur mit spiritueller, unpräziser Wohlfühl-Rhetorik einer „friedlichen Transformation der Gesellschaft hin zu Liebe und Achtsamkeit für Mensch und Natur" angezogen fühlen, sich darunter vereinen können. Der Ruf nach Basisdemokratie wirkt eher als Impetus, als Platzhalter. Die Partei suggeriert damit, dass ein homogener Wille der Bevölkerung konsensual überparteilich herstellbar sei. „Die derzeitige repräsentative Demokratie vertritt schon lange nicht mehr unsere Interessen [...] Es wird Zeit, alle Menschen nun endlich in die Politik mit einzubeziehen und in einen stetigen Dialog mit der Bevölkerung einzutreten. dieBasis ist vermutlich der echten Demokratie letzte Chance!"[55]

---

54 dieBasis 5/2021, LV Bayern, Parteiprogramm, S. 3.

55 Alkje Fontes, Warum Basisdemokratie?, dieBasis – Basisdemokratische Partei Deutschland, Landesverband Hamburg, 2021, https://diebasis-

Die Berufung auf Basisdemokratie spielt mit einem identitären Politikverständnis, das eine Einheit zwischen Regierung und Regierten in Aussicht stellt. So läuft auch die Einbeziehung des Volkes und seiner „Schwarmintelligenz" – einer weiteren „Säule", auf die die „Basisdemokratische Partei Deutschland" sich stützen möchte – Gefahr, einen Deckmantel zu bilden für die Bestrebungen einiger weniger, mit autoritären Gesellschaftskonzepten die mobilisierten „Herzensmenschen" zu dominieren.

„Das Volk versteht das meiste falsch; aber es fühlt das meiste richtig."[56] Mit diesem Tucholsky-Zitat wirbt „dieBasis" dafür, dass sie es sei, die den gefühlten Wahrheiten einer Volksmasse Ausdruck verleihen könne. Dumm nur, dass Tucholsky im Folgesatz schrieb: „Daß nun dieses richtige Grundgefühl heute von den Schreihälsen der Nazis mißbraucht wird, ist eine andre Sache."[57]

hamburg.de/diebasis/warum-basisdemokratie/. Alkje Fontes ist Gründungsmitglied und Landesvorsitzende der Partei in Sachsen-Anhalt sowie Mitglied im Bundesvorstand.

56 dieBasis – Basisdemokratische Partei Deutschland, 2021, https://diebasis-partei.de/.

57 Kurt Tucholsky, Bauern, Bonzen und Bomben, in: Die Weltbühne, Nr. 14, 7. 3. 1931, zit. nach Peter Kietzmann, textlog.de, https://www.textlog.de/tucholsky-bauern-bonzen.html.
Kurt Tucholsky kritisierte damit das Versagen der Sozialdemokratie in der Weimarer Republik: „die immense Schuld jener Republik, die wir einmal gehabt haben und die heute zerbrochen ist an der Schlappheit, an der maßlosen Feigheit, an der Instinktlosigkeit ihres mittleren Bürgertums, zu dem in erster Linie die Panzerkreuzer bewilligenden Führer der Sozialdemokratie zu rechnen sind".

GUDRUN HENTGES · GERD WIEGEL

Vergebliche Avancen: AfD und Querdenken

Die Corona-Politik der AfD ist von einer bemerkenswerten Inkonsistenz geprägt, die jedoch weniger auf die sich dynamisch ändernden Kenntnisse und Einschätzungen zur Pandemie als vielmehr auf politische Nützlichkeitserwägungen zurückzuführen ist. Während die AfD Corona am Beginn der Pandemie im Februar und März 2020 sehr ernst nahm und die Regierung vor allem aufgrund ihrer halbherzigen und zu wenig durchgreifenden Maßnahmen kritisierte, änderte sie ihre Position zu dem Zeitpunkt, als klar wurde, dass eine Minderheit von grundsätzlichen Kritikerinnen und Kritikern der Maßnahmen von keiner Partei im Bundestag repräsentiert wurde. Spätestens im April 2020 schwenkte die Partei um und unterstützte jene größer werdenden heterogenen politischen Kräfte, die auf den Straßen gegen die Maßnahmen demonstrierten.[1]

Ende März 2020 fanden die ersten „Hygienedemonstrationen" vor der Berliner Volksbühne statt. Initiiert wurden sie von einer sogenannten Kommunikationsstelle Demokratischer Widerstand und deren beiden Initiatoren, dem Schauspieler und Dramaturgen Anselm Lenz und dem Immobilienmakler Wolfgang Sodenkamp. Die nun wöchentlich stattfindenden Demonstrationen setzten sich das Ziel, gegen die staatlichen Maßnahmen zur Eindämmung

---

1   Gudrun Hentges/Gerd Wiegel, Die Instrumentalisierung der Corona-Pandemie durch die extreme Rechte, in: Gudrun Hentges/Georg Gläser/Julia Lingenfelder (Hrsg.), Demokratie im Zeichen von Corona, Berlin 2021, S. 182–214.

Noch am 9. 3. 2020 warnte der damalige AfD-Vorsitzende Jörg Meuthen vor täglich steigenden Infektionsfällen und mahnte „drastische Maßnahmen" an. Wenige Tage später vollzog die AfD eine 180-Grad-Wende in ihrer Corona-Politik. | *Screenshot Facebook-Post von Jörg Meuthen vom 9. 3. 2020*

des Coronavirus SARS COV 2 vorzugehen, dessen Existenz explizit infrage gestellt wurde. Angeblich wollten die Initiatoren und Demonstranten das Grundgesetz und die Freiheitsrechte verteidigen. Von Beginn an nahmen nicht nur Esoteriker, Impfgegner, Anthroposophen[2] und andere an diesen Veranstaltungen teil, auch Rechtsextreme, „Reichsbürger" und Neonazis mischten sich unter die Teilnehmer. Von der AfD bis hin zur NPD waren die unterschiedlichen Schattierungen der extremen Rechten vertreten und versuchten, die Demonstrationen zu kapern.[3] Konnten die Initiatoren zunächst

2　　Vgl. zu den Ambivalenzen der Anthroposophie: Andreas Speit, Verqueres Denken. Gefährliche Weltbilder in alternativen Milieus, Berlin 2021, S. 124 ff.
3　　Robert Kiesel, Wird Berlin zum Zentrum rechter Corona Proteste?, in: Der Tagesspiegel v. 26. 4. 2021.

Am 27. April 2020 wurde auch in Rheinland-Pfalz eine Maskenpflicht bei Einkäufen in Geschäften und im öffentlichen Nahverkehr eingeführt. Der stellvertretende Fraktonsvorsitzende der AfD-Landtagsfraktion begrüßt die Maßnahme. | *Screenshot der Facebook-Seite der AfD-Landtagsfraktion Rheinland Pfalz, Post vom 23. April 2020*

nur wenige Hundert Personen zu den Kundgebungen mobilisieren, so vergrößerte sich der Kreis der Sympathisanten in den folgenden Wochen erheblich.

Ebenfalls im Frühjahr 2020 gründete der Stuttgarter IT-Experte Michael Ballweg die Initiative „Querdenken 711". Am 18. April 2020 versammelten sich ca. 50 Menschen in Stuttgart, um gegen die staatlichen Maßnahmen zu protestieren. Michael Ballweg rief zu einer Mahnwache für das Grundgesetz auf, da die unveräußerlichen Grundrechte angeblich grundlos eingeschränkt würden. Am 25. April 2020 kamen ca. 500 Menschen auf dem Schlossplatz in Stuttgart zusammen. Abgerundet wurde die Kundgebung durch eine Meditation. Am 2. Mai 2020 fand die Demonstration auf dem Cannstatter Wasen statt, 5000 Teilnehmende reisten an, um gegen die Einschränkungen zu protestieren. Es folgten weitere Demonstrationen am 9. Mai, am 16. Mai und am 31. Mai.[4]

Zeitlich parallel wurden in verschiedenen Städten Ableger von „Querdenken 711" aus der Taufe gehoben, sodass u. a. auch in Berlin, Leipzig, Dresden und Kassel vergleichbare Strukturen entstanden. Demonstrationen wurden organisiert und Anhänger und Unentschlossene mobilisiert. Alleine in NRW entstanden über 20 Ableger der Initiative Querdenken. Unter der Leitung von Michael Ballweg fanden im August 2020 zwei Großdemonstrationen in Berlin statt: Am 1. August nahmen schätzungsweise 20 000 Personen und am 31. August 28 000 Menschen an den Demonstrationen und Kundgebungen teil, deren Rednerinnen und Redner die Corona-Politik des Bundes und der Landesregierungen angriffen und ein Ende aller staatlichen Maßnahmen zur Eindämmung der Pandemie forderten. Dabei beachteten die Querdenker weder die Abstandsregeln, noch trugen sie Mund-Nase-Masken. Nahezu sämtliche Organisationen und Parteien der extremen Rechten nutzten die beiden bundesweiten Demonstrationen, um sich unter die Teilnehmenden zu mischen und sich somit als Partner des sogenannten demokratischen Widerstands gegen die staatliche Corona-Politik zu inszenieren.

Noch bevor die AfD sich selbst als „parlamentarischer Arm" der Querdenken-Bewegung bezeichnete,[5] vertrat sie inner- und außerhalb der Parlamente und namentlich im Bundestag Positionen, die im Umfeld der Querdenken-Gruppierungen kursierten.

---

4   https://querdenken-711.de/demonstrationen/page/3/. – Die Weblinks in diesem Beitrag wurden zuletzt am 28. 8. 2021 aufgerufen und geprüft.

5   Vgl. rbb exklusiv, Berliner AfD sieht sich als „parlamentarischen Arm" der Corona-Proteste, rbb24, 29. 4. 2021, https://www.rbb24.de/politik/beitrag/2021/04/berlin-afd-corona-proteste-pandemie-infektionsschutz.html.

AfD und Querdenken in der Corona-Pandemie

Ohne dass eine direkte organisatorische Verbindung zwischen AfD und Querdenken bestand, lässt sich dennoch eine relativ große Übereinstimmung in der argumentativen Ablehnung der Corona-Maßnahmen feststellen. Der Partei ging es zunächst vor allem darum, Ansichten des Querdenken-Spektrums in die Parlamente hineinzutragen. Die politischen und ideologischen Schnittmengen verdeckten vorhandene Differenzen. Übereinstimmungen fanden sich vor allem in Bezug auf die Affinität zu Verschwörungsmythen, mittels derer komplexe und schwer durchschaubare ökonomische, politische und gesellschaftliche Prozesse auf die *eine* Ursache zurückgeführt und damit vermeintlich erklärt wurden.

Verschwörungsmythen und -mentalitäten sind ein zentraler Bestandteil rechtsextremer Ideologien. Sie erlangten besonders hohe Zustimmungswerte, wenn sich die Befragten politisch als rechts positionierten oder wenn sie sich als AfD-Wählerinnen und -Wähler (52,9 %) oder als Nichtwählerinnen und Nichtwähler zu erkennen gaben. Verschwörungsmythen sind jedoch nicht lediglich ein Signum der politischen Ränder, sie finden sich auch in der politischen Mitte. Bei 20 Prozent der Befragten, die der politischen Mitte zugerechnet wurden, ließen sich Verschwörungsmentalitäten nachweisen.[6] Die Affinität der extremen Rechten zu solchen Formen der Verschwörungserzählung ist vielfach nachgewiesen worden.[7]

6   Pia Lamberty/Jonas H. Rees, Gefährliche Mythen. Verschwörungserzählungen als Bedrohung für die Gesellschaft, in: Andreas Zick/Beate Küpper (Hrsg.), Die geforderte Mitte. Rechtsextreme und demokratiegefährdende Einstellungen in Deutschland 2020/21, herausgegeben für die Friedrich-Ebert-Stiftung von Franziska Schröter, Berlin 2021, S. 283–299.
7   Vgl. zu Verschwörungsmythen und -mentalitäten: Michael Butter, „Nichts ist, wie es scheint". Über Verschwörungstheorien, Frankfurt a. M. 2018; Lamberty/Rees, Gefährliche Mythen; Katharina Nocun/ Pia Lamberty, Fake Facts. Wie Verschwörungstheorien unser Denken bestimmen, 7. Aufl., Köln 2020; Clara Schließler/Nele Hellweg/Oliver

Grund- und Freiheitsrechte

Ausgehend von den Hygiene-Demonstrationen bis zum Auftreten von Querdenken waren die Themen „Freiheitsrechte" und Schutz des Grundgesetzes zentral für die Bewegung. Nach der durch die pandemische Lage bedingten Einschränkung der Grundrechte befürchteten die Demonstrierenden, hier handele es sich um einen grundsätzlichen Angriff auf die Freiheitsrechte und das Grundgesetz. Symbolisch dominierten bei den ersten Demonstrationen Schilder, auf denen die Titelseite des Grundgesetzes zu sehen war.

Ausgehend von der Vermutung, dass es sich bei Corona nur um eine geringe gesundheitliche Gefährdung handele, entwickelten die Sprecherinnen und Sprecher der Bewegung die These, dass die Gefahr des Virus von der politischen Klasse aufgebauscht werde, um zentrale Elemente der Demokratie auszuhebeln. Die extreme Rechte übernahm solche Positionen nach und nach, die AfD trug zu ihrer Verbreitung wesentlich bei.

Mit Beginn der ersten Demonstrationen gegen die staatlichen Corona-Maßnahmen versuchte die AfD, sich zum Sprachrohr dieser äußerst heterogenen Bewegung zu machen. Kritik am „Überwachungsstaat" und das Einfordern von Freiheitsrechten standen bei den Protesten zunächst im Vordergrund, und hier setzte auch die AfD an. Die vorübergehende Debatte um einen Immunitätsausweis und eine angeblich zu erwartende – von verantwortlicher Seite jedoch zu keinem Zeitpunkt geforderte – Impfpflicht führte die Partei als Beleg für eine „Tendenz" an, „die Corona-Krise zur Schaffung

Decker, Aberglaube, Esoterik und Verschwörungsmentalität in Zeiten der Pandemie, in: Oliver Decker/Elmar Brähler (Hrsg.), Autoritäre Dynamiken. Alte Ressentiments – neue Radikalität, Gießen 2020, S. 283–310; Andreas Speit, Verqueres Denken. Gefährliche Weltbilder in alternativen Milieus, Berlin 2021; Fabian Virchow/Alexander Häusler, Pandemie-Leugnung und extreme Rechte in Nordrhein-Westfalen, Düsseldorf 2021, https://www.bicc.de/uploads/tx_bicctools/CoRE_Kurz gutachten3_2020.pdf.

eines Überwachungsstaates zu missbrauchen".[8] Diese vermeintliche Verteidigung der Menschen-, Freiheits-, Grund- und Bürgerrechte kommt in zahlreichen schriftlichen und mündlichen Beiträgen zum Ausdruck. So kritisierte der AfD-Abgeordnete Christian Wirth in der Debatte, dass „§ 5 Absatz 2 des Infektionsschutzgesetzes nicht mit den Artikeln 80 und 83 des Grundgesetzes vereinbar" sei, sodass alle Maßnahmen als verfassungswidrig einzuschätzen seien.[9] Alexander Gauland brach in seiner Rede eine Lanze für den Rechtsstaat und bezog sich ausgerechnet auf Heribert Prantl: „In einem Rechtsstaat wird das Grundvertrauen institutionell gesichert durch die Grundrechte […]. Heribert Prantl – bei Gott kein Freund der AfD –, der Chefkommentator der ‚Süddeutschen Zeitung', hat dazu bemerkenswerte Worte geschrieben […]: Grundrechte heißen Grundrechte, weil sie die Grundlagen unseres Lebens bilden. Grundrechte sind gerade für die Notzeiten da. Wenn sie in Krisen und Notzeiten weggeschoben werden, […] dann sind sie nichts wert, dann kann man sie vergessen. […] Das Infektionsschutzgesetz der Bundesregierung ist die größte Grundrechtseinschränkung in der Geschichte der Bundesrepublik. […] Wenn wir den Gedankengang von Herrn Prantl fortsetzen, heißt das: Wir können die Grundrechte vergessen."[10]

Pandemie-Politik als Teil einer Verschwörung

Verschwörungsmythen spielten für die Bewegung gegen die staatlich verordneten Corona-Maßnahmen eine immer größere Rolle. Mit dem Zulauf von politischen Akteuren aus verschiedenen politischen Spektren, die Verschwörungsnarrative verbreiteten, nahmen diese Erklärungen für das Geschehen breiteren Raum ein. Von „Reichsbürgern" über QAnon-Anhänger bis hin zu Impfgegnern und Parteigängern der extremen Rechten – der Glaube an eine hinter der

---

8   AfD, Pressemitteilung (PM) v. 4. 5. 2020.
9   Deutscher Bundestag, 19. Wahlperiode, Protokoll, 158. Sitzung, S. 19678.
10 Deutscher Bundestag, 19. Wahlperiode, Protokoll, 191. Sitzung, S. 24050.

Corona-Krise stehende Verschwörung war ein einigendes Band der Protestierenden und machte eine rationale Diskussion mit ihnen immer schwerer. Manche befürchteten, dass ihnen durch Impfungen Mikrochips implantiert würden; andere gingen davon aus, dass das Virus SARS COV 2 in Israel entwickelt worden sei; wieder andere waren der Meinung, Corona sei eine Biowaffe der Pharmaindustrie; einige führten die Corona-Pandemie auf das G 5-Netzwerk zurück. Die vorgebrachten Meinungen reichten dabei von einer Verschwörung von Bill und Melinda Gates, die mit ihrer Impfinitiative von der Krise ökonomisch profitierten und ferner Impfwilligen einen Chip implantieren wollten, um sie kontrollieren zu können, über Elemente der QAnon-Verschwörung bis zur These des „Great Reset", der zufolge die Elite einen Umbau der Gesellschaft plane.

Parallel zu den Verschwörungsmythen, die unter den Demonstrierenden gegen die Corona-Maßnahmen enorm an Einfluss gewannen, radikalisierten sich auch die Positionen der AfD. Die Pandemie und die zu ihrer Eindämmung verfügten Maßnahmen denunzierten Vertreter der Partei jetzt als Teil einer angeblichen Verschwörung der Eliten gegen die Bevölkerung. Der Bundestagsabgeordnete Stephan Brandner forderte mit Blick auf die Großdemonstration am 29. August 2020 in Berlin ein „Aufstehen gegen gesellschaftlichen Umbau" und behauptete: „Die Regierung nutzt die Angst der Menschen dazu, die sie zuvor unter Zuhilfenahme vor allem des zwangsfinanzierten Rundfunks in Panik versetzt haben, einen gesellschaftlichen Umbau nach ihrem eigenen Gusto zu veranlassen."[11]

In Bundestagsreden verbreiteten die Abgeordneten der AfD diverse Verschwörungsmythen bereits seit Mai 2020. So klagte Martin Reichhardt: „Die Regierung – das muss hier auch mit trauriger Stimme gesagt werden – schürt eine Urangst der Menschen. Es ist die Urangst um das eigene Leben, um das Leben von Angehörigen. Denn ohne Panik, ohne Angst können sich Frau Merkel und Herr Söder nicht als Retter der Nation darstellen. Unabhängige Medien? Fehlanzeige!

11   AfD, PM v. 24. 8. 2020.

Virologen, die eine andere Meinung vertreten als die der Experten der Bundesregierung, werden verleumdet und totgeschwiegen."[12] Der AfD-Abgeordnete Anton Friesen fragte danach, „wie viele Mittel welcher Bundesressorts [...] seit 2017 für Kooperationen mit der Bill-und-Melinda-Gates-Stiftung geflossen" seien; Hansjörg Müller behauptete, „die Bill & Melinda Gates-Stiftung" habe die „Weltgesundheitsorganisation unterwandert", und Thomas Seitz verlangte, die Rolle von Bill Gates in der Pandemie mithilfe eines Untersuchungsausschusses zu klären.[13]

„Ermächtigungsgesetz", „Corona-Diktatur" und Kriminalisierung der Corona-Politik

Eine Zuspitzung erfuhr die Verschwörungserzählung im Rahmen der Querdenken-Bewegung durch die Parallelisierung mit dem historischen Nationalsozialismus. Impfgegner liefen auf Demonstrationen mit einem gelben Davidstern mit der Aufschrift „Ungeimpft" herum, um sich als neue Opfer einer Ausgrenzungspolitik zu stilisieren.[14] Demonstrierende verglichen sich – ob der vermeintlichen Unterdrückung – mit Anne Frank oder sahen sich in der Rolle der Widerstandskämpferin Sophie Scholl. Das „Bevölkerungsschutzgesetz" wurde bei Demonstrationen bewusst als „Ermächtigungsgesetz" bezeichnet, um so die Parallelen eines angeblichen Weges in die Diktatur sprachlich zu unterstreichen.

Die AfD vollzog diese Radikalisierung mit und trug sie ins Parlament. Den parlamentarischen Schulterschluss mit der Bewegung

---

12 Deutscher Bundestag, 19. Wahlperiode, Protokoll, 158. Sitzung, S. 19543 f.
13 Deutscher Bundestag, 19. Wahlperiode, Protokoll, 223. Sitzung, S. 28379; 156. Sitzung, S. 19330; 187. Sitzung, S. 23567.
14 Matthias Berek, Verunreinigtes Blut, in: Die Zeit v. 3. 2. 2021; Impfkritik und Antisemitismus. Dr. Matthias Berek über antijüdische Ressentiments in Zeiten der Corona-Pandemie und historische Parallelen, https://www.tu.berlin/forschen/themenportal-forschen/2021/februar/impfkritik-und-antisemitismus/.

symbolisierten die Ereignisse rund um die Corona-Proteste am 18. November 2020 im Berliner Regierungsviertel. Die AfD wurde in diesen Wochen Teil einer Hysterisierungsdynamik, bei der sie Treiberin und scheinbar Getriebene war.

Erst wenige Wochen zuvor hatte die Bundestagsfraktion der AfD ein Papier zum Umgang mit der Corona-Krise beraten, in dem es um eine klarere und einheitlichere Kommunikation zur Krise ging, mit der auch Menschen erreicht werden sollten, die der Partei bis dahin skeptisch gegenüberstanden, die aber an der Sinnhaftigkeit der Maßnahmen zweifelten.[15] Nach außen wurde das Bild der Partei jedoch durch die Verschwörungsapologeten der völkischen Rechten in der Fraktion geprägt. Dabei hatte die Bundestagsfraktion mit dem Einschleusen von Gästen, die Abgeordnete und Regierungsmitglieder im Bundestag bedrängten, eine klare Grenze überschritten. Der FDP-Abgeordnete Marco Buschmann sprach in Anlehnung an den Staatsrechtler Hans Kelsen vom Übergang von der „technischen Obstruktion" zur „physischen Obstruktion".

Der AfD ging es in dieser Situation um zweierlei: die Delegitimierung der parlamentarischen Demokratie und die Etablierung einer Widerstandserzählung mit ihr als parlamentarischer Speerspitze. Der von den Querdenkern verbreitete und von der AfD aufgenommene Vergleich mit dem Ermächtigungsgesetz der Nationalsozialisten war ein zentrales Element dieser Strategie.

In der Debatte zum Bevölkerungsschutzgesetz war die AfD-Fraktion bemüht, den Tag der Verabschiedung im Bundestag als Zäsur und Übergang in eine (schleichende) Diktatur darzustellen. Ihr Erster Parlamentarischer Geschäftsführer, Bernd Baumann, behauptete, die „Gesetzesvorlage ist eine Ermächtigung der Regierung, wie es das seit geschichtlichen Zeiten nicht mehr gab".[16] Was immer „geschichtliche Zeiten" sein mögen – der AfD ging es um den Vergleich mit

---

15 Schluss mit der Notstandpolitik. Diskussionspapier für eine Kommunikationsoffensive (Präsentation im Besitz der Verfasser).

16 Deutscher Bundestag, 19. Wahlperiode, Protokoll, 191. Sitzung, S. 24046.

der NS-Zeit. Gauland sprach vom Misstrauen, das explodieren werde: „Das sehen Sie auf den Straßen, das sehen Sie an der Aggression, die Sie überall spüren."[17] Unerwähnt ließ der Fraktionsvorsitzende, dass vor allem die AfD kräftig an der Aggressionsspirale drehte. So sprach Gauland von einer „nahenden smarten Gesundheitsdiktatur" und bezeichnete „Herrn Drosten" als „aktuellen deutschen Souverän", weil angeblich er die Pandemie von nationaler Tragweite definiere. Während die AfD sich zur einzigen Partei des Widerstands gegen das Bevölkerungsschutzgesetz stilisierte, sah die Realität ganz anders aus, denn sowohl FDP wie auch Die LINKE lehnten – nur eben mit ganz anderen Begründungen – das Gesetz ebenfalls ab.

Immer wieder war die AfD darum bemüht, das Vorgehen der Bundesregierung in der Corona-Krise mit dem Weg in die NS-Diktatur zu vergleichen. So vertrat der Abgeordnete Petr Bystron gegenüber der Presse die Ansicht, der Begriff „Ermächtigungsgesetz" sei genau richtig für das von der Bundesregierung eingebrachte Bevölkerungsschutzgesetz.[18] Auch der Abgeordnete Karsten Hilse bediente sich des Begriffs mehrfach und behauptete im Bundestag, das Land befinde sich auf dem Weg zur Diktatur: „Sie haben im vollen Bewusstsein aus Opportunität oder aus Feigheit für ein Gesetz gestimmt, das die Tür zur Diktatur aufstößt. Schämen Sie sich! [...] Die Polizeiführung Berlins ist Erfüllungsgehilfe dieser völlig außer Rand und Band geratenen Bundesregierung."[19]

Bis in die Diktion hinein übernahm die AfD die Parolen aus dem Spektrum der selbsternannten Querdenker. So der Fraktionsvorsitzende Gauland, wenn er immer wieder Begriffe wie „Kriegspropaganda", „Kriegskabinett", „Notstandskabinett" und „Coronadiktatur" in seinen Reden wählte. Unterstützt werden sollte damit eine Sicht, die die Corona-Maßnahmen in die Nähe eines Staatsstreichs bzw. eines Übergangs in die Diktatur rückte. Entsprechend

---

17   Ebenda, S. 24051.
18   Vgl. https://dein.tube/watch/MWD73okiF7iHoWn.
19   Deutscher Bundestag, 19. Wahlperiode, Protokoll, 193. Sitzung, S. 24376.

forderte der AfD-Abgeordnete Stefan Keuter keine politische, sondern eine strafrechtliche Abrechnung mit den Verantwortlichen: „Wenn Sie mich fragen, gehören Sie nicht vor einen Untersuchungsausschuss, sondern vor ein Strafgericht."[20] Ganz ähnlich äußerte sich der Abgeordnete Brandner, der ebenfalls zu den generellen Corona-Leugnern der Fraktion zählt. In seiner Rede zielte er auf die Kriminalisierung der politisch Verantwortlichen, namentlich der Kanzlerin. Nachdem er die Diktaturvorwürfe variiert und wiederholt hatte – „kein einziger Tag, an dem nicht unsere Grundrechte massiv eingeschränkt wurden und unser Volk von den Regierenden in Bund und Ländern schikaniert, drangsaliert, bespitzelt und unterdrückt wurde" –, ließ er seinen Fantasien zum Umgang mit dem politischen Gegner freien Lauf: „Hoffen wir, dass wir uns in der Endphase der bunt-sozialistischen Öko-Merkelatur befinden, dass diese millionenfache Verfassungsbrecherin samt ihren Helfershelfern – einige sitzen hier vor mir, einige sitzen hier neben mir – ihre letzten Tage im Amt und, wenn es nach mir geht, auch ihre letzten Tage in Freiheit verbringt. So wie Merkel uns einsperrt, muss auch sie eingesperrt werden."[21]

Im Rahmen der Querdenken-Proteste tauchten immer wieder Plakate und Fotomontagen auf, die Angehörige der Bundesregierung, Parlamentarier wie Karl Lauterbach oder den Virologen Christian Drosten in Häftlingskleidung mit der Aufschrift „Schuldig" zeigten.

Nur eine Grippe

Zentral und Ausgangspunkt für die Ablehnung der Corona-Maßnahmen war aufseiten des Querdenken-Spektrums die Einschätzung, bei Covid 19 handele es sich um eine mehr oder weniger harmlose Erkrankung. Der Führungskreis der Bewegung bezeichnete in Pressemitteilungen das Virus als nicht schlimmer als eine saisonale

---

20 Deutscher Bundestag, 19. Wahlperiode, Protokoll, 158. Sitzung, S. 19587.
21 Deutscher Bundestag, 19. Wahlperiode, Protokoll, 187. Sitzung, S. 23574.

Grippe. Michael Ballweg bezog sich mit dieser Behauptung unter anderem auf den Wissenschaftler Sucharit Bhakdi. Der Mainzer Mikrobiologe wurde im April 2020 durch sein Interview „Impfung gegen Covid 19 sinnlos" bekannt, in dem er darlegte, Covid 19 sei nichts anderes als eine einfache Grippe.[22] Er stellte die These in den Raum, dass Personen, die an oder mit Covid 19 verstorben waren, kaum obduziert würden. Ferner behauptete er, dass alle Verstorbenen Vorerkrankungen gehabt hätten. Eine Impfung mache keinen Sinn, da das Virus mutieren könne. Bhakdi nahm dabei Bezug auf die umstrittene Studie des amerikanischen Medizinprofessors John P. A. Ioannidis von der Stanford University.[23] Im Juni 2020 veröffentlichten Karina Reiss und Sucharit Bhakdi den Band „Corona Fehlalarm?", in dem sie erneut ihre Meinung kundtaten, bei SARS COV 2 handele es sich um einen ganz gewöhnlichen Grippevirus.[24] Auch unter dem Eindruck der verheerenden Auswirkungen der Pandemie weltweit sah sich Bhakdi nicht veranlasst, seine Einschätzungen zu überdenken oder zu revidieren. Im Gegenteil: Er kandidierte für die Querdenker-Partei „dieBasis" für den Bundestag.

Auch Teile der AfD haben immer wieder die Erkrankung am Virus SARS COV 2 verharmlost und mit einer einfachen, möglicherweise etwas schwerer verlaufenden Grippe gleichgesetzt. So sagte Gottfried Curio in der Bundestagsdebatte im November 2020: „Kein Mensch will doch wegen einer härteren Grippe alles verlieren und Weihnachten bis Silvester in Einzelhaft verbringen. Schluss mit dieser übergriffigen Politik!"[25] Deutlich wurde diese Einschätzung

---

22 Ebenda.
23 Kathrin Wesolowski, Impfung gegen Covid-19 „sinnlos"? Sucharit Bhakdi stellt unbelegte Behauptungen auf, in: Correctiv, 19.6.2020, https://correctiv.org/faktencheck/2020/06/19/impfung-gegen-covid-19-sinnlos-sucharit-bhakdi-stellt-unbelegte-behauptungen-auf/.
24 Karina Reiss/Sucharit Bhakdi, Corona Fehlalarm? Zahlen, Daten und Hintergründe. Zwischen Panikmache und Wissenschaft, Wien/Berlin 2020.
25 Deutscher Bundestag, 19. Wahlperiode, Protokoll, 189. Sitzung, S. 23769.

auch an einer Frage, die Uwe Schulz (AfD) an die Bundesregierung richtete: „Wie viele Grippeerkrankte (Influenzaerkrankte) gab es nach Kenntnis der Bundesregierung im Jahr 2020 in Deutschland, und kann die Bundesregierung ausschließen, dass das SARS CoV 2-Virus, welches zur Erkrankung COVID-19 (Corona Virus Disease 2019) führt, in den Vorjahren nicht als solches erkannt wurde und daher als Grippe diagnostiziert wurde?"[26] Der Abgeordnete Karsten Hilse meinte: „Um die Zerstörung dieser unserer Wirtschaft und unserer Gesellschaft zu beschleunigen, wurde ein Katalysator gefunden: Ein Virus und die von ihm ausgelöste Krankheit, von der selbst die WHO mittlerweile sagt, sie sei mit einer mittelschweren Grippe vergleichbar, wird zur Panikverbreitung benutzt, um in ihrem Schatten all die Dinge umzusetzen, die Sie sich schon lange auf die Fahne geschrieben haben, unter anderem das Auslöschen der Nationalstaaten in Europa."[27]

Masken

Die Maske als sichtbarer Ausdruck der Pandemie-Maßnahmen stand sowohl bei der Querdenken-Bewegung als auch bei der AfD im Zentrum der Kritik. Der Abgeordnete Thomas Seitz nannte sie ein „Symbol des Gehorsams vor der Regierung. […] Bisher ist es nur eine Diktatur light, mit der ganze Wirtschaftszweige ins Aus oder in die Verstaatlichung getrieben werden. […] Umso wichtiger ist es, dass heute der Untersuchungsausschuss ‚Corona' beschlossen wird, heute, am Tag 25 der Maskendiktatur im Bundestag."[28] Andere Abgeordnete sprachen von „Maskerade der Nation" oder „Maskentotalitarismus". Ausgehend davon, dass es sich bei einer Covid 19 Infektion lediglich um eine Grippe handele, wurde auch die Sinnhaftigkeit einer Mund-Nase-Maske infrage gestellt. So fragte Rainer

26 Deutscher Bundestag, 19. Wahlperiode, Drucksache 19/26646.
27 Deutscher Bundestag, 19. Wahlperiode, Protokoll, 188. Sitzung, S. 23701 f.
28 Deutscher Bundestag, 19. Wahlperiode, Protokoll, 187. Sitzung, S. 23567 f.

Kraft die Bundesregierung: „Warum setzt sich die Bundesregierung weiterhin für das Tragen von sogenannten Mund-Nase-Bedeckungen ein, wenn das dem Bundesministerium für Gesundheit (BMG) unterstellte Bundesinstitut für Arzneimittel und Medizinprodukte bereits am 26. Juni 2020 festgestellt hat, dass für diese Art von Masken in der Regel keine Schutzwirkung nachgewiesen werden kann."[29] Daran anknüpfend erkundigte sich Norbert Kleinwächter (AfD) nach der Schadstoffbelastung, die beim Tragen von Masken entstehe: „Über welche Erkenntnisse verfügt die Bundesregierung bezüglich der Gefahr des Einatmens gesundheitsschädlicher Substanzen (Mikrofasern, Mikroplastik, chemische Ausdünstungen usw.) bei der Verwendung von Mund-Nasen-Bedeckungen (bitte getrennt angeben für sog. Einmalmasken, FFP2-Masken und FFP3-Masken sowie für waschbare Textilmasken)?"[30]

Besonders perfide wurde die Strategie der AfD, wenn sie vorgab, sich für vulnerable Gruppen einzusetzen. Im Dezember 2020 reichte sie einen Antrag ein, der unter dem Titel firmierte: „Diskriminierung von Menschen mit Behinderung und anderen vulnerablen Gruppen durch Mund-Nasen-Bedeckung beenden". Damit gab sie sich als Fürsprecherin eines Teils der Bevölkerung aus und artikulierte das (scheinheilige) Bedauern darüber, dass diese Menschen immer wieder Anfeindungen ausgesetzt seien, obwohl sie vom Tragen einer Maske mittels Attests befreit seien: „Es ist allerdings nicht hinzunehmen, dass Behinderte und andere Risikogruppen, die zu Recht von der Pflicht zum Tragen einer MNB befreit sind, sich vor Unternehmen bspw. im Einzelhandel oder in der Beförderungswirtschaft rechtfertigen oder gar auf medizinische Details eingehen müssen."[31] Ausgerechnet die AfD, die sich keinerlei Verdienste in

---

29 Deutscher Bundestag, 19. Wahlperiode, Protokoll, 175. Sitzung, S. 22038.
30 Norbert Kleinwächter, in: Deutscher Bundestag, 19. Wahlperiode, Drucksache 19/23454, S. 144.
31 Antrag der Abgeordneten Ulrich Oehme u. a. und der Fraktion der AfD, in: Deutscher Bundestag, 19. Wahlperiode, Drucksache 19/25314.

Sachen Diversität oder Schutz von Menschen mit Einschränkungen erworben hat, sondern einen starken Hang zum Sozialdarwinismus aufweist, versuchte mit ihrem Antrag den Eindruck zu erwecken, dass sie die Interessen von vulnerablen Gruppen vertrete.

Der Abgeordnete Norbert Kleinwächter, von Beruf Lehrer, sorgte sich in einer umständlich formulierten Anfrage um die finanziellen Belastungen, die durch das Tragen einer medizinischen Maske für Bürgerinnen und Bürger entstünden: „Wie hoch schätzt die Bundesregierung den finanziellen monatlichen Aufwand der […] Regelung, der zufolge die Pflicht zum Tragen von Mund- Nasen-Bedeckungen in öffentlichen Verkehrsmitteln sowie in Geschäften verbindlich auf eine Pflicht zum Tragen von medizinischen Masken konkretisiert wird?"[32]

Die AfD-Abgeordneten bezeugten nicht nur in ihren Reden, dass sie wissenschaftliche Erkenntnisse über den Sinn von medizinischen Masken anzweifelten. Auch in ihrem Verhalten brachten sie ihre Verachtung gegenüber dem Schutz vor Ansteckung mit dem Virus zum Ausdruck. Detlev Spangenberg war nicht der Einzige aus der AfD-Fraktion, der sich vor und nach seiner Rede im Plenarsaal weigerte, eine Maske zu tragen.[33] Einige Abgeordnete wollten offenbar mit Blick auf die Querdenken-Bewegung ein Zeichen des Widerstands setzen, indem sie die Maskenpflicht im Bundestag möglichst oft und möglichst medienwirksam umgingen.

Impfung

Weil die Corona-Pandemie angeblich nur eine Spielart der Grippe ist, verstehen sich die meisten AfD-Politiker und ihre Anhänger als Impfgegner oder -skeptiker. Der Abgeordnete Robby Schlund lehnte zwar Impfungen zum Schutz vor dem Virus nicht grundsätzlich ab, er sprach sich jedoch gegen die „Impfinszenierung" aus, die seit

32 Deutscher Bundestag, 19. Wahlperiode, Protokoll, 205. Sitzung, S. 25868.
33 Deutscher Bundestag, 19. Wahlperiode, Protokoll, 208. Sitzung, S. 26264.

Wochen betrieben werde und die „schon fast grotesk" sei, „wenn es nicht so traurig wäre". Schlund kritisierte an dem Gesetzentwurf, dass „vor allem ältere Patienten oder Hochrisikopatienten zuerst geimpft werden sollen". Seine Fraktion halte das für „komplett falsch und nicht zielführend", da bei diesen Personen mit den „stärksten Nebenwirkungen des hochexperimentellen mRNA-Impfstoffes" gerechnet werden müsse. „System- und pandemierelevante Gruppen" (medizinisches Personal, Polizei, Rettungskräfte, Bundeswehr) sollten sich freiwillig zuerst impfen lassen; die Bundesregierung müsse mit gutem Beispiel vorangehen. Hingegen sei der „Schutz der Risikogruppen" mittels „Isolierung, Social Distancing und FFP2-Masken" zu gewährleisten, statt diese Menschen „zu impfen, die wohl am meisten mit den Nebenwirkungen zu kämpfen haben".[34] Seine Kritik richtete sich vor allem gegen die mRNA-Technik. Es sei dringend notwendig, Alternativen anzubieten: „Was ist zum Beispiel mit den Vektorimpfstoffen oder Totimpfstoffen? Hier liegt eine sehr gute Langzeiterfahrung vor, und in der Welt wurden schon einige zugelassen, zum Beispiel in China [...] oder die beiden russischen Impfstoffe [...] Sputnik V und EpiVacCorona [...]. Man hat echt das Gefühl, man bekommt hier nur Absinth, obwohl weltweit noch grüner Tee und Glühwein zur Verfügung stehen."[35] Für Stefan Kotré handelt es sich bei dem BioNTech/Pfizer-Mittel um einen Impfstoff, der „in die Gene eingreift, also ein gentechnisches Verfahren. Wir haben es also eher mit einem Experiment zu tun denn mit einer Impfung."[36] Nach den Problemen mit dem Vektorimpfstoff von AstraZeneca hatte sich dieser Argumentationsstrang der AfD bald erledigt. Insgesamt erwies sich die Linie der Partei im Verlauf der Pandemie als widersprüchlich, teilweise wirr und wissenschaftlicher Erkenntnis gegenüber als unzugänglich.

---

34 Deutscher Bundestag, 19. Wahlperiode, Protokoll, 202. Sitzung. S. 25369 f.
35 Deutscher Bundestag, 19. Wahlperiode, Protokoll, 202. Sitzung, S. 25369 f.
36 Deutscher Bundestag, 19. Wahlperiode, Protokoll, 201. Sitzung, S. 25233.

AfD und Querdenken: ein konfliktreiches Verhältnis

Was auf der inhaltlichen Ebene wie eine große Übereinstimmung zwischen AfD und den Querdenkern aussah, war und ist sowohl innerhalb der Bewegung als auch der Partei sehr viel umstrittener. Trotz des im Laufe der Zeit zunehmenden Einflusses von Gruppierungen der extremen Rechten ist die Querdenken-Bewegung in ihrer Mehrheit keineswegs als Teil der extremen Rechten einzuordnen. In sich gespalten, finden sich in ihr ganz unterschiedliche politische Gruppen, die vor allem die Gegnerschaft zu den Corona-Maßnahmen eint. Während im Stammland von Querdenken, in Baden-Württemberg, vor allem das Spektrum der Impfgegner und -gegnerinnen aus einem oft anthroposophisch geprägten Milieu überwog, sah es in Sachsen ganz anders aus. Hier sammelten sich unter dem Label Querdenken Gruppierungen, die an die Teilnehmer der Pegida-Aufmärsche erinnerten, eine inhaltliche Nähe zur extremen Rechten aufwiesen und vielfältige direkte Kontakte zu dieser Szene unterhielten.

Unter dem Titel „Alles Covidioten?" legte ein Forscherteam des Wissenschaftszentrums Berlin für Sozialforschung (WZB) im März 2021 eine Studie vor, die sich mit den politischen Potenzialen des Corona-Protests in Deutschland befasst.[37] Bei der repräsentativen bundesweiten Untersuchung wurden 5202 Personen (Juni bis November 2020) befragt. Ergänzt wurde die Studie durch Ergebnisse einer Protestereignisanalyse. Mittels Medienanalysen wurden Proteste gegen die staatlichen Maßnahmen zur Corona-Prävention im Jahr 2020 erfasst.

Die WZB-Studie konstatiert ein „erhebliches und relativ stabiles Mobilisierungspotenzial in der deutschen Bevölkerung".[38] Kriterien

---

37   Edgar Grande/Swen Hutter/Sophia Hunger/Eylem Kanol, Alles Covidioten? Politische Potenziale des Corona-Protests in Deutschland. Discussion Paper ZZ 2021-601, Wissenschaftszentrum Berlin für Sozialforschung März 2021.
38   Ebenda, S. 1.

dafür sind neben der Bereitschaft zur Teilnahme an einer Anti-Corona Demonstration auch das Verständnis für die Anliegen der Proteste. Das Mobilisierungspotenzial rekrutiert sich keineswegs nur aus „radikalen-rechten Randgruppen".[39] Es basiert in weiten Teilen auf einer von den „etablierten Parteien nicht repräsentierten politischen Mitte", die der staatlichen Politik in erster Linie mit Misstrauen begegnet. Die Studie konnte feststellen, dass 12,5 % der Befragten dazu bereit waren, sich an den Demonstrationen zu beteiligen; 17 % hatten viel oder sehr viel Verständnis für Anti-Corona-Proteste. Weitere 23,4 % äußerten „etwas Verständnis".[40] Ungeachtet der Tatsache, dass die Bevölkerung weitgehend die staatlichen Maßnahmen unterstützte, formierten sich dennoch Minderheiten, die die Proteste zumindest billigten oder sogar bereit waren, an den Demonstrationen teilzunehmen. „Das Mobilisierungspotenzial des Corona-Protests besteht nicht nur aus den radikalen Rändern der Gesellschaft", sondern ist zu großen Teilen in der politischen Mitte zu verorten, so einer der zentralen Befunde.[41]

An diesem Punkt werden Differenzen zu der Studie von Nachtwey, Schäfer und Frei manifest. Deren Untersuchung konstatierte deutlich niedrigere Werte für die AfD und kam zu der Einschätzung, dass es sich bei den Protesten um eine Bewegung handele, die eher von links komme, sich aber stärker nach rechts orientiere.

Die WZB-Studie richtet ihr Augenmerk vor allem auf die Gruppe der Nicht-Repräsentierten. Mehr als ein Drittel des Mobilisierungspotenzials brachte zum Ausdruck, dass seine Anliegen im Bundestag nicht vertreten würden. In diesem Kontext prägen Grande et al. den Begriff der „vernachlässigten Mitte".[42]

Untersucht wurde ferner die Parteienpräferenz: Im Zeitraum Juni bis November 2020 konnte die AfD unter den Demonstrierenden

39   Ebenda, S. 3.
40   Ebenda, S. 8.
41   Ebenda, S. 13.
42   Ebenda, S. 16.

einen Zuwachs verbuchen. Während im Juni/Juli 2020 noch jeder fünfte „Protestversteher" bekundete, mit der AfD zu sympathisieren, war es im November 2020 bereits jeder dritte. Über 35 % aus dieser Gruppe gaben an, dass sie sich nicht parlamentarisch repräsentiert fühlten.

Die Neigung der „Protestversteher" zu anderen Parteien war eher rückläufig. Noch im Juni/Juli 2020 stieß die CDU/CSU bei ihnen mit 14 % auf die zweitgrößte Zustimmung, gefolgt von den Grünen (8,93 %), der SPD und der Linken (je 8,16 %) und der FDP (7,14 %). Im November 2020 spielten diese Parteien für die Sympathisanten des Protestes keine bedeutsame Rolle mehr (Die Linke 5,19 %, FPD 6,17 %, SPD und Die Grünen jeweils 7,47 %, CDU/CSU 7,79 %).[43]

In Bezug auf den gemeinsamen Nenner des Mobilisierungspotenzials konnte die Studie zwei Faktoren identifizieren: erstens das Misstrauen gegenüber der Bundesregierung, in Zeiten von Corona im Interesse der Bevölkerung zu handeln; zweitens der Glaube an Verschwörungsmythen. Somit kommt die Studie zu dem Schluss, dass das Misstrauen gegenüber der Bundesregierung verwoben sei mit Verschwörungsmythen, z. B. mit dem Glauben an einen „Austausch der Bevölkerung".[44]

Ungeachtet der großen Nähe der „Protestversteher" zur AfD erteilte Parteichef Jörg Meuthen der Zusammenarbeit mit der Querdenken-Bewegung auf dem AfD-Parteitag in Kalkar im November 2020 eine klare Absage. Rhetorisch fragte Meuthen, ob es tatsächlich politisch klug sei, von einer „Corona-Diktatur" zu sprechen, wie es Alexander Gauland wenige Wochen zuvor im Bundestag getan hatte. Weiter kritisierte er das distanzlose Verhältnis zu den Querdenkern, die in Teilen „kaum geradeaus denken" könnten. Mit seinem Angriff auf die Bewegung – aber mehr noch auf den verschwörungsaffinen Teil seiner eigenen Partei – wollte Meuthen einen Bruch mit diesem Spektrum anmahnen, was jedoch nicht gelang. Nur wenige Monate

---

43 Ebenda.
44 Ebenda, S. 19.

später, beim Wahlparteitag der AfD in Dresden, verabschiedeten die Delegierten eine Corona-Resolution,[45] in die wesentliche Punkte aus dem Querdenken-Repertoire aufgenommen wurden. Damit sollte der Bewegung – kurz vor den Wahlen in Baden-Württemberg – signalisiert werden, dass die Partei an ihrer Seite stehe.

Generell konnte die AfD jedoch nicht in größerem Maße von ihrem positiven Bezug auf die Querdenken-Bewegung profitieren. In Baden-Württemberg verlor sie bei der Landtagswahl deutlich, und auch ansonsten zeigt sich kein Trend, der der AfD größere Stimmenzugewinne aufgrund ihrer Kritik an den Corona-Maßnahmen prognostizieren würde. Dies bestätigte sich auch bei den Bundestagswahlen.

Fazit

Seit ihrer Gründung im Frühjahr 2013 changiert die AfD zwischen den beiden Polen Parlamentspartei und Bewegungspartei. Ein Autorenteam um Wolfgang Schröder konstatierte im Sommer 2017, dass sich die AfD-Fraktionen der Landtage, der rechtsextreme „Flügel" und auch die Abgeordneten innerhalb der Fraktionen in eine „polarisierte Struktur zwischen Parlaments- und ‚Bewegungs'-Orientierung einordnen" ließen. Diese „Bipolarität" garantiere ihren „elektoralen Erfolg".[46] Während einige Strömungen – namentlich der Flügel um den Rechtsaußen Björn Höcke – für den Weg einer „fundamentaloppositionellen Bewegungspartei und einer fundamentaloppositionellen Bewegungsfraktion" eintraten, warben

---

45 Vgl. https://www.afd.de/bundesparteitag-in-dresden-beschliesst-corona-resolution/.

46 Wolfgang Schröder/Bernhard Weßels/Christian Neusser/Alexander Berzel, Parlamentarische Praxis der AfD in deutschen Landesparlamenten. Discussion Paper SP V 2017 – 102, Juni 2017, Berlin 2017, S. 1, https://bibliothek.wzb.eu/pdf/2017/v17-102.pdf.

andere AfD-Politiker für einen „realpolitischen Strategieansatz".[47]
Deutlich wurde die „polarisierte Struktur" erstmals mit dem
Aufkommen von Pegida im Herbst 2014. Während der Flügel die
Pegida-Aufmärsche unterstützte und mit Pegida kooperierte, gin-
gen realpolitische Strömungen innerhalb der AfD auf Distanz zu
den Montagsdemonstrationen.

Auch wenn es sich bei Pegida und der Initiative „Querdenken 711"
um Bewegungen handelt, die in ihrer Ideologie und sozialen Basis
deutliche Unterschiede aufweisen, ist jedoch beiden gemeinsam,
dass sie ideologische Schnittmengen zur AfD haben. Teile der Partei
beziehen sich positiv auf sie und treten für einen Schulterschluss mit
ihnen ein.

Von der Annäherung an die Querdenken-Bewegung erhoffte sich
die AfD – vermittelt über die Kritik an den staatlichen Maßnahmen
zur Corona-Prävention – einen Zuwachs an Sympathisanten und,
mit Blick auf die Landtags- und Bundestagswahlen, auch einen Aus-
bau der sozialen Basis sowie einen erheblichen Stimmengewinn. Der
ideologische Schwenk, den die AfD im Frühjahr 2020 vollzog, war
ganz offensichtlich strategisch bedingt. Hatte sie zuvor die Bundesregierung wegen ihres Unwillens, die Bevölkerung vor der Pandemie
zu schützen, kritisiert, adaptierte sie wenig später die Argumente der
sogenannten Corona-Rebellen und behauptete, das Corona-Virus
SARS COV 2 sei ungefährlich. Diese Kehrtwende innerhalb kürzes-
ter Zeit verdeutlicht, dass die Corona-Politik der AfD keineswegs aus
ihrer Programmatik und Ideologie resultierte, sondern dass sie die
Nähe zu Querdenkern und deren überraschend großes Protestpotenzial suchte, in der Hoffnung, davon profitieren zu können.

Die entsprechenden strategischen Debatten über eine Bewertung der Initiative Querdenken wurden im Umfeld des Instituts
für Staatspolitik (IfS) geführt und sind unter anderem in den ein-
schlägigen Medien („Sezession", „Compact") nachzulesen. So bezeichnete Martin Sellner, Sprecher der Identitären Bewegung, die

---

47 Ebenda, S. 7.

Corona-Proteste in der Zeitschrift „Sezession" als ein für „rechte Metapolitiker […] hochinteressantes neues Phänomen". Sie zeigten, so Sellner, ein „mögliches Mobilisierungspotential für rechte Massenbewegungen", denn die Demonstranten seien in ihrer Mehrzahl „eindeutig ‚rechtsoffen'".[48] Seit Bestehen der Bundesrepublik habe es keine vergleichbare Demonstration gegeben, auf der sich „Patrioten und rechte Akteuere" frei bewegen konnten oder „sogar positiv aufgenommen wurden".

Diese und ähnliche Einschätzungen unterstreichen, dass die AfD und ihr Umfeld aus einer metapolitischen Perspektive aufkommende neue Bewegungen aufmerksam verfolgen und analysieren, um zu prüfen, ob sie als mögliche Bündnispartne infrage kommen. Zum heutigen Zeitpunkt lässt sich jedoch konstatieren, dass es der AfD nicht gelungen ist, dieses Protestpotenzial auf ihre Seite zu ziehen. Die Heterogenität der Sympathisanten der Initiative Querdenken spiegelt sich in einer Vielzahl an Gruppierungen, die aus Querdenken hervorgegangen sind, wie etwa die Parteien „Widerstand 2020", „WiR2020" oder die „Basisdemokratische Partei" („dieBasis"). „WiR2020" und „dieBasis" traten selbstständig zu den Bundestagswahlen 2021 an. Die AfD musste zur Kenntnis nehmen, dass es ihr im Gegensatz zu den anfänglich gehegten Hoffnungen nicht gelungen ist, die Corona-Proteste in einen Stimmenzuwachs umzumünzen.

---

48 Martin Sellner, Wer war schuld am „Reichstagssturm", in: Sezession v. 1.9.2020, https://sezession.de/63298/wer-war-schuld-am-reichstagssturm.

Ausgewählte Literatur

Amadeo Antonio Stiftung, de:hate report #01. QAnon in Deutschland, https://www.amadeu-antonio-stiftung.de/dehate-report-01-qanon-in-deutschland-64211/.

Barth, Claudia, Esoterik – Die Suche nach dem Selbst. Sozialpsychologische Studien zu einer Form moderner Religiosität, Bielefeld 2012.

Benz, Wolfgang (Hrsg.), Fremdenfeinde und Wutbürger. Verliert die demokratische Gesellschaft ihre Mitte?, Berlin 2016.

Buchmayr, Florian, Im Feld der Verschwörungstheorien – Interaktionsregeln und kollektive Identitäten einer verschwörungstheoretischen Bewegung, in: Österreichische Zeitschrift für Soziologie 44 (2019), S. 369–386.

Butter, Michael, „Nichts ist, wie es scheint". Über Verschwörungstheorien, Berlin 2020.

El-Menouar, Yasemin, Zwischen individueller Freiheit und Gemeinwohl. Sieben Wertemilieus und ihre Sicht auf Corona, Februar 2021, https://www.bertelsmann-stiftung.de/fileadmin/files/BSt/Publikationen/GrauePublikationen/Wertemilieus_2021_final.pdf.

Forschungswerkstatt Corona-Proteste (Markus Brunner, Antje Daniel, Florian Knasmüller, Felix Maile, Andreas Schadauer, Verena Stern), Corona-Protest-Report. Narrative – Motive – Einstellungen, 30. Juli 2021, https://doi.org/10.31235/osf.io/25qb3.

Frei, Nadine u. a., „Liebe, Freiheit, Frieden". Ethnographische Beobachtung des Corona-Protests in Konstanz, 16. Juli 2021 (Basler Arbeitspapiere zur Soziologie, Nr. 3), https://doi.org/10.31235/osf.io/vzf6a.

– /Nack, Ulrike, Frauen und Corona-Proteste, 15. Juni 2021 (Basler Arbeitspapiere zur Soziologie, Nr. 2), https://doi.org/10.31235/osf.io/bn8vk.

Frech, Siegfried/Richter, Dagmar (Hrsg.), Der Beutelsbacher Konsens. Bedeutung, Wirkung, Kontroversen, Schwalbach 2017.

Ginsburg, Tobias, Die Reise ins Reich. Unter Reichsbürgern, Berlin 2018.

Grande, Edgar/Hutter, Swen/Hunger, Sophia/Kanol, Eylem, Alles Covidioten? Politische Potenziale des Corona-Protests in Deutschland. Discussion Paper ZZ 2021-601, Wissenschaftszentrum Berlin für Sozialforschung 2021.

Grüter, Thomas, Freimaurer, Illuminaten und andere Verschwörer. Wie Verschwörungstheorien funktionieren, Frankfurt a. M. 2008.

Hentges, Gudrun/Wiegel, Gerd, Die Instrumentalisierung der Corona-Pandemie durch die extreme Rechte, in: Gudrun Hentges/Georg Gläser/Julia Lingenfelder (Hrsg.), Demokratie im Zeichen von Corona, Berlin 2021, S. 182–214.

Hentschel, Christine, „Das große Erwachen": Affekt und Narrativ in der Bewegung gegen die Corona-Maßnahmen, in: Leviathan 49 (2021) 1, S. 62–86.

Kleffner, Heike/Meisner, Matthias (Hrsg.), Fehlender Mindestabstand. Die Coronakrise und die Netzwerke der Demokratiefeinde, Freiburg 2021.

Lamberty, Pia/Rees, Jonas H., Gefährliche Mythen. Verschwörungserzählungen als Bedrohung für die Gesellschaft, in: Andreas Zick/Beate Küpper (Hrsg.), Die geforderte Mitte. Rechtsextreme und demokratiegefährdende Einstellungen in Deutschland 2020/21, Bonn 2021, S. 283–299.

Ministerium des Innern des Landes Nordrhein-Westfalen, Sonderbericht zu Verschwörungsmythen und „Corona-Leugnern", Mai 2021, https://www.im.nrw/system/files/media/document/file/Sonderbericht_2021_Verschwoerungsmythen_und_Corona-Leugner.pdf.

Nachtwey, Oliver, Abstiegsgesellschaft. Über das Aufbegehren in der regressiven Moderne, Berlin 2016.

Nachtwey, Oliver/Schäfer, Robert/Frei, Nadine, Politische Soziologie der Corona-Proteste, Universität Basel, 20. Dezember 2020, https://idw-online.de/de/attachmentdata85376.

Nocun, Katharina/Lamberty, Pia, Fake Facts. Wie Verschwörungstheorien unser Denken bestimmen, Köln 2020.

Piorkowski, Christoph David, Aus der Luft gegriffen. Wo Verschwörungsideologen systematisch irren und warum Antisemitismus oft ihr Weltbild bestimmt, in: Der Tagesspiegel, 9. 6. 2021.

Rathje, Jan/Amadeu Antonio Stiftung, „Wir sind wieder da". Die „Reichsbürger": Überzeugungen, Gefahren und Handlungsstrategien, Berlin 2014.

Recherche- und Informationsstelle Antisemitismus (RIAS) e. V., Antisemitische Verschwörungsmythen in Zeiten der Coronapandemie. Das Beispiel QAnon, Berlin 2021, https://ajcgermany. org/system/files/document/Antisemitische%20Verschwörungs mythen%20in%20Zeiten%20der%20Coronapandemie.pdf.

– Antisemitismus im Kontext der Covid-19-Pandemie, Berlin 2020, S. 13, https://report-antisemitism.de/ru/documents/2020-09-08_Rias-bund_Antisemitismus_im_Kontext_von_covid-19.pdf.

Röpke, Andrea/Speit, Andreas, Völkische Landnahme. Alte Sippen, junge Siedler, rechte Ökos, Berlin 2019.

Schließler, Clara/Hellweg, Nele/Decker, Oliver, Aberglaube, Esoterik und Verschwörungsmentalität in Zeiten der Pandemie, in: Oliver Decker/Elmar Brähler (Hrsg.), Autoritäre Dynamiken. Alte Ressentiments – neue Radikalität, Gießen 2020, S. 283–310.

Schnurbein, Stefanie von, Religion als Kulturkritik. Neugermanisches Heidentum im 20. Jahrhundert, Heidelberg 1992.

Seidler, Christoph, Psychoanalyse & Gesellschaft: ein Lehr- und Erfahrungsbuch aus Deutschlands Osten, Berlin 2015.

Speit, Andreas, Verqueres Denken. Gefährliche Weltbilder in alternativen Milieus, Berlin 2021.

Stach, Sabine/Hartmann, Greta, Friedliche Revolution 2.0? Zur performativen Aneignung von 1989 durch „Querdenken" am 7. November 2020 in Leipzig, in: Zeitgeschichte-online, November 2020, https://zeitgeschichte-online.de/geschichtskultur/friedliche-revolution-20.

Virchow, Fabian/Häusler, Alexander, Pandemie-Leugnung und extreme Rechte in Nordrhein-Westfalen, Düsseldorf 2021, www.bicc.de/uploads/tx_bicctools/CoRE_Kurzgutachten3_2020.pdf.

Volkov, Shulamit, Das jüdische Projekt der Moderne, München 2001.

Weiß, Volker, Zucht und Boden. Wie rechts war die Lebensreform?, in: ZEIT Geschichte 2/2013, S. 94 ff.

– Die autoritäre Revolte. Die Neue Rechte und der Untergang des Abendlands, Stuttgart 2017.

Winter, Hannah/Gerster, Lea/Helmer, Joschua/Baaken, Till, Überdosis Desinformation: Die Vertrauenskrise. Impfskepsis und Impfgegnerschaft in der COVID-19-Pandemie (hrsg. vom Institute for Strategic Dialogue), Berlin 2021.

Zick, Andreas/Küpper, Beate (Hrsg.), Die geforderte Mitte. Rechtsextreme und demokratiegefährdende Einstellungen in Deutschland 2020/21, herausgegeben für die Friedrich-Ebert-Stiftung von Franziska Schröter, Berlin 2021.

Ziemer, Carolin-Theresa/Decker, Oliver/Brähler, Elmar, Antisemitismus in Zeiten von Covid-19. Sekundärauswertung der Leipziger Autoritarismus Studien für Baden-Württemberg, Leipzig 2021, www.baden-wuerttemberg.de/fileadmin/redaktion/dateien/PDF/210429_StM_BW_Studie_Antisemitismus_in_Zeiten_von_Covid-19_Uni_Leipzig.pdf.

Die Autorinnen und Autoren

PROF. DR. CLAUDIA BARTH ist Professorin an der Hochschule Esslingen und lehrt dort an der Fakultät für Soziale Arbeit, Gesundheit und Pflege.

PROF. DR. WOLFGANG BENZ, Historiker, bis März 2011 Professor und Leiter des Zentrums für Antisemitismusforschung der Technischen Universität Berlin. Herausgeber und Mitherausgeber von Buchreihen und Zeitschriften. Mitglied des PEN, zahlreiche Publikationen zur deutschen Geschichte im 20. Jahrhundert, zu Nationalsozialismus, Antisemitismus und Problemen von Minderheiten.

DR. ANGELIKA CENSEBRUNN-BENZ, Historikerin; 2011–2017 Mitarbeiterin der Bundestagsabgeordneten Wolfgang Thierse, Vizepräsident des Deutschen Bundestages, und Iris Gleicke, Ostbeauftrage der Bundesregierung; Leiterin des Projektes „Zeitzeugenarchiv ehemaliger Heimkinder der DDR", Gedenkstätte Geschlossener Jugendwerkhof Torgau, seit 2019 Wissenschaftliche Mitarbeiterin im Projekt „Heimerziehung in Spezialheimen der DDR".

MARIA FIEDLER ist politische Korrespondentin im Hauptstadtbüro des Tagesspiegels und Co-Autorin des Buches „Die Methode AfD. Der Kampf der Rechten: Im Parlament, auf der Straße – und gegen sich selbst".

NADINE FREI ist wissenschaftliche Mitarbeiterin am Fachbereich Soziologie der Universität Basel, ihre Forschungsschwerpunkte sind

Kultur- und Geldsoziologie, Theorien der Moderne und Methoden qualitativer Sozialforschung.

JOSEF-OTTO FREUDENREICH war bis 2010 Chefreporter der „Stuttgarter Zeitung". 2011 gründete er die Wochenzeitung „Kontext: Wochenzeitung".

PROF. DR. GUDRUN HENTGES, Leiterin des Lehr- und Forschungsbereichs Politikwissenschaft, Bildungspolitik und politische Bildung, Humanwissenschaftliche Fakultät der Universität zu Köln.

SEBASTIAN LEBER ist Reporter beim Tagesspiegel und Sachbuchautor. Er recherchiert seit Jahren zu Rechtsextremen, Reichsbürgern und anderen Antidemokraten. Leber ist Betreiber des Blogs tieresindfreaks.de und lebt in Berlin.

PROF. DR. OLIVER NACHTWEY ist Professor für Sozialstrukturanalyse am Fachbereich Soziologie der Universität Basel, seine Forschungsschwerpunkte sind Digitale Ökonomie, Wandel der Arbeitsverhältnisse und Autoritarismus.

DR. THOMAS PFEIFFER, Dipl.-Journalist und Sozialwissenschaftler, ist wissenschaftlicher Referent für Rechtsextremismusprävention in der Abteilung Verfassungsschutz im Ministerium des Innern NRW und Lehrbeauftragter für Politikwissenschaft an der Ruhr-Universität Bochum.

DAS RECHERCHENETZWERK AS ist ein ehrenamtliches, zivilgesellschaftliches Rechercheteam, das schwerpunktmäßig zu antidemokratischen Strömungen und zur Neuen Rechten forscht und publiziert. Zu den derzeit acht Mitgliedern zählen neben zwei Journalisten auch eine Ärztin sowie ein Lehrer. Aktuelle Recherchen werden überwiegend auf dem Kurznachrichtendienst Twitter unter dem Namen @antischwurbler geteilt.

ROBERT SCHÄFER ist Dozent für qualitative Methoden am Fachbereich Soziologie der Universität Basel, seine Forschungsschwerpunkte sind Kultur- und Religionssoziologie und Methoden qualitativer Sozialforschung.

CHRISTOPH SEIDLER, Berlin, Priv.-Doz. Dr. sc. med., Nervenarzt, Psychoanalytiker und Gruppenanalytiker. Letzte Publikationen: Berliner Gruppenanalyse, gemeinsam mit Kathrin Albert, Kurt Husemann und Katrin Stumptner (Gießen 2019); Warum nur Krieg? (Heidelberg, 2021).

GUNDEL SEIDLER, Berlin, Dipl. Päd., Soziotherapeutin i. R., Buchautorin: Weit geöffnete Fenster (Berlin, 1997), Die Tür zum Hof (Berlin, 2001), Was soll ich so alleine ... (Berlin 2004), Liebeserklärung, gemeinsam mit Christoph Seidler (Berlin 2019).

ANDREAS SPEIT, Diplom-Sozialökonom und freier Journalist, seit 2005 Autor der taz nord-Kolumne „Der rechte Rand", er verfasst Beiträge für die taz, Deutschlandfunk Kultur und WDR und veröffentlichte Bücher zum Thema Rechtsextremismus und Rechtspopulismus. Er erhielt mehrere Auszeichnungen, u. a. vom Deutschen Journalistenverband.

VOLKER WEIß ist Historiker, Publizist und Hochschuldozent und veröffentlicht in: DIE ZEIT, ZEIT Geschichte, Jungle World, Frankfurter Allgemeine Zeitung und anderen Medien.

DR. JULIANE WETZEL, Historikerin, ist seit 1991 wissenschaftliche Mitarbeiterin am Zentrum für Antisemitismusforschung der Technischen Universität Berlin.

DR. PETER WIDMANN ist Referent für Migration in der Bundesgeschäftsstelle der Arbeiterwohlfahrt. Er ist mitverantwortlich für das vom Bundesfamilienministerium geförderte Programm „Respekt

Coaches" der Jugendmigrationsdienste, das der Demokratiebildung und der Extremismusprävention an Schulen dient, und hat zu Fragen gesellschaftlicher Vielfalt, zu Gruppenfeindschaften und zur politischen Bildung publiziert.

DR. GERD WIEGEL, Politikwissenschaftler, Fachreferent für Rechtsextremismus/Antifaschismus der Bundestagsfraktion DIE LINKE.

Personenregister

Trump, Donald 68, 116, 175, 225, 260 f.
Tschentscher, Peter 70
Tucholsky, Kurt 280

van Helsing, Jan (Pseudonym) siehe Holey, Jan Udo
Virchow, Fabian 148, 286
Voas, David 202
Voigt, Udo 139

Wanderwitz, Marco 12, 51, 138
Ward, Charlotte 202
Weber, Max 181
Weber, Walter 179
Wehler, Hans-Ulrich 143
Weidel, Alice 115, 133, 217
Weishaupt, Adam 85

Weiß, Volker 183 f.
Weißmann, Karlheinz 192, 227
Wendler, Michael 97
Werding, Heike 100 f., 103 f., 109 f.
Westfal, Matthäus 242–248, 250 f.
Winkler, Björn 248
Winkler, Katharina 248
Wirmer, Josef 9
Wirth, Christian 287
Wodarg, Wolfgang 205, 263
Woidke, Dietmar 70
Wollenhaupt, Jonas 181 f.
Wonneberger, Dr. 110

Zasowk, Ronny 238
Zweig, Arnold 92